Die Heilung Europas

Harrie Salman

Die Heilung Europas

Das Erwachen des europäischen Selbstbewußtseins

Harrie Salman

«Die anderen Weltteile warten auf Europas Versöhnung und Auferstehung, um sich anzuschließen und Mitbürger des Himmelreiches zu werden.»

Novalis, «Die Christenheit oder Europa» (1799)

Dieses Buch ist die umgearbeitete und stark erweiterte Version einer Schrift, die 1988 unter dem Titel «Europa in een nieuw licht» beim Verlag Kok-Agora in Kampen (Niederlande) erschienen ist.

Übersetzung und Bearbeitung: Petra Arbes.

Satz u. Gestaltung: Novalis Media AG
Druck: Ipoly Druck, Slowakei
ISBN 3–907160–52–5

Inhalt

Gewidmet dem Andenken an Kaspar Hauser (1812–1833), dem «Kind Europas», an dem der moderne Mensch seine Hilflosigkeit, aber auch seine ursprüngliche Natur erleben kann. In ihm erfüllte sich die Hoffnung einer Verjüngung der Menschheit aus den Quellen des Geistes.

Kaspar Hauser, Porträtskizze von Heinrich Adam.

Vorwort: Heilung statt Teilung Europas

Die Revolutionen, die ab 1989 die in Jalta festgelegte europäische Ordnung umgestürzt haben, waren von der Hoffnung getragen, daß ein neues Europa entstehen würde – ein heiles Europa, das Völker vereinigt, die schon über ein Jahrtausend kulturell zusammengehören. Das geteilte und kranke Europa braucht Heilung und eine Besinnung auf seine Geschichte, damit es zu seiner geistigen Aufgabe finden und zu seinem Selbstbewußtsein erwachen kann.

Nachdem der Eiserne Vorhang gefallen war, wurde ein neuer Vorhang sichtbar, der die Länder des byzantinischen Kulturbereiches (Rußland, Weißrußland, die Ukraine, Rumänien, Bulgarien, Mazedonien, Albanien, Serbien, Montenegro und Bosnien) wieder vom Rest Europas trennt. Die Europäische Union war nicht bereit, die Gelegenheit zu ergreifen, um einen Gesamtrahmen für das neue Europa (einschließlich Rußland) zu entwickeln, und auch in Rußland kamen Kräfte auf, die sich der Europäisierung (und besonders der Amerikanisierung) Rußlands widersetzten.

Die Trennung Europas hängt mit der Desintegration der europäischen Mitte zusammen. Im 20. Jahrhundert brach Mitteleuropa als Kulturgebiet zusammem; Europa wurde in West und Ost aufgeteilt. Diese Teilung bleibt bestehen, nur ist seit 1989 der Osten wesentlich kleiner geworden. Eine selbständige Rolle der Mitte, die Deutschland in eine neue Partnerschaft mit dem Osten bringen würde, wird im Westen (und auch von vielen Deutschen) nicht gewünscht. Einerseits gibt es die Angst vor einem neuen deutschen «Alleingang». Andererseits aber hat gerade Deutschland die historische Aufgabe, die Völker Europas auf friedliche Weise miteinander zu verbinden und, anknüpfend an seine rechtsphilosophische Tradition, in Europa Bewußtsein für das Rechtsleben zu erwecken.

Die Europäische Union macht am Ende des 20. Jahrhunderts auf allen Ebenen schwierige Zeiten durch. Sie ringt mit den Problemen der Vergangenheit und die Interessengegensätze der teilnehmenden Länder lähmen ihre Entwicklung. Es fehlt eine tragende und begeisternde Idee für die Zukunft Europas. Im Bewußtsein der Bürger lebt Europa nicht. Die Union wurde als Wirtschaftgemeinschaft gegründet, sie hat eigene (für die Bürger undurchschaubare) politische Strukturen entwickelt, aber es ist keine Kulturgemeinschaft entstanden. Europa müßte als Kulturgemeinschaft neu gegründet werden. Dazu gehört der Aufbau einer europäischen Bildungsgesellschaft, die die geistige Aufgabe Europas zum Bewußtsein bringt und damit das europäische Selbstbewußtsein fördert. Auf diesem Wege könnten auch eine neue europäische Rechtsordnung und eine neue wirtschaftliche Ordnung entstehen, die wirklich auf die Zukunft gerichtet sind und der geistigen Aufgabe Europas entsprechen. Wenn Europa seine Aufgabe in der Welt erfüllen will, braucht es eine ganz neue soziale Gestalt.

Es wird für das 21. Jahrhundert eine Währungsunion vorbereitet, die nicht auf einer gemeinsamen Vision für Wirtschafts- und Sozialpolitik beruht, sondern auf rein politischen Zielsetzungen, die besonders von Frankreich ausgehen. Dieses Land hat sogar vorgeschlagen, die wirtschaftliche Entwicklung Europas durch eine «wirtschaftliche Regierung» politisch zu kontrollieren. Ob die Währungsunion eine positive Auswirkung auf die Wirtschaft und die soziale Entwicklung haben wird, ist eine offene Frage. Daß Deutschland dabei seine stabile Währung aufgeben muß, ist der Preis für die Wiedervereinigung des Landes.

Politisch hat die Europäische Union im jugoslawischen Konflikt eine große Niederlage erlitten, die dadurch verursacht wurde, daß Deutschland, Frankreich und England keine gemeinsame Strategie entwickeln konnten und wieder Positionen einnahmen, die auf den Ersten Weltkrieg zurückgingen. Die deutsche Balkanpolitik wurde von den anderen Ländern mißtrauisch beobachtet und wo es die Aufgabe gewesen wäre, alte jugoslawische Gegensätze zu versöhnen, haben besessene südslawische Politiker eine neue Dämonie des Nationalismus verursacht. Unter dem Schirm der Idee des Selbstbestimmungsrechts der Völker, die der amerikanische Präsident Wilson 1917 nach Europa gebracht hat, haben Serben und Kroaten eine ethnische Dreiteilung Bosnien-Herzegowinas durchgeführt, die nach amerikanischer Intervention festgelegt wurde.

Auf dem Gebiet der Kultur kann die Europäische Union die historische Aufgabe, eine europäische Kulturgemeinschaft zu gründen, die zwischen Amerika und Asien die so notwendige ausgleichende Mitte schaffen würde, nicht erfüllen. Die Amerikanisierung schreitet weiter nach Osten. In der maßgebenden Analyse des amerikanischen Politologen Samuel Huntington von 1993 wird eine neue Kulturgrenze markiert, die Europa gerade aufteilt: der westliche Teil gehört zu Euro-Amerika, der östliche (byzantinische) Teil zu Euro-Asien. Diese Grenze läuft quer durch Bosnien.[1]

Im euro-amerikanischen Raum erodieren das kulturelle Bewußtsein und die Wertsysteme der Westeuropäer. Am 17. Januar 1995 brachte der französische Präsident Mitterrand seine Sorgen in seiner letzten Rede im Europäischen Parlament in Straßburg zum Ausdruck: «Europa bedarf einer Seele, damit es seine Kultur, seine Denkart, die Früchte der Jahrhunderte der Zivilisation, deren Erben wir sind, zum Ausdruck bringen kann.»[2] Schon im Juli 1992 hatte der Franzose Jacques Delors, der Vorsitzende der Europäischen Kommission, in einer Rede vor dem Europäischen Laienforum (ein Forum für Vertreter der Laienbewegungen in den europäischen Kirchen) gesagt, daß Europa «einen neuen Atem, eine Seele und eine Spiritualität braucht. [...] Wenn es uns nicht gelingt, Europa wieder eine Seele zu geben, werden wir die Schlacht um Europa verlieren. Mehr als früher stehen wir vor moralischen und politischen Wahlen. In diesen Wahlen werden Kirche und Religion wieder eine große Rolle spielen.»[3] Wie früher kommen aus dem europäischen Süden konservative katholische Kräfte, die Europa die Seele einer Kultur der Vergangenheit einhauchen wollen. Sie wollen dem Zerfall der geistigen Werte entgegenwirken, der besonders im 20. Jahrhundert stattgefunden hat. Die moderne Wirtschaft spielt in diesem Zerfall eine wichtige Rolle. Sie zerstört das traditionelle Geistesleben und führt einen allgemeinen kulturellen Niedergang herbei. Die mit ihr verbundenen Kräfte der Individualisierung, Rationalisierung und Säkularisierung untergraben die traditionelle Kultur und stellen das Individuum auf sich selbst. Der moderne Mensch will über sein persönliches Leben entscheiden und läßt sich dabei immer mehr von der Frage leiten, was ihm nützlich ist und wie er seine Bedürfnisse am besten befriedigen kann.

Die Werte der alten untergehenden Kultur wurden den Menschen von oben und von außen gegeben. Neue Werte müssen wir selbst bestimmen, aber es macht einen großen Unterschied, ob wir das als innerlich freie Menschen oder als unfreie, nur auf uns selbst bezogene Menschen tun. Besonders in Amerika sind individualistische und materialistische Werte entstanden, die sich, z. B. mit Hilfe der Filmkultur Hollywoods, über die ganze Welt verbreiten und Menschen zu Sklaven ihrer persönlichen Egoismen machen. Im Westen wirken diese Werte vielleicht gar nicht negativ, aber in Europa (und anderswo) zerstören sie die Kultur und binden sie die Seele, die sich für den Geist öffnen sollte, an die Materie.

Die mitteleuropäische Kultur hatte ein eigenes Projekt: die Schaffung einer neuen Kultur, die von der Basis und aus dem Selbstbewußtsein von freien Menschen heraus entstehen kann. Nur der innerlich freie Mensch verfügt über ein Potential von geistigen Kräften, die er selbst zur Entfaltung bringen kann. Er ist die Quelle von moralischen Werten, von freien Taten, von Erkenntnis und Wahrheit. Der Umgang mit den eigenen geistigen Kräften ist die Grundlage für eine moderne Spiritualität, die kulturschöpferisch wirksam werden will.

Im gesellschaftlichen Leben werden diese geistigen Kräfte jedoch immer weiter zurückgedrängt. Riesige Verwaltungssysteme organisieren das Leben, und der kleine Mann versucht seine egoistischen Interessen zu vertreten. Er fühlt sich dabei oft innerlich leer, unruhig und nervös, und vor allem machtlos. Aber auf einer höheren Bewußtseinsebene lebt (oder besser gesagt: schläft) sein höheres Ich, das der verborgene Regisseur des Lebens ist und zur bewußten Wirksamkeit kommen möchte. Dieses höhere Ich ist der Kern der freien Persönlichkeit des Menschen. Es repräsentiert das Höhere, das Geistige im Menschen und muß vom alltäglichen, niederen Ich oder «Ego» unterschieden werden, das sich im Egoismus auslebt. Verbindet sich der Mensch mit seinem höheren Ich, so können neue soziale Kräfte entstehen, während auf der Ebene des niederen Bewußtseins das soziale Leben immer weiter zerstört wird.

Viele Menschen (nicht nur Mitteleuropäer) haben im 20. Jahrhundert die Kraft des eigenen Ich entdeckt. Seit den sechziger Jahren versuchen sie in vielen «alternativen» Bewegungen eine neue Kultur aufzubauen. Sie wissen, daß die Probleme unserer Zeit nur gelöst werden können, wenn die Menschen den Zugang zu ihrem eigenen Ich finden und selbstbewußt handeln. In den Revolutionen von 1989 in Mitteleuropa wurde das Erwachen dieses freien Ich sichtbar. Es waren am Anfang keine Massenbewegungen. Jeder stand in den Demonstrationen aus eigener Überzeugung, mit seiner eigenen Kerze als Symbol des geistigen Lichtes.

In den Kreisen von Menschen, die ihre geistigen Kräfte entdeckt haben, entsteht neben der untergehenden Kultur eine neue europäische Kultur, die die mitteleuropäischen Ansätze auf eine neue, allgemein-menschliche Ebene bringt. Solche Kreise können schon aus zwei Menschen bestehen, die z.B. versuchen, bewußt zu leben und ihre Kinder bewußt zu erziehen. Sie sind wie Inseln, die zusammen einen Archipel bilden, der sich über den ganzen europäischen Kontinent erstreckt. In ihnen wird die geistige Aufgabe Europas lebendig. Zum ersten Mal in der Geschichte ist ein gesamteuropäisches Bewußtsein möglich geworden und kann der einzigartige Beitrag jedes Volkes zur europäischen Kultur im Rahmen des Ganzen (des «europäischen Hauses» von Michail Gorbatschow) sichtbar werden.

Hinter den Kulissen der Geschichte wird jedoch schon lange ein Kampf um die Seele Europas geführt, der gegen die Geburt einer neuen spirituellen Kultur gerichtet ist. Dieser Kampf hat im 20. Jahrhundert eine neue, apokalyptische Dimension angenommen. Er ist sichtbar geworden für alle, die ihn sehen wollen. Seit 1933 hat Europa sich auf eine Höllenfahrt begeben, die nur bestanden werden kann, wenn bestimmte seelische Eigenschaften und geistige Kräfte ausgebildet werden. Das alles gehört zur verborgenen Geschichte Europas, in der entschieden wird, welche geistigen Strömungen die Seelen der Europäer bilden werden und was für ein spirituelles Bewußtsein sich entwickeln wird.

Will man eine deutliche Vorstellung von dieser Geschichte bekommen, so ist ein Blick auf die spirituellen Hintergründe der europäischen Kulturentwicklung erforderlich. Als Leitfaden hierfür sind die Gedanken von Rudolf Steiner (1861–1925), dem Initiator vielfältiger Projekte der Kulturerneuerung, für mich von großer Bedeutung gewesen, insbesondere seine kulturgeschichtlichen Ideen und sein Verständnis der dynamischen Rolle der europäischen Mitte zwischen zwei entgegengesetzten Polen, die er als östliche Feuerkraft und westliche Gestaltungskraft charakterisiert hat. Das Feuer des Ostens soll sich in der Mitte mit der Formkraft des Westen verbinden. Steiner war ein großer Kenner der seelischen Entwicklung und er hat in der von ihm vertretenen Anthroposophie Wege zur Genesung der europäischen Kultur eröffnet. Viele Europäer suchen eine neue Verbindung mit der Geschichte, damit sie ihren eigenen Bewußtwerdungsprozeß besser verstehen können. Dieses Buch möchte helfen, eine Grundlage dafür zu schaffen. Es stellt die Frage nach dem Sinn der europäischen Geschichte und möchte einen Bildungsweg aufzeigen, wie man in geistigem Sinne ein wirklicher Europäer werden kann. Europäer sein heißt dann, sich mit den geistigen Aufgaben Europas zu verbinden.

Am Ende dieses Vorworts möchte ich mich bei allen Menschen bedanken, die ich seit den siebziger Jahren auf den Kulturinseln des neuen Europa kennengelernt habe, insbesondere für die Begegnungen, die Freundschaften und die vielen Gespräche über die Wege in eine menschliche Zukunft. Sie haben mir deutlich gezeigt, daß das Europa der Europäischen Union nicht das wahre Europa ist, und daß die Verbindung mit dem europäischen Osten wesentlich für das Erwachen des europäischen Selbstbewußtseins ist. Ohne diese Verbindung wird die westliche Hälfte Europas auch geistig eine Kolonie Amerikas.

Noordwijk, Niederlande,
Weihnachten 1998
Harrie Salman

Einführung: Die dreifache Geburt Europas

Europa ist ein Wesen, das wie ein Mensch bestimmte Entwicklungsprozesse durchmacht. Die Geschichte Europas zeigt diese Prozesse. Sie können verstanden werden, wenn wir den Lebensrhythmus der europäischen Kultur kennen. Einen wichtigen Schlüssel zu einem geistigen Verständnis der Geschichte Europas gibt der Gedanke Rudolf Steiners, daß ein Jahrhundert der Kulturentwicklung einem Lebensjahr des Menschen entspricht.

Die Geschichte Europas begann, als indoeuropäisch sprechende Stämme aus den südrussischen Steppen, dem Gebiet der «Kurgankultur», historisch in Erscheinung traten. Seit etwa 4300 v. Chr. sind die Expansionen dieser Steppenkultur nach dem Westen und Süden nachweisbar, aber erst seit etwa 2100 v. Chr. führten sie zu Gründungen historisch bekannter Kulturen. Die Vorphase (4200–2100 v. Chr.) gehört noch zur Prähistorie und kann gleichsam als die «Schwangerschaft» des neuen Europa betrachtet werden, die in der alteuropäischen Balkankultur ausgetragen wurde. Diese landwirtschaftliche Kultur des «alten Europa», wie die litauische Archäologin Marija Gimbutas sie genannt hat, war eine matriarchalische, friedliche und egalitäre Kultur der Muttergöttin, die von den kriegerischen indoeuropäischen Hirten mit ihren männlichen Göttern zerstört wurde.[4]

Kulturveränderung ist immer auch Bewußtseinsveränderung. So kann die Zerstörung der alten Mutterwelt durch die patriarchalischen Indoeuropäer als der Anfang vom Erwachen des individuellen Bewußtseins des europäischen Menschen verstanden werden. Das Mutterprinzip steht dabei für das unbewußte Leben und die Verbindung des Menschen mit dem Kosmos, das Vaterprinzip für die Entwicklung des persönlichen Bewußtseins und die Gestaltung der eigenen Welt. Wie der individuelle Mensch im Laufe seiner Entwicklung physisch, seelisch (ab etwa 21 Jahren) und geistig (ab etwa 42 Jahren) geboren wird, so geht auch Europa durch drei Geburtsprozesse.

Die erste, physische Geburt Europas fand also kurz nach 2100 v. Chr. statt, als griechisch sprechende Stämme auf dem Gebiet des heutigen Griechenland erschienen (und die Hethiter auf dem der heutigen Türkei ihr Reich gründeten). Im Laufe der folgenden Jahrhunderte traten andere indoeuropäische Stämme in Erscheinung und so bildete sich das neue Europa allmählich physisch heraus. Nach 1400 v. Chr. bevölkerten die Thraker und Illyrer den Balkan und die Italiker Italien. Griechische und römische Quellen berichten nach 700 v. Chr. von den Kelten und Germanen im Westen und Norden Europas und von den Skythen im Osten. Als letzte Stammesgruppen traten nach dem Beginn unserer Zeitrechnung die Slawen und Balten hervor.

Ging es in dieser ersten Phase von 21 Jahrhunderten um die Geschichte der Stämme Europas, so entwickelten sich im Laufe der zweiten Phase die Völker Europas. Allmählich ist bei ihnen ein eigenes Nationalbewußtsein entstanden, am Ende des Mittelalters zuerst in Böhmen, kurz danach im Süden, dann im Westen und zum Schluß, im 19. und 20. Jahrhundert, auch in der Mitte und im Osten Europas. Diese Phase, die in den ersten Jahrhunderten der christlichen Zeitrechnung angefangen hat und schon etwa 20 Jahrhunderte andauert, umfaßt die zweite, die seelische Geburt Europas. Sie kündigte sich schon früher an, in der Zeit der Hochblüte der griechischen Kultur und in den Kämpfen der Griechen gegen das persische Reich, das Alexander der Große im 4. Jahrhundert v. Chr. vernichtet hat. Diese Zeit war gleichsam die «Pubertät» der europäischen Kultur.

Die Geburt und die weitere Entwicklung der Seele Europas wurden von der Aufnahme des Christentums durch die europäischen Völker begleitet. Sie bildet sich im Zusammenklingen der Volksseelen, die alle ihre eigenen, einander ergänzenden Qualitäten haben. Ihre Entwicklung vollzieht sich in seelischen Polaritäten, wie introvertiert-extravertiert (Nord-Süd), und vor allem «männlich»-«weiblich», was sich auf einer anderen Ebene auch in der Polarität von West und Ost ausdrückt. Durch die Vorherrschaft des Westens ist die europäische Kultur sehr einseitig «männlich» geprägt und wurde die Weiblichkeit immer wieder unterdrückt. Auch in dieser Hinsicht ist die Seele Europas krank und braucht Heilung.

Im Gewand der Volksseelen (z. B. in der Sprache, der Musik und dem Volkscharakter) manifestiert sich der Volksgeist, oder konkreter: das geistige Leben der Völker, ihre Kultur, ihre Religiosität, ihre Kunst und ihr moralisches, philosophisches und wissenschaftliches Bewußtsein. Auf ähnliche Weise kann in der Seele Europas der Geist Europas zur Wirksamkeit kommen.

In unserer Zeit kündigt sich die dritte Geburt Europas an, die Geburt des europäischen Geistes, des europäischen Selbstbewußtseins, die im individuellen Leben um das vierzigste Jahr stattfinden kann. Oft ist dafür zuerst eine Identitätskrise notwendig, und so ist es auch mit Europa. Es erlebt seine midlife-crisis, die zum einen im Scheitern einer geistigen Revolution in Mitteleuropa – die vor allem durch die Kriege gegen die tschechischen Hussiten (1419–1436) und durch den Dreißigjährigen Krieg (1618–1648) gewaltsam verhindert wurde –, zum zweiten im Durchbruch des Materialismus in Europa seit der Mitte des 19. Jahrhunderts und zum dritten in den zwei Weltkriegen des 20. Jahrhunderts ihre tieferen historischen Ursachen hat. Die Kräfte, die diese Katastrophen verursacht haben und den Kampf gegen die Seele Europas führen, wirken im Schattenwesen, im «Doppelgänger» Europas und wollen die Geburt des Geistes verhindern. In der Apokalypse unserer Zeit enthüllen sich diese Kräfte. Ihre allmähliche Überwindung im Innern der Seele und in der äußeren Welt ist die Bedingung für die Geburt des neuen Europa und einer wirklich europäischen Kultur.

Am Anfang des 20. Jahrhunderts wurde von vielen Seiten versucht, eine Spiritualisierung der europäischen Kultur anzuregen, aber diese Impulse wurden nicht kräftig genug aufgenommen und durch den Nationalsozialismus verfinstert. Im neuen Jahrhundert kann ein neuer Versuch erwartet werden, aber auch weitere Gegenschläge, die die Geburt des geistigen Europas mit anderen Mitteln verhindern wollen. Bis zum 20. Jahrhundert wurde ein geistiger und politischer Kampf gegen die freie Entwicklung Mitteleuropas geführt. In der Zukunft läuft ganz Europa Gefahr, in einem wirtschaftlichen Kampf zwischen Amerika und Ostasien unterzugehen.

Im Europa des Geistes geht es nicht mehr um Völker, sondern um freie und selbstbewußte Individuen, die aus moralischen Intuitionen heraus handeln und sich miteinander verbinden, um gemeinsame Aufgaben zu erfüllen. Auf dieser geistigen Grundlage werden die Menschengemeinschaften der Zukunft gebaut.

Dieses neue Europa hat seine Archetypen und frühen Vertreter. Als ersten möchte ich die Gestalt des Parzival nennen, wie der deutsche Minnesänger Wolfram von Eschenbach ihn am Anfang des 13. Jahrhunderts beschrieben hat. Dessen Dichtung «Parzival» betrachtete der bekannte amerikanische Mythenforscher Joseph Campbell (1904– 1987) als «die erste große spirituelle Biographie in der Geschichte der abendländischen Literatur».[5] Parzival, hinter dem wahrscheinlich eine historische Figur aus dem 9. Jahrhundert stand, ging seinen individuellen Weg zum Gralskönigtum mitten durch das Tal des Lebens. Dieses Königtum ist ein Bild für die Tätigkeit des Geistes, die sich in einer reinen Seele erfüllen kann. Parzival ist der Archetypus des modernen Menschen auf seinem Weg zum Geist.

Neben Parzival gibt es andere literarische Gestalten, die den Menschen des neuen Europas zeigen, wie den «Faust» von J.W. von Goethe (1749–1832), der einen Pakt mit dem Teufel schloß und am Ende gerettet wurde, weil er sich um seine geistige Entwicklung «strebend bemüht» hatte. In den Literaturen aller Völker Europas finden wir Gestalten, die eine Entwicklung zum höheren Bewußtsein zeigen.

Die historische Wirklichkeit kennt auch Menschen, die sich zur Erfüllung von geistigen Aufgaben in der Welt durchringen. Aber wenn sie damit die Interessen der Mächtigen dieser Welt in Gefahr bringen, sind sie ihres Lebens oft nicht mehr sicher. Das kann am Beispiel Kaspar Hauser abgelesen werden, der am Pfingstmontag 1828 als hilfloser 15-jähriger in Nürnberg erschien. Mit großer Wahrscheinlichkeit war er der aus dynastischen Gründen beiseite geschaffte Erbprinz des Großherzogtums Baden. An der Entwicklung seiner Persönlichkeit, die so manipuliert war, daß er nicht zu einem Ich-Bewußtsein hätte kommen sollen, nahmen viele intensiv Anteil. Durch seine besonderen Gaben und den Hauch einer besonderen Bestimmung, der ihn umgab, zog er die Aufmerksamkeit vieler Menschen auf sich. Weil sie nicht wußten, woher er gekommen war, nannten sie ihn das «Kind Europas».[6] Als sein Ich-Bewußtsein trotzdem durchbrach, fanden 1829 und 1833 Mordanschläge auf sein Leben statt. An den Folgen des zweiten Anschlages starb er am 17. Dezember 1833. In letzter Zeit hat man versucht, die Frage der Herkunft Kaspar Hausers durch eine genetische Untersuchung der Blutspuren auf seiner angeblichen Hose zu lösen. Diese Untersuchung läßt noch viele Frage offen und deshalb sind ihre Ergebnisse nicht überzeugend.

Ein aktuelles Beispiel ist die Ermordung des Vorstandssprechers der mächtigen Deutschen Bank, Alfred Herrhausen, am 30. November 1989 – angeblich durch Terroristen der Roten Armee Fraktion, doch zahlreiche Zweifel an dieser These wurden nie ausgeräumt.[7] Herrhausen hatte sich in der Welt des westlichen Großkapitals mit seinem Vorschlag eines Schuldenverzichts der Banken zugunsten der ärmsten Länder der Welt viele Feinde gemacht. Er hoffte so schon im Jahre 1985, die Deutsche Bank zu einem «global player" unter den Weltbanken zu machen. Herrhausen strebte eine Offenlegung der Macht der Banken in der Weltwirtschaft an. Außerdem wollte er, daß die deutsche Wirtschaft eine selbständige Rolle im europäischen Osten spielen und eine Partnerschaft mit dem Osten (auch mit Gorbatschow) eingehen würde, während die westliche Wirtschaft im Osten nur einen neuen Markt erobern wollte. Wir können ahnen, daß es die geistige Mission von Alfred Herrhausen war, in die Wirtschaft die Kategorien der Moralität einzubringen und eine europäische Wirtschaft mit aufzubauen, in der eben nicht nur westliche Wirtschaftsprinzipien herrschen würden. Diese Mission teilte er u.a. mit dem 1991 ebenfalls durch ein Attentat ums Leben gekommenen Treuhandchef Detlev Karsten Rohwedder.

Die Welt der modernen Parzivals ist nicht mehr die schöne literarische Welt des Minnesanges. Sie zeigt eine manipulierte und oft eiskalte seelische Landschaft, in der das geistige Europa nicht geboren werden kann. Es ist die Landschaft einer vollständig neuen Wirklichkeit, die der Mensch in der modernen Wissenschaft und Technik geschaffen hat. Das ist in mehreren Wellen geschehen, die in beschleunigtem Tempo aufeinanderfolgten. Am Ende des Mittelalters entwickelte sich die Mechanik, die klassische Naturwissenschaft kam kurze Zeit später auf. Seit dem Ende des 19. Jahrhunderts spricht man von der modernen Naturwissenschaft. Wissenschaft und Technik waren die Grundlage für die drei Industriellen Revolutionen, die sich nacheinander bis in unsere Zeit hinein vollzogen haben und auf die jetzt eine Revolution in der Informatik und in der Biotechnologie folgt.

Die neue Wirklichkeit, die so allmählich entstanden ist, kann immer weniger eine menschliche Wirklichkeit genannt werden. Der Mensch steigt hinab in eine «Unterwelt». Darunter verstehe ich eine Welt, die vom Menschen durch die Technik hervorgebracht wird. Diese Gegenwelt der modernen Technik umfaßt die «Unternatur», in der die

Materie manipuliert wird, und die Welten des «Untermenschlichen» und des «Untersozialen», in denen die Kräfte des menschlichen Ich ausgeschaltet werden.

Mitteleuropa wurde erst ab der zweiten Hälfte des 19. Jahrhunderts von den aus dem Westen kommenden Wellen der technischen und wissenschaftlichen Veränderung überspült. Dadurch wurde die eigene Entwicklung der mitteleuropäischen Kultur von der spirituellen Höhe des Goethe-Zeitalters in die Tiefe des Materialismus gezogen.

Seit Ende des 19. Jahrhunderts wurde diese Verfinsterung wieder durchbrochen und begann aus der mitteleuropäischen Kultur heraus ein neues Licht über Europa zu scheinen. Dieses Licht machte eine neue spirituelle Wirklichkeit sichtbar. Es ist eine Wirklichkeit, die von Menschen geschaffen werden kann, wenn sie ihr Denken spiritualisieren, in ihrem Gefühl soziale Impulse erwachen lassen und wenn in ihrem Willen selbstgewählte moralische Werte für ihr Handeln richtungweisend werden.

Diese Wirklichkeit ist das Europa des Geistes, das durch eine kulturelle Erneuerungsbewegung geschaffen wird, durch Menschen, die auf der Suche nach einer neuen, nicht-materialistischen Kultur sind. Am Anfang des 20. Jahrhunderts hat diese Bewegung in der Anthroposophie einen Konzentrationspunkt bekommen. Im Nationalsozialismus sind die Ansätze zu einer Kulturerneuerung zerstört worden. Die mitteleuropäische Kultur brach zusammen. Nach dem Zweiten Weltkrieg wurde Mitteleuropa so zu einer leichten Beute für den Materialismus in seinen verschiedenen Ausprägungen: in seiner westlichen Form als Wohlstandsstaat und in seiner östlichen Variante als sozialistischer Heilsstaat.

Als Reaktion auf diese materialistischen Entwicklungen kam in den sechziger Jahren eine weitere Erneuerungswelle auf, die an beiden Seiten des ehemaligen Eisernen Vorhangs die erstarrten Strukturen in Bewegung bringen wollte. Auf europäischer Ebene wurden die Ideale der mitteleuropäischen Kultur wiedergeboren: in Umwelt-, Menschenrechts- und Friedensgruppen. Überall gab es Menschen, die Wege der inneren Entwicklung suchten und sich für die Demokratisierung des sozialen Lebens einsetzten – Menschen, die aus ihren Idealen heraus eine neue Kultur aufbauen wollten. Seit den Revolutionen von 1989 existieren viele dieser Gruppen nicht mehr, aber das Bedürfnis nach geistiger Erneuerung lebt weiter.

Heute, am Ende des 20. Jahrhunderts suchen viele Menschen innere Vertiefung, die Ausbildung neuer Seelenkräfte in künstlerischer Tätigkeit und geistige Erfahrungen. Sie streben nach neuen Werten und Idealen, nach einem neuen Bildungsideal. Dabei können sie sich an dem Licht des Geistes orientieren, das am Anfang des 20 Jahrhunderts in Mitteleuropa aufgegangen ist. Darin erscheint ein Weg zum Herzen, ein Weg, der in der christlichen Spiritualität wurzelt und der die Balance zwischen den Tendenzen aus dem Westen und Osten hält. Es ist der Entwicklungsweg der freien Persönlichkeit, die das eigene Ich in der Gestaltung des Lebens, im Umgang mit der Natur und im Zusammenleben mit anderen Menschen zur schöpferischen Tätigkeit bringt. Auf diesem Weg verwandelt sich das mitteleuropäische Bewußtsein der Vergangenheit zum spirituellen Selbstbewußtsein des freien Menschen der Zukunft.

Im vorliegenden Buch wird versucht, die geistige Aufgabe Europas zu bestimmen und zu untersuchen, wie die Bildung einer neuen europäischen Kultur unterstützt werden kann. Um diese Fragen behandeln zu können, wird eine Biographie der europäischen Kulturgemeinschaft entworfen. Dabei wird von der Vorstellung eines dreigegliederten Europas ausgegangen, in dem das westliche, das mitteleuropäische und das östliche Kulturgebiet jeweils eine eigene Rolle spielen. Im ersten Teil werden einige Hauptlinien der Entwicklung der europäischen Kultur skizziert, insbesondere die Differenzierung Europas in drei unterschiedliche Kulturgebiete. Im zweiten Teil wird die Geschichte des 20. Jahrhunderts als ein Kampf um die Seele Europas dargestellt. Im letzten Teil des Buches wird die Frage nach der Heilung Europas und nach der Geburt der neuen europäischen Kultur gestellt. Dabei werden die Umrisse eines europäischen Bildungsprogramms sichtbar. Im Nachwort schließlich geht es um die Verantwortung der Europäer für die Welt.

Teil I

Entwurf einer Biographie Europas

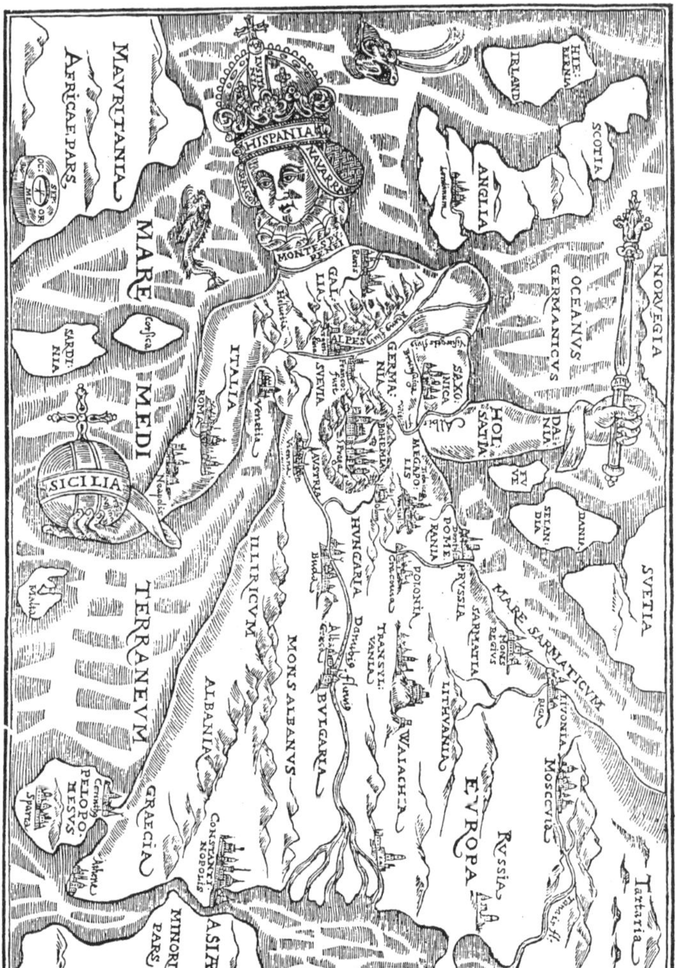

Europa als Jungfrau
(1611 in Prag gedruckt)

1. Das Bild von Europa

Von alters her steht Europa in einem polaren Verhältnis zu Asien. Das kommt bereits in der vermuteten Bedeutung beider Wörter zum Ausdruck. Die Namen von Europa und Asien sollen semitischer Herkunft sein und auf die assyrischen Worte *ereb* und *asu* zurückgehen, die «Sonnenuntergang/Westen» und «Sonnenaufgang/Osten» bedeuten. Von dieser Perspektive aus steht das Abendland dem Morgenland gegenüber.

Das Wort «Europa» erschien zum ersten Mal in einem Lobgesang an den griechischen Gott Apollo aus dem 8. Jahrhundert v. Chr., der dem Sänger Homer zugeschrieben wird. Es war der Eigenname des griechischen Festlands ohne den Peloponnes und die Inseln. Um 200 v. Chr. verwendete der griechische Gelehrte Eratosthenes das Wort «Europa» im Gegensatz zu Asien, wobei die Grenze durch das Ägäische Meer verlief.

Das Wort «Asien» ist älter. Es erscheint als *Asija* schon in ägyptischen Texten aus dem 15. Jahrhundert v. Chr. Wie die hethitische Bezeichung Assuwa war es wahrscheinlich der Name für den Nordwesten Anatoliens, für das Gebiet um Troja.[8] Von den Römern wurde die westliche Küste der heutigen Türkei Asia genannt, heute nennen wir dieses Gebiet Kleinasien.

Es gibt jedoch noch eine weitere interessante Beziehung. Im Norden des Schwarzen Meeres befinden sich das Asowsche Meer und im Osten die Bergkette des Kaukasus. In der griechischen Mythologie war Asia eine Seenymphe und die Mutter (oder Frau) von Prometheus, der von Zeus an den Kaukasus gekettet wurde. Die germanischen Goten nannten das Land östlich des Asowschen Meeres das «Heim der Asen» (das Göttergeschlecht der Germanen), wie es auch im späteren Königsbuch von Snorri Sturleson heißt. Die Sprachwurzel *as* kommt auch in den iranischen und indischen Sprachen vor und weist gleichfalls auf die

Sphäre des Göttlichen hin. Europa ist in der griechischen Mythologie eine Göttin aus der Landschaft Boiotien. Ihr Name wird unterschiedlich erklärt als «die großäugige» (Patricia Monaghan), die Göttin mit dem «breiten Gesicht» (Robert von Ranke Graves) oder «die weite flache Erde» (Carl Ritter). Sie wird in den Mythen auch beschrieben als eine phönizische Prinzessin, die Tochter des Königs Phönix (oder Agenor) von Tyrus in Phönizien, die vom griechischen Gott Zeus in Gestalt eines weißen Stiers geraubt und auf seine geliebte Insel Kreta gebracht wurde. Eines ihrer drei Kinder soll König Minos gewesen sein, der Gründer der minoischen Kultur. Diese Kultur geht auf das Ende des dritten Jahrtausends zurück und zeigt starke Einflüsse aus dem östlichen Mittelmeerraum. Der Mythos von Europa beschreibt tatsächlich, wie in der Begegnung zwischen den asiatischen, ägyptischen und indoeuropäischen Kulturen auf der Insel Kreta die europäische Kultur geboren wurde.

Europa ist also das Kind von Asien. Im Mythos von Europa, aber auch in den germanischen Mythen erscheint Asien als das Land der Götter. Europa ist dann das Erdenland, das Land der Menschen. In Europa erwachte der Mensch für die irdische, materielle Welt. In Europa, angefangen mit Griechenland, wurde die Götterweisheit, die Spiritualität von Asien, in menschliche Gedanken umgeformt. Gleichzeitig mit dem Eintritt Europas in die Geschichte wurde bei den frühen griechischen Philosophen das Denken geboren, mit dem der Mensch in alle Gebiete der sinnlichen Welt eindringt.

Im Vergleich zu Asien ist Europa das Kulturgebiet, in dem die freie Persönlichkeit geboren wurde und ihren Entwicklungsweg begann. Diese Entwicklung zeichnete sich im Prozeß der Kulturschöpfung ab, der in Europa in Gang kam. Asien ist die Wiege aller großen Religionen. Europa hingegen ist das Gebiet, in dem Wissenschaft, nicht-religiöse Kunst und neue soziale Zusammenhänge entwickelt wurden.

Diese Zweiheit Asien-Europa wurde durchbrochen, als die Europäer auf Entdeckungsreisen gingen und Amerika entdeckt wurde. In der Kultur, die auf diesem Kontinent entstanden ist, untersucht der Mensch insbesondere die materielle Welt. Daraus sind die moderne Naturwissenschaft, die Technik und die heutige Wirtschaft entstanden, die im Westen von Europa schon vorbereitet wurden.

Ausgehend von dieser Dreiheit Asien-Europa-Amerika läßt sich die Idee von Europa genauer beschreiben. In Asien ist die Verbundenheit des Menschen mit einer geistigen Welt etwas ganz Selbstverständliches, er lebt noch in einem «Götterland». In Europa kam der Mensch auf die Erde, mit Hilfe seines Denkens suchte er den Weg in die Welt, die sich seinen Sinnen darbot. In Amerika, das seinerseits wiederum als ein «Kind von Europa» betrachtet wird, fasziniert die materielle Welt den Menschen und tritt das Spirituelle in den Hintergrund. Europa liegt in der Mitte. Dank dieser Position kann es Asien und Amerika im Gleichgewicht halten und in diesem Spannungsfeld schöpferisch werden.

Die Aufgabe Europas könnte folglich darin bestehen, nicht von den geistigen, religiösen Reichtümern Asiens zu zehren, aber auch nicht vollständig in der materiellen Wirklichkeit aufzugehen, sondern gerade von den Kräften der freien Persönlichkeit aus die schöpferische Aktivität des Geistes in der Materie sichtbar zu machen und mit der Kraft des Denkens die Welt des Geistes wieder zu erschließen.

Europa hat nicht sofort seine heutige Gestalt angenommen. Ausgehend vom Südosten Europas, der Geburtsstätte der europäischen Kultur, dehnte sich der Bereich des Namens graduell über die Länder westlich von Asien aus. Zunächst wurde seit dem 6. Jahrhundert der Name Okzident für die westlichen Teile des ehemaligen Römischen Reiches gebraucht, im Gegensatz zum Orient (das byzantinische Reich, später die Welt des Islam) – was wieder mit dem Gegensatz Sonnenuntergang-Sonnenaufgang verbunden ist. Zu Beginn des 7. Jahrhunderts kam in einem Briefwechsel zwischen dem irischen Mönch Columban (543–615) und dem Bischof von Rom zum ersten Mal der Ausdruck «ganz Europa» vor. Er stand für das irische Konzept eines christlichen Europa als kulturelle Einheit.

Seit dem Anfang des 9. Jahrhunderts wurde das karolingische Reich Europa genannt. Europa war damit nicht mehr ein geographischer Begriff, es war die Welt des westlichen Christentums. Im 9. und 10. Jahrhundert bildeten sich in Europa die Kerngebiete der späteren europäischen Länder und überall hielt das Christentum seinen Einzug, bis nach Skandinavien, in das Baltikum und in den Norden Rußlands. Seit dem 11. Jahrhundert umfaßte Europa die ganze christliche Welt bis zum Hellespont und dem russischen Fluß Don im Osten. Erst im 18. Jahrhundert wurde die Ostgrenze Europas bis zum Ural verlegt, gerade als im Westen Europas, nach so vielen Religionskriegen, eine neue Europa-Idee aufkam, in der die Verbindung mit dem Christentum aufgegeben wurde. Das Denken der Aufklärung bestimmt seitdem die Idee von Europa.[9] Aber auch wenn man die europäische Kulturgemeinschaft nicht mehr als eine christliche betrachtet, muß die christliche Tradition als die historische Grundlage der europäischen Kultur anerkannt werden.

Unmittelbar nach dem Mittelalter fand das Bild des christlichen Europa, in dem die aufwachenden Völker des Kontinentes die Seele Europas erscheinen ließen, seine Widerspiegelung in einer Reihe von symbolischen Landkarten. Sie gehen auf einen ersten Holzstich von Johannes Putsch aus Innsbruck zurück, der 1537 von Wechelius in Paris herausgegeben wurde. Auf dem Umschlag dieses Buches ist eine Version dargestellt, die 1592 in Prag in einer Schrift von Henrich Bunting (gedruckt von Daniel Adam von Veleslavin) wiedergegeben wurde. Es ist die Jungfrau Europa, die auf ihrem plexus solaris ein Medaillon hält, welches das Königreich Böhmen zeigt. Diese junge Königin scheint das Alter der Seele Europas (oder des christlichen Europa) zu haben: sie würde dann gegen die sechzehn Jahre (oder ebensoviele Jahrhunderte) alt sein.

In diesem ersten Teil wird untersucht, auf welche Weise die Seele Europas sich in der europäischen Kulturentwicklung gestaltet hat. Im Altertum haben die griechische, die römische und die jüdisch-christliche Kultur zunächst ihren formenden Einfluß auf die europäische Kultur ausgeübt. Als später mit den Völkerwanderungen das Mittelalter anbrach, bildeten sich innerhalb von Europa drei Kulturströme, in denen im Kleinen die große Polarität zwischen Ost und West auftritt. Dies sind die westliche, die mitteleuropäische und die slawische Kultur. In diesem Teil des Buches wird ihre Entwicklung beschrieben. So wie in der großen Polarität Europa als ganzes nach zwei Seiten gezogen werden kann, so ist auch die Stellung der mitteleuropäischen Kultur zwischen den beiden Polen immer gefährdet gewesen. Dennoch ist die mitteleuropäische Kultur im Zusammenspiel der europäischen Kulturen unentbehrlich. Von ihr aus wurde seit dem Ende des Mittelalters die Verbindung der Kulturen Europas und damit die Bildung der Seele Europas besonders angeregt.

2. Die Kulturströme Europas

Europa hat seine Kultur in Polaritäten zur Entwicklung gebracht. Die Achsen Nord (Skandinavien) – Süd (die Welt der Antike), West (England, Frankreich) – Ost (die slawischen Völker) bilden ein Kreuz über der Mitte (Mitteleuropa). Der Grundstein für diese Entwicklung wurde im Altertum gelegt, als im Mittelmeerraum die Kulturen von Griechenland und Rom zur Blüte kamen und das Römische Reich sich bildete. In diesem Reich fand das junge Christentum einen historischen Rahmen für seine weitere Verbreitung. Als es in der Periode der Völkerwanderungen der Germanen aus dem Norden zugrunde ging, verbreitete sich das Christentum in den darauf folgenden Jahrhunderten über ganz Europa.

Im 9. Jahrhundert zeichnete sich zum ersten Mal eine deutliche Dreiteilung der Kulturströme ab, innerhalb derer sich die Kerngebiete der späteren europäischen Länder – jedes mit seiner eigenen Sprache – bildeten. Seit dem Ende des Mittelalters ist in diesen Ländern ein nationales Bewußtsein entstanden. Zuerst in Böhmen (am Anfang des 15. Jahrhunderts), dann in Italien, Spanien, Frankreich und den Niederlanden (im 16. Jahrhundert) und England (im 17. Jahrhundert). In Mitteleuropa sowie im Norden und Osten Europas setzte sich dieser Prozeß mit bestimmten Schwierigkeiten seit dem 18. Jahrhundert noch fort.

In unserer Zeit wird jedoch auch das Bewußtsein stärker, als Individuum mit einer bestimmten Nationalität Europäer zu sein und als Europäer Weltbürger.

Wenn über Kultur gesprochen wird, dann wird damit die Gesamtheit von Religion und Kunst, Wissenschaft und Philosophie gemeint, die ursprünglich eine Einheit bildete, sich mit dem ausgehenden Mittelalter jedoch immer mehr differenzierte. Das Wort «Kultur» ist von einem lateinischen Verb abgeleitet, das bebauen, pflegen und verehren bedeutet. Agrikultur ist die Pflege der Äcker, *cultura animi* die Bildung der Seele. Die Kultur wird hier als die Gestaltung des Menschenlebens, der Natur und des Zusammenlebens aufgefaßt. In seiner Kultur setzt der Mensch die Schöpfung fort; in ihr entfaltet sich die schöpferische Tätigkeit seines Geistes. Dabei geht er immer von bestimmten Zielsetzungen aus. So könnte man sagen, daß jede Kultur ihr eigenes spezifisches Kulturideal mit einem bestimmten Bildungsprogramm hat, das von den jeweiligen Umständen, Begabungen des Volkes und, wenn man so will, von Inspirationen des Volksgeistes, die in einer Kultur empfangen werden, bestimmt wird. Die Erkenntnis, daß Menschen früher das Erlebnis von Inspirationen aus der geistigen Welt hatten (und sich dafür jetzt wieder auf eine neue, bewußte Weise öffnen können), ist wesentlich für das Begreifen der Kulturentwicklung.

Michael

Es gibt eine spirituelle Tradition, die jedem Individuum einen eigenen beschützenden Genius, auch Schutzengel oder Schicksalsengel genannt, zuschreibt. Auf verschiedenste Weise haben Menschen durch die Jahrhunderte hindurch diese beschützende Anwesenheit erfahren. So werden auch Völkern beschützende und inspirierende Geister, die die Tradition Volksgeister nennt und die geistige Wesen aus der Hierarchie der Erzengel sind, zugeschrieben. Neben diesen sind sieben sogenannte Zeitgeister bekannt, die nacheinander in einer jeweils etwa 350 Jahre langen Periode die Kulturentwicklung inspirieren. In der Renaissance war dieses Wissen noch beim deutschen Abt Johannes Trithemius von Sponheim (1462–1516) und bei dem deutschen Philosophen Agrippa von Nettesheim (1486–1435) zu finden. 1508 erschien von Trithemius eine Schrift «Über die sieben Intelligenzen». Darin gab er an, daß Michael ab 1879 Zeitgeist sein würde. Auch Rudolf Steiner setzte den Anfang der Regentschaft von Michael auf dieses Jahr. Michael wird meistens als Kämpfer gegen den Drachen, das heißt gegen die Mächte, die aus dem Unbewußten des Menschen nach oben steigen und die Entwicklung eines spirituellen Denkens verhindern wollen, dargestellt. Das frühe Christentum verehrte ihn als Erzengel mit dem lichten Schwert, der aus der Sphäre der Sonne wirkte. Er verkörpert die Kraft, die mit dem erwachenden Bewußtsein verbunden ist.[10] Nach der großen Völkerwanderung erlebten die germanischen Stämme ihn als ihren führenden Geist und als den Inspirator ihrer Gedanken und Handlungen. Im Mittelalter galt er als der deutsche Volksgeist.

Michael war zum letzten Mal von 601–247 v. Chr. Zeitgeist gewesen. In dieser Periode wurde in der griechischen Kultur erstmalig die Kraft des Gedankens erkennbar. Doch nicht nur in Griechenland, sondern in der gesamten Kulturwelt dieser Zeit lassen sich «michaelische» Inspirationen wahrnehmen. Dies hat der Philosoph Karl Jaspers (1883–1969) als eine «Achsenzeit» bezeichnet, denn es handelt sich um eine entscheidende Epoche in der Kulturentwicklung. Das Aufblühen der griechischen Kultur ereignete sich zur Zeit von Lao-Tse und Konfuzius in China, des Buddha in Indien sowie des Königs Kyros und des weisen Zaratas in der iranischen Kultur. In der jüdischen Kultur wirkten die Propheten Daniel und Hesekiel. So geschah während der Geburt der europäischen Philosophie auch in Asien eine große kulturelle Erneuerung.

Das Altertum

Die größten Beiträge Griechenlands zur europäischen Kultur liegen auf dem Gebiet der Bildung, besonders in den Bereichen der Philosophie und Kunst. Seit den Tagen des Dichters Homer (8. Jahrhundert v. Chr.) haben die Griechen die ersten Ideale der körperlichen und kulturellen Erziehung und allgemeinen Entwicklung (Paideia) formuliert. Sie bezogen sich auf die Ausbildung der jugendlichen Kraft und Tapferkeit, der Tugend, der geistigen Fähigkeiten und des Bürgersinnes. Der philosophische Genius der Griechen hat entdeckt, daß die materielle Welt eine Ordnung hat und daß der menschliche Geist die Ursachen der Dinge untersuchen und die Ordnung der Wirklichkeit aufdecken kann. Aristoteles (384–321 v. Chr.) entwickelte ein Denken in Begriffen und eine Logik für das Umgehen mit diesen Begriffen, um nach der objektiven Wahrheit zu suchen. Er hat außerdem als erster dem Menschen die Möglichkeit gegeben, den Geist als persönliches menschliches Vermögen zu denken und zu erfahren.

Für die Griechen war es sehr typisch, daß sie alles, was sie innerlich wahrnahmen, in ihren Kunstwerken zum Ausdruck brachten. So gaben die Amphitheater, in denen die griechischen Tragödien und Komödien gespielt wurden, dem Menschen die Möglichkeit, die Läuterung, die von den Tragödien (des Aischylos, Sophokles und Euripides) ausging, innerlich zu erfahren.

Ganz neu war auch, daß sich der Mensch in der griechischen Welt darauf verlegte, sich auf bestimmten Gebieten, wie Sport und Rhetorik, aber auch im Bereich der Tugenden, auszuzeichnen. Die bewußte Schulung der Tugenden war ein Zeichen des aufwachenden Selbstbewußtseins, das auch im Erleben des eigenen Gewissens sichtbar wurde. Zum ersten Mal hat der griechische Tragödiendichter Euripides (um 480–406 v. Chr.) dieses Erleben, das auch in der Ich-Entwicklung der germanischen Völker auftrat, in seinem Drama «Orestes» beschrieben.[11]

Durch all diese Erfahrungen begann der Mensch, sich in der griechischen Kultur als Persönlichkeit aus der Kollektivität zu lösen. Auf politischem Gebiet kam diese Tendenz in der griechischen Demokratie, der Gemeinschaft von freien Bürgern, zum Ausdruck. Erst in der römischen Kultur erhielt das Verhältnis des Menschen zu seinen Mitmenschen eine neue Grundlage. Das sakrale Recht verwandelte sich teilweise in bürgerliches Recht, das von der Grundidee ausging, der menschlichen Persönlichkeit größtmöglichen Raum für deren freie Aktivität zu geben, ohne daß ein anderer dabei in seinen Rechten benachteiligt würde. Im Respekt vor dem Menschen als einer juristischen Person liegt der Kern der römischen Auffassung von Menschlichkeit (Humanität).

Als Persönlichkeit war der Römer Bürger eines Staates, mit dem er sich identifizieren konnte. Zur Zeit der Römischen Republik war der Bürger seinem Staat dienstbar und entwickelte staatsbürgerliches Bewußtsein und strenge Tugenden. Mit dem Übergang von der Republik zum Kaiserreich im 1. Jahrhundert vor Chr. verwandelte sich der Staat jedoch in einen Mechanismus, in dem der Bürger zum Untertanen wurde, und das Recht letztendlich nicht mehr dem menschlichen Rechtsgefühl, sondern dem Willen des Kaisers entsprang.

Durch diese Entwicklung wurde in der europäischen Kultur des Altertums der Mensch in eine materielle Wirklichkeit gestellt, die er mit seinem Denken erfassen konnte. Als Persönlichkeit war er außerdem ein Teil dieser Wirklichkeit. In diese neue Erfassung der Realität floß auch das Christentum mit ein. Dabei ging es nicht um eine neue Lehre, sondern um das Wesen des Christus selbst, der sich mit der Menschheit und mit der Erde verbunden und das Versprechen gegeben hatte, durch den Geist den Menschen frei zu machen und das Antlitz der Erde zu erneuern.

Im Christentum wurde der Mensch Mitglied einer neuen Gemeinschaft. Sein Verhältnis zu Gott löste sich von der Zugehörigkeit zu einem Stamm, einem Volk oder einer Rasse. Damit wurde der menschlichen Individualität, der Freiheit und der persönlichen Verantwortung eines jeden Menschen große Bedeutung beigemessen. Nur auf dem Weg der persönlichen Nachfolge kann der Mensch Christus begegnen und frei werden. Dabei wurde die jüdische Kultur, die auf das Einhalten des Gesetzes gerichtet und sehr nach innen gekehrt war, radikalisiert und nach außen gerichtet. Die jüdischen Gesetze kamen im Christentum im Gebot der Nächstenliebe zu einer Synthese, und die Nächsten sind nicht nur die Volksgenossen, es sind alle Menschen der Erde.

Lebendige Erfahrung und Dogma

Im 4. Jahrhundert kam es zu großen Veränderungen. Mit der Anerkennung des Christentums als Religion innerhalb des Römischen Reiches unter Kaiser Konstantin (gest. 337) im Jahre 313 und mit der Ausrufung des Christentums als Staatsreligion im Jahre 391 war die Periode des inspirierten Urchristentums abgeschlossen. Noch in demselben Jahrhundert begann man, die Wahrheiten des Glaubens, die bis zu diesem Zeitpunkt hin noch erfahrbar und einsichtig waren, im Glaubensbekenntnis (325) und in den Dogmen der Konzilien festzulegen und für Jahrhunderte zu fixieren. Die von den Griechen und Römern getragene Kulturphase brachte keine neuen Impulse mehr hervor und die große Völkerwanderung (375–568) setzte ein. Germanische Stämme aus Mittel- und Nordeuropa überrannten das zerfallende Römische Reich.

Die Germanen lebten noch in einem Naturbewußtsein. Dadurch hatten sie nur wenig Möglichkeiten, die griechische und römische Kultur intellektuell aufzunehmen. Das kam erst, nachdem sie jahrhundertelang unter dem kulturformenden Einfluß des lateinischen Christentums gestanden hatten. Während und nach der Völkerwanderung kamen die Germanen – noch bevor sie der kirchlichen Gewalt von Rom unterstellt wurden – zuerst durch arianische Christen und später durch keltische Mönche aus Irland mit einem nicht-römischen Christentum in Berührung. Im arianischen Christentum, das auf Presbyter Arius zurückging, konnten die Germanen den Christus als ihren Bruder erleben. Arius hatte in Alexandrien gewirkt und war 335 gestorben. Von den keltischen Mönchen erfuhren die Germanen von der kosmischen Bedeutung des Christentums. Die römische Kirche betonte die transzendenten Aspekte des Christentums. Aus späteren Berichten läßt sich ersehen, daß die Germanen das Christentum so aufgenommen haben, daß sie Christus in sich selber, in ihrer eigenen Seele erfahren wollten. Christus sahen sie als mächtigen Herzog, der in Begleitung von zwölf Helden durch das germanische Land gezogen war. Dieses Bild ist beispielsweise in dem sächsischen Heliandlied aus dem Beginn des 9. Jahrhunderts zu finden. In der römischen Welt des abstrakten Dogmas und in der germanischen Welt, in der das Christentum vermenschlicht wurde, standen sich zwei völlig fremde Welten gegenüber. Mit dem Heerführer Christus und nicht mit einer dogmatisierten Christusvorstellung, die lediglich äußerlich aufgenommen werden konnte, suchten sie eine seelische Verbindung.

Der Kampf gegen den Geist

In der römischen Kirche wurde eine Strömung vorherrschend, die es sich zur Aufgabe gemacht hat, die lebendige Erfahrung zurückzudrängen und das spirituelle Leben in ihrem Sinne dogmatisch zu bestimmen. Vom 4. bis zum 9. Jahrhundert führte sie einen Kampf gegen fremde Spiritualität, was faktisch zur Abschirmung Italiens und Mitteleuropas von geistigen Einflüssen aus dem Osten und Westen führte. Im Römischen Reich war bereits die in der griechischen Kultur lebende Spiritualität zurückgedrängt worden; zudem hatte Rom die Kulte der besiegten Völker dem eigenen Geistesleben assimiliert oder ihre geistigen Zentren zerstört, wie die der Kelten in Frankreich. Die römische Kirche übernahm diese Praxis. In vielerlei Hinsicht läßt sich dann auch sagen, daß das römische Christentum der Nachfolger und Erbe des Römischen Reiches ist.

Nicht nur das Verwaltungszentrum und die lateinische Sprache, sondern auch die römischen Rechts- und Verwaltungsprinzipien wurden von der Kirche übernommen. So läßt sich das Fixieren einer geistigen Wahrheit in einem Dogma mit dem Festhalten eines Rechtsgrundsatzes in einem Gesetz vergleichen. Durch dogmatische Richtlinien bestimmt, entwickelte sich in Rom ein äußerliches Christentum, das spirituellen, esoterischen Formen des Christentums, denen es um die innere Entwicklung des Menschen ging, den Kampf ansagte. Nur in den späteren Mönchsorden entstanden für das esoterische Christentum bestimmte Freiräume. Im Kampf des Bischofs von Rom um die Leitung der Kirche offenbarte sich zugleich auch der alte Anspruch der Römer auf universelle Macht. Dies stand im Einklang mit der Bedeutung des Namens Roma, der in der griechischen Sprache «Kraft» bedeutet. Neben diesem politischen Namen trug die Stadt jedoch auch den Mysteriennamen Amor (Liebe) und den Kultnamen Flora (Blume).

Innerhalb des frühen Christentums waren durch die Arbeit zahlreicher Missionare in verschiedenen Gebieten christliche Traditionen entstanden, die in Einzelheiten voneinander abwichen. In der frühchristlichen Welt gab es im 4. und 5. Jahrhundert deutliche Unterschiede zwischen dem römischen, keltischen, arianischen, griechischen, armenischen, georgischen, syrischen und dem ägyptischen Christentum. Daß diese Traditionen sich alle der Macht des Bischofs von Rom beugen mußten, war nicht selbstverständlich, zumal der Bischof von Rom in den ersten Jahrhunderten lediglich der «Erste unter Gleichen» war. Neben Rom waren in Konstantinopel, Antiochien, Jerusalem und Alexandrien wichtige kirchliche Zentren entstanden. Erst im 9. Jahrhundert wurden die europäischen Kirchen, zumindest formal, der römischen Autorität unterstellt. Antiochien, Jerusalem und Alexandrien gehörten zu dieser Zeit schon zum islamischen Machtbereich.

Für die Entwicklung der west- und mitteleuropäischen Kultur ist vor allem das keltische Christentum mit seinen umherziehenden Mönchen von besonderer Bedeutung gewesen. Darin wurde Christus als der König der Naturelemente gesehen, der von der Sonne zur Erde gekommen war. Diese Vorstellung entsprang dem Naturerleben der in West- und Mitteleuropa lebenden Kelten. Im Zuge der Völkerwanderung waren sie in den äußersten Westen zurükkgedrängt worden. Von dort aus brachten sie das Christentum, das sie ohne das Zutun Roms aus Palästina und Ägypten empfangen hatten, zu den keltischen und germanischen Völkern in Frankreich und Mitteleuropa. Dies geschah zwischen dem 6. und dem 9. Jahrhundert.[12]

Im keltischen Christentum wurde jedem Menschen die Möglichkeit gegeben, in Freiheit seinen persönlichen Weg als Christ zu gehen. Wichtig war nicht die Kirche als Institution, sondern die Bildung freier spiritueller Gemeinschaften. Zu Beginn des 5. Jahrhunderts kam es um die Gestalt des Iren Pelagius (gest. 422) zu einer ersten Konfrontation zwischen dem keltischen und dem römischen Christentum. Im Gegensatz zu der Auffassung des Kirchenvaters Augustinus (354–430), die besagte, daß der Mensch durch die Korrumpierung seines Denkens und Willens im Sündenfall von Gottes Gnade abhängig geworden war, trat Pelagius für das Positive im Menschen ein und für das Vermögen, sich aus dem Zustand der Sünde zu erheben, ohne dabei die Gnade zu verneinen. Durch das Zutun des Augustinus, der selbst keinen totalen Determinismus vertrat, wurde die Lehre von Pelagius trotz der breiten Unterstützung, die sie überall genoß, 431 verurteilt.

Im keltischen Christentum lebte eine Legende, in deren Mittelpunkt der Abendmahlskelch stand – jenes Gefäß, in dem bei der Kreuzesabnahme auch das Blut des gekreuzigten Christus aufgefangen worden war. Einer Überlieferung nach soll Joseph von Arimathia diesen Kelch – später der Gral genannt – nach Glastonbury in England gebracht haben. Hieraus entstand die Gralstradition, in der sich drei Stufen unterscheiden lassen: das Auftreten von König Artus und seinen Rittern, die Legenden über den heiligen Gral und die Suche Parzivals nach dem Gral. Das Grals-Christentum hatte als Grundprinzip, daß die menschliche Seele Entwicklungsphasen durchmacht. Der Mensch kann seine Seele so weit läutern, daß sie den Geist empfangen kann.

Der Gral ist dann das Symbol der vom Menschen geläuterten Seele, die Christus in sich aufnehmen kann.[13]

Dieser Strom des esoterischen Christentums, des Christentums der innerlichen Entwicklung, das die Kelten von England und Irland aus auf das europäische Festland brachten, kam Ende des 12. Jahrhunderts in literarischer Form u.a. in den Dichtungen von Chrétien de Troyes (Frankreich) und Wolfram von Eschenbach (Deutschland) zum Ausdruck. Die Suche Parzivals nach dem Gral stand darin im Mittelpunkt. Als Träger des esoterischen Christentums war die keltische Kultur zu diesem Zeitpunkt äußerlich bereits zugrunde gegangen, aber als inspirierender Genius hat der keltische Volksgeist nach Rudolf Steiner in Europa den Grundstein für spätere Entwicklungen zu einem freien inneren Christentum gelegt.

Neben dem Kampf gegen diese Strömungen aus Westeuropa hat sich die römische Kirche in einem jahrhundertelangen Konflikt mit der byzantinischen Kirche befunden, die ihre Basis im oströmischen Reich hatte. Im Jahre 1054 kam es zum endgültigen Bruch. In der byzantinischen Kirche lebt noch eine alte Spiritualität mit einem ganz eigenen Kultus, der den Menschen geradezu in Verzückung versetzt und ihm das Gefühl gibt, etwas vom Himmel zu erfahren. Zentrum des byzantinischen Christentums stand die wunderschöne Kirche der Hagia Sophia (der heiligen Weisheit) in Istanbul. Die himmlische Weisheit wird im russischen Christentum mit der Gestalt der Gottesmutter Maria verbunden. Die griechische Kirche betrachtet die Weisheit als ein Attribut Christi.

In der griechischen Welt hatte man die Vorstellung, daß im Menschen zwei Seelen sind: eine niedere Seele, die in der Lage ist, zu sündigen, und eine höhere Seele. In der Idee einer höheren Seele, die als von göttlicher Art und als frei von Sünden betrachtet wurde, läßt sich das Prinzip des Geistes erkennen, der für die Griechen jedoch noch ganz mit der geistigen Welt verbunden war. Von Rom aus wurde schon lange gegen diese Auffassung, die von dem byzantinischen Patriarchen Photius (um 820–897) vertreten wurde, Einspruch erhoben, bis sie 869 auf dem achten ökumenischen Konzil in Konstantinopel als Ketzerei verurteilt wurde.[14] Mit dieser Verurteilung wurde ausgesprochen, daß der Mensch nur *eine* Seele hat. Die Ostkirche hat dieses Konzil übrigens nie anerkannt.

Im Gegensatz zur Auffassung der Griechen war der Geist in der Anschauung der westlichen Christen ein persönlicher Geist, der sich in der menschlichen Seele individualisiert. Dies kam auch in einer kleinen Hinzufügung zum Glaubensbekenntnis zum Ausdruck, die wesentlich zu der Kirchenspaltung von 1054 beigetragen hat. Als erste hatten die in Spanien lebenden Westgoten bei der Synode von Toledo 589 die Formulierung gebraucht, daß der Heilige Geist nicht nur vom Vater (wie bis dahin gesagt wurde), sondern auch «filioque», d.h. vom Sohn (Christus) ausgehe. Karl der Große ließ das 809 auf einer Synode in Aachen bestätigen. Damit wurde ausgesprochen, daß der Geist auch im Menschen lebt, seitdem der Christus sich mit der Menschheit verbunden hat. Besonders in Mitteleuropa wurde im Mittelalter erlebt, daß der Geist nicht mehr von außen an den Menschen herantritt, sondern von innen heraus in der menschlichen Person als individuelle Kraft wirksam wird.

Seit der mittelalterlichen Scholastik (Thomas von Aquin) betont die katholische Theologie die Einheit der menschlichen Person (als Leib und Seele). Der Seele werden dabei bestimmte geistige Eigenschaften zugesprochen. Eine Trichotomie (Dreiteilung) in Geist, Seele und Leib weist sie ab, obwohl Vertreter dieser Lehre, die es in der Theologie und Philosophie immer wieder gegeben hat, nie verfolgt wurden. Damit wurde das Menschenbild des Apostel Paulus aufgegeben, in dem ein Unterschied zwischen dem leiblichen Menschen, dem psychischen Menschen (Seele) und dem pneumatischen Menschen (Geist) gemacht wird. In der Praxis hat die Machtpolitik der römischen Kirche dazu geführt, daß mit der Verurteilung der griechischen Auffassung der Seele der Geist als selbständiges Prinzip verneint wurde. Mit dieser Negierung des geistigen Menschen wollte die römische Kirche das Monopol über den Geist bekommen. Es sah so aus, als hätte die geistfeindliche Strömung innerhalb der römischen Kirche den Kampf gegen den Geist gewonnen. An die Stelle von selbst errungenen geistigen Wahrheiten traten Dogmen, die die offenbarte Wahrheit intellektuell fixierten. Außerhalb der Klöster sollte der Mensch sich nicht mehr mit dem Geistigen beschäftigen. Sein Erkenntnisstreben wurde von der übersinnlichen Welt auf die sinnliche abgelenkt. Dadurch wurden das moderne Menschenbild und das materialistische Weltbild, das ebenfalls den Geist bekämpft, auf grundlegende Weise vorbereitet. Rudolf Steiner hat darauf hingewiesen, daß im Hintergrund allen äußeren Geschehens der Kampf gegen den Geist steht.

Die Zurückweisung sowohl der östlichen als auch der westlichen Spiritualität ging auf den im Jahre 867 verstorbenen Papst Nikolaus zurück, der einer der größten Päpste des Mittelalters war und der die Zentralisierung der kirchlichen Macht mit großer Konsequenz durchführte. Nach dem Zerfall des Reiches Karls des Großen strebte er im Zentrum Europas eine vom griechischen Christentum der himmlischen Weisheit (Sophia) und vom keltischen esoterischen Gralschristentum abgeschirmte Kultur an, die auf der Verbindung von Italien und Deutschland beruhen sollte.[15]

Im sich so herausbildenden päpstlichen Christentum wurden die Glaubenswahrheiten in Dogmen festgelegt. Damit war eine geistfeindliche Tendenz verbunden, die sich nach dem Tode von Papst Nikolaus verstärkte. Nikolaus hatte sich auch gegen die westliche Auffassung eines spirituellen Königtums gewendet, demgemäß der Fürst bei der Benennung von kirchlichen Würdenträgern geistliche Autorität besaß. Hier wurden die Grundlagen für den in späteren Jahrhunderten heftig entbrennenden Kampf zwischen dem Papsttum und dem deutschen Kaisertum um die politische Vorherrschaft in Europa gelegt. Dieser sogenannte «Investiturstreit» wurde 1077 mit dem Gang des deutschen Königs Heinrich IV. (reg. 1056–1106) nach dem italienischen Canossa vorläufig zugunsten des Papstes entschieden. Zu Beginn des 14. Jahrhunderts verlor das Papsttum jedoch seine Allmacht über das katholische Europa wieder: Im Kampf gegen den deutschen Kaiser Friedrich II. (reg. 1210–1250) hatte der Papst den französischen König Philipp den Schönen (reg. 1285– 1313) um Hilfe gebeten. In der Folge wurde das Papsttum immer abhängiger von Frankreich. 1309 wurde die päpstliche Residenz nach Avignon in Südfrankreich verlagert. In der Zeit von 1378 bis 1415 gab es zwei Päpste – einer in Rom, der andere in Avignon.

In den späteren Kämpfen gegen die Ketzer und Reformatoren mußte die Kirche von Rom, die ihre universelle Macht verloren hatte, die Religionsfreiheit zulassen – und zuletzt auch die Freiheit der wissenschaftlichen Forschung.

Durch die Politik von Papst Nikolaus ist in der europäischen Kultur, ausgehend vom Mittelmeerraum, eine Art «Dreistromland» entstanden. Im Osten verlief ein griechisch-byzantinischer Strom, der sich über den Balkan in das werdende russische Reich ergoß und der durch Nikolaus und seinen Nachfolger gerade noch aus Böhmen, Mähren, der Slowakei und Ungarn herausgehalten werden konnte. Ein mittlerer Strom umfaßte das Deutsche Reich (Italien, die deutschsprachigen Gebiete und die Teile des slawischen Ostens, die kirchlich zu Rom gehörten) und im Westen (Spanien, Frankreich und England) verlief ein dritter Strom. Schon im 11. Jahrhundert begann man, die Bezeichnungen Westeuropa (die katholische Welt – einschließlich Mitteleuropas) und Osteuropa (die orthodoxe Welt) zu verwenden.[16]

Dreistromland

Diese drei Ströme können noch auf eine andere Weise charakterisiert werden. In dem östlichen Kulturstrom, der über den Balkan nach Rußland führte, setzte sich das spirituelle Leben des griechisch-römischen Altertums fort. Vom oströmischen Reich ausgehend verbreitete sich das byzantinische Christentum, das mit seinem religiösen Kultus die slawische Kultur Rußlands in einer Erfahrungswelt festhält, in der die Glaubensmysterien dem Gläubigen in einer beinahe himmlischen Sphäre offenbart werden.

In dem westlichen Kulturstrom entwickelte sich zunächst eine Kultur, die sich auf die Entdeckung der physischen Welt richtete. Portugiesen, Spanier, Holländer, Engländer und Franzosen haben die Welt entdeckt und kolonisiert. Die Portugiesen hatten dabei auch die spirituelle Absicht, hinter den Ländern des Islam das Gralskönigreich des Priester-Königs Johannes zu finden. Später kamen materialistische Ziele dazu, woraus zuerst in Holland und dann in England und Schottland ein neues kapitalistisches Wirtschaftsleben entstand. Der kulturelle Aspekt kam hier in der neuen Naturwissenschaft zum Ausdruck, die auf der sinnlichen Wahrnehmung beruhte und ihre Impulse aus der arabischen Welt erhielt. In Frankreich wurden diese Entwicklungen von einem unmittelbar vom Römischen Reich und seiner Verwaltungsform inspirierten juristischen Denken überflügelt. Daraus entwickelte sich im Spätmittelalter ein zentralistischer Staat, der bis 1789 unter der Vorherrschaft des Adels stand.

Im mittleren Strom wirkte der römische Geist fort im Deutschen Reich, das sich mit dem Titel «Heiliges Römisches Reich Deutscher Nation» seit 962 als Nachfolger des Römischen Reiches präsentierte. Die juristischen Strukturen römischen Ursprungs, die von Kirche und Regierung eingeführt wurden, stießen jedoch bei der Bevölkerung, die sich auf ihre eigenen Rechtstraditionen berief, auf heftigen Widerstand. Dieser setzte sich über das Mittelalters hinaus fort, wie auch der Widerstand gegen die dogmatische römische Form des Christentums.

Diese religiösen Konflikte haben zwei Ursachen. Einerseits verschwand der alte Naturglauben sehr langsam, trotz der Versuche seitens der Kirche, alles, was sich aus dem Naturglauben entwickelt hat, als des Teufels zu bezeichnen und alle geistigen Erfahrungen zu verbannen. Andererseits gab es in der germanischen Kultur eine Tendenz, Christus in der eigenen Seele zu erleben und ihm zu begegnen, wie das beispielsweise in dem bereits genannten Heliandlied und in der späteren deutschen Mystik zum Ausdruck kam. Eine solche Begegnung ist innerhalb eines dogmatischen Christentums, in dem der zentrale Apparat ein Monopol über den Geist ausübt, nicht gut möglich.

Eine Folge davon war, daß vom 11. Jahrhundert an überall im katholischen Europa Gruppen und einzelne Personen hervortraten, die meinten, das echte Christentum sei nicht in der römischen Kirche zu finden. Dies sind die Ketzer und Gruppen aus dem Randbereich der Kirche, wie die französischen Katharer und Waldenser (die ihre Vorläufer in den bulgarischen und bosnischen Bogomilen hatten), die frühen Franziskaner, der englische Theologe John Wiclif (um 1320–1384), der Tscheche Jan Hus (um 1369–1415), aber auch spätere Führungsgestalten der Reformation im 16. Jahrhundert.

Was sie verband, war das Suchen nach einem persönlichen Glauben und nach eigenen geistigen Erfahrungen. So sind auch die ab 1096 stattfindenden Kreuzzüge im Zeichen der Suche nach einem neuen Christentum zu sehen. Schon seit dem 10. Jahrhundert pilgerten Christen aus dem Westen nach Jerusalem. Papst Urban II (Pontifikat 1088–1099) versuchte mit seinem Aufruf zum ersten Kreuzzug, diese Bewegung in kirchliche Bahnen zu lenken. Aber während der Kreuzzüge entstand immer wieder der Impuls, in Jerusalem ein neues Zentrum für das Christentum errichten, um von dort aus das römische Christentum zu besiegen. Viele Kreuzritter suchten nach einer neuen – wie der deutsche Kaiser Heinrich IV. es nannte – nicht-römischen katholischen Kirche.

Entwicklungsaufgaben

Hiermit sind einige Motive aus der europäischen Biographie skizziert, anhand derer die Entwicklungen der drei wichtigen Kulturströme Europas – der des Ostens, der des Westens und der der Mitte – weiter untersucht werden können. Die Idee von Europa kann außerdem der Ausgangspunkt sein, von dem aus sich die spezifischen Aufgaben vorläufig charakterisieren lassen. Zusammenfassend kann man sagen, daß sich die slawische Kultur des Ostens unter der Vormundschaft des byzantinischen Christentums entwickelt hat, das versucht, das Bewußtsein des Menschen während des Kultus zum Himmel zu erheben und dem Menschen wenig Möglichkeiten gibt, sich mit der materiellen Welt zu verbinden. Die russische Kultur steht somit vor der Aufgabe, das Spirituelle auf die Erde zu bringen. Die mitteleuropäische Kultur mußte sich vom juristisch-politischen und dogmatisch-religiösen Einfluß, der von der römischen Kultur ausgegangen ist, befreien, um für die freie Aktivität des Menschen Raum zu schaffen, und zwar in Strukturen, in denen über den anderen keine Macht ausgeübt werden kann. In der westlichen Kultur schließlich hat sich die Entwicklung der modernen Wirtschaft und Wissenschaft vorbereitet. Hier ist die Aufgabe, den Kräften der «Unterwelt» standzuhalten, die durch die Wissenschaft freigesetzt werden. Auf andere Aspekte dieser Kulturen und auf spezifische kulturelle, politische und wirtschaftliche Unterschiede zwischen den Kulturstrom-Gebieten soll hier nicht eingegangen werden.

3. Das keltische Erbe im Westen

In der Kultur des Westens ist das keltische Element, das vor der germanischen Völkerwanderung in Frankreich und England vorherrschend war, im Hintergrund weiterhin vorhanden geblieben. In entscheidenden Entwicklungsmomenten der westlichen Kultur ist der keltische Unterstrom hervorgetreten, um der äußeren Kulturentwicklung eine andere Wendung zu geben. Ein solches Motiv kann man bereits in den Geschichten über König Artus und die Ritter der Tafelrunde finden, die auszogen, um in Europa gegen Unrecht zu kämpfen und Menschen von Dämonen zu befreien.

Die Menschen des Westens waren auf besondere Weise mit der Natur und den Naturkräften verbunden. Die Steinkreise von Stonehenge in Südengland dienten beispielsweise astronomischen Beobachtungen. Christus war für die keltischen Eingeweihten der König der Naturelemente. Die keltische Kultur steht darum, dank ihrer besonderen Verbindung mit der geistigen Seite der Natur, im krassen Gegensatz zur modernen westlichen Kultur, die gerade den materiellen Aspekt der Natur erforscht.

Die keltische Kultur lebte mit demjenigen, was man als «Übernatur» bezeichnen könnte, während die moderne westliche Kultur in die «Unternatur» abgleitet und die Kräfte der «Unterwelt» hervorruft. Die «Unterwelt» war den Griechen als Tartaros bekannt, als der finstere Abgrund, in den Zeus die Titanen gestürzt hatte. Der Eintritt in die «Unterwelt» ist die Folge der modernen Naturwissenschaft, die durch den Nominalismus im Mittelalter und durch die arabische Wissenschaft vorbereitet worden ist. Bei jedem Schritt, der tiefer in die «Unterwelt» führte, sind allerdings im esoterischen Christentum auch Inspirationen aus dem keltischen Unterstrom als Hilfe aufgetreten, um den Kräften dieser «Unterwelt» standzuhalten.

Die Natur als Göttin

Als sich Ende des 8. Jahrhunderts die Kultur des europäischen Festlands wieder von der Völkerwanderung erholte, waren es vor allem irische und angelsächsische Gelehrte, die die sogenannte «Karolingische Renaissance» ermöglichten. Diese Gelehrten stammten aus den Klosterschulen Irlands und aus den Bischofsschulen Englands. 780 ließ Karl der Große (747–814) den Mönch Alkuin (um 735–804) nach Frankreich kommen, um die Leitung seiner Hofschule zu übernehmen. Im 9. Jahrhundert kam Johannes Scotus (um 810–877) aus Irland nach Frankreich. Dieser Gelehrte, der ein hervorragender Kenner der griechischen Sprache war, wurde vom westfränkischen König Karl dem Kahlen (823–877) beauftragt, die Schriften von Dionysius Areopagita ins Lateinische zu übersetzen und somit dem Westen zugänglich zu machen. Diese Schriften gehen angeblich auf den esoterischen Unterricht des Apostels Paulus an Dionysius in Athen zurück. In ihnen lebt ein neuplatonisch-mystisches Weltbild. Auch im Werk von Johannes Scotus, der eine Zeitlang Leiter der Pariser Hofschule war, ist ein solches Weltbild anzutreffen. In der Anschauung der Neuplatoniker bestand die Tendenz, Gott und Welt einander gleichzustellen und so die Natur zu vergöttlichen.

In der berühmten Kathedralschule von Chartres wurde die Natur als lebendige, schöpferische Wirklichkeit erlebt, in der sich die Göttin Natura in vollem Glanze offenbarte. Im 12. Jahrhundert beschrieben die Philosophen Bernardus Silvestris und Alanus ab Insulis sie in ihren Werken als den göttlichen Mutterschoß, als die griechische Göttin Persephone und als die Schöpferin eines vollkommenen, neuen Menschen, der in Harmonie mit dem Kosmos lebt.

Bischof Fulbertus (gest. 1028) hatte 990 die Schule von Chartres gegründet. In ihr waren die Einflüsse der Artusströmung und der Gralsströmung klar zu spüren. Fulbertus war ein Schüler von Gerbert von Aurillac (als Papst Sylvester II. 1003 gestorben), der als einer der ersten in Spanien die arabische Kultur studiert und die modernen arabisch-indischen Zahlen im Westen eingeführt hat. Das grundlegende Bildungsprogramm der Schule war das Studium der sieben «freien Künste» (Grammatik, Rhetorik, Dialektik, Arithmetik, Musik, Geometrie und Astronomie), die nach Alanus ab Insulis (um 1128–1203) die menschliche Seele wieder in Verbindung mit dem wahren Ich des Menschen bringen können.[17]

In Chartres, das vor der römischen Zeit ein wichtiges keltisches spirituelles Zentrum gewesen war, erwachte die Welt der kosmischen Bilder von Platons Philosophie zu neuem Leben. In diesem platonischen Denken von Chartres wurde Theologie zu Mathematik: Gott und der Kosmos, Natur und Mensch sind in ihrer Harmonie, nach Maß, Zahl und Gewicht verständlich und lassen sich mit dem Verstand durchdringen. Die Theologie wurde so zu einem durchsichtigen, rationalen Bauwerk, hell und licht wie eine gotische Kathedrale. Die Kathedrale von Chartres selbst ist Ausdruck des Geistes der Schule, in der gelehrt wurde, daß die Zahl, das Licht, die Musik und die Architektur des Kosmos das Wesen Gottes offenbaren. In der Kathedrale läßt sich deutlich erleben, wie anstelle der mystischen Dunkelheit der romanischen Kirche nun das Licht als schaffendes Prinzip zum Vorschein kam. «Gott ist Licht», sagten die Menschen des 12. Jahrhunderts. Der Quell dieser Lichtphilosphie war Dionysius Areopagita, der gezeigt hatte, daß man durch die Sinne zur Betrachtung des Göttlichen kommen konnte. In Chartres wurde das Wirklichkeit.[18] Die Gotik symbolisierte tatsächlich das erste große Erwachen der europäischen Kultur.

Durch ihre Kontakte mit der arabischen und byzantinischen Kultur wurde die Schule von Chartres ein Kulturzentrum ersten Ranges. Über Spanien und Süditalien strömte die arabische und die alte griechische Wissenschaft nach Chartres. Die Schule wurde so zu einem der ersten Orte, an denen christliches Denken arabisches Wissen aufnahm.

Weil das Denken der Philosophen von Chartres noch mit einer spirituellen Naturkenntnis verbunden war, ließ es sich nicht vom Glanz der arabischen Kultur bezaubern und konnte zu einem ersten Schritt einer Metamorphose der arabischen Impulse beitragen.

Das Aufkommen des intellektuellen Denkens

Im Schatten der Schule von Chartres wurde auch das intellektuelle Denken allmählich sichtbar. Im 11. Jahrhundert trat ein gewisser Berengar von Tours (gest. 1088) hervor. Er war ein Schüler des Fulbertus von Chartres gewesen und bekämpfte die kirchliche Abendmahlslehre, indem er die Transsubstantiation (die Verwandlung von Brot und Wein in Leib und Blut Christi) im kirchlichen Kultus leugnete. Diese Lehre hielt seiner intellektuellen Analyse nicht stand. Bei ihm verwandelte sich das spirituelle Weltbild der Schule von Chartres in ein Weltbild, in dem das nüchterne, abstrakte Denken zu den geistigen Aspekten der Dinge keinen Zugang mehr hatte. Aufgrund dieser Anschauung zählt die Philosophiegeschichte Berengar zusammen mit dem Philosophen Roscelin von Compiègne (um 1050–1125) zu den Begründern des Nominalismus.

Dem Nominalismus zufolge sind die allgemeinen Begriffe, mit denen wir die Dinge bezeichnen, nur Namen (im Lateinischen: nomina). Für diese Strömung existiert nicht ein allgemeiner Begriff oder eine Idee «Mensch», vielmehr gibt es nur einzelne Menschen. Damit haben die Nominalisten (die meistens Franziskanermönche waren) das individuelle Freiheitsbewußtsein stark gefördert. Der Preis für diese Befreiung war jedoch, daß im Nominalismus das lebendige, schöpferische Wort Gottes, von dem das Johannesevangelium sagt, daß die Welt daraus entstanden ist, auf einen abstrakten Begriff reduziert wurde, der von den Menschen willkürlich gewählt wird und keinen geistigen Inhalt hat. Karl Marx sah darum mit Recht im mittelalterlichen Nominalismus einen Vorläufer des modernen Materialismus. So läßt sich sagen, daß der Materialismus letztendlich im Schoß der mittelalterlichen Kirche, in theologischen Diskussionen über die spirituellen Dimensionen der Wirklichkeit entstanden ist. Der Materialismus ist, so gesehen, eine Folge des «Kampfes gegen den Geist».

Vom 12. Jahrhundert an manifestierte sich das intellektuelle Denken besonders stark. In diesem Jahrhundert bildeten sich an den neuen europäischen Universitäten Gruppen lernbegieriger junger Menschen, die für intellektuelles Erforschen der Dinge offen waren und alles mit dem Verstand ergründen wollten. Der Vorreiter des modernen Denkens, das sich nicht den Dogmen des Glaubens unterwerfen wollte, war Pierre Abaelard (1079–1142), der ab 1113 als freier Lehrer in Paris zum Anziehungspunkt von Studenten aus ganz Europa wurde. Dieser logische Denker, der einen kritischen Standpunkt in bezug auf die politische und geistige Situation seiner Zeit einnahm, faszinierte die jungen Menschen.

Als die nominalistisch-intellektualistische Bewegung im 13. Jahrhundert Thesen der arabischen Philosophie vertrat, wurde Paris das Zentrum heftiger Diskussionen. Es lassen sich drei Positionen unterscheiden. Auf der einen Seite standen die traditionellen Theologen, die sich gegen die Ansprüche des intellektuellen Denkens richteten. Ihnen gegenüber standen die Philosophen, die sich auf die Anschauungen von Aristoteles beriefen, so wie sie von den arabischen Philosophen Avicenna (980–1037) und Averroes (1126–1198) überliefert und interpretiert wurden. Diese wurden oft als Averroisten bezeichnet und standen für intellektuelle Forschung auf nominalistischer Basis. Zwischen diesen Positionen versuchte Thomas von Aquin (1225–1274) eine Mitte aufzubauen, in der er für das intellektuelle Denken Raum schuf und gleichzeitig die arabische Interpretation der Philosophie von Aristoteles als antichristlich bekämpfte. Unter Leitung des Philosophen Siger von Brabant (1235–1284) verteidigten die Averroisten die arabische Anschauung, daß der Mensch keinen freien Willen und kein persönliches Denkvermögen hat, und daß sein Geist sich nach dem Tod im Weltengeist auflöst. Nur die Seele konnte nach dem Tod in einem Paradies der Sinnlichkeit weiterleben. Die arabischen Philosophen nahmen einen universellen Intellekt an, der allen Menschen gemeinsam ist. Thomas von Aquin wies dieses arabische Menschenbild mit großem Einsatz für die Verchristlichung des Denkens (wobei das Denken als die persönliche geistige Tätigkeit des Menschen erlebt werden kann) und unter Berufung auf Aristoteles zurück.[20]

Thomas von Aquin hatte sich auch gegen das nominalistische Denken gestellt, aber in diesem Punkt ließ sich kein bleibender Erfolg verbuchen. Er verteidigte die sogenannte realistische Position, nach der die allgemeinen Begriffe, die der Mensch verwendet, durchaus einen Wirklichkeitswert besitzen. Nach Thomas lebten die allgemeinen Begriffe bereits vor der Erschaffung der Welt als Gedanken im Herzen Gottes. Danach haben sie sich in die Schöpfung ergossen. In der Seele des erkennenden Menschen können sie wieder zur Auferstehung kommen, und in seinem Denken nimmt der Mensch so an der Wirklichkeit Gottes teil.

Diese geistige Wirklichkeit war für den Nominalisten unzugänglich geworden. Er richtete sich stattdessen auf dasjenige, was er in der äußeren Welt wahrnehmen konnte. Im 14. Jahrhundert siegte der Nominalismus in der Form, die ihm der englische Philosoph und Franziskanermönch William von Ockham (um 1285–1350) gegeben hat. Damit schuf er die Basis für die moderne Naturwissenschaft. Nach Ockham, der an der Universität von Oxford unterrichtete, beruht der allgemeine Begriff lediglich auf einer Vereinbarung, um die individuellen Dinge benennen zu können. Nur das Individuelle gibt es wirklich, und nur das kann sinnvoll untersucht werden.

Mit Ockhams Philosophie beginnt der moderne Individualismus. Sie machte das Individuelle frei vom Allgemeinen und schuf damit Raum für die Entfaltung der freien Persönlichkeit. Das starke Hervorheben des Individuellen hatte auch politische und religiöse Bedeutung: das unabhängige Individuum wurde so der Gesellschaft und der Kirche gegenübergestellt. Die Emanzipation des Individuums war eine der Ursachen der Reformation.

Der Nominalismus gab auch den Anstoß zum Zusammenbruch der «Erkenntniskathedrale» der mittelalterlichen scholastischen Philosophie, die bei Thomas von Aquin eine Synthese erlebt hatte. In dieser Philosophie wurden vier Erkenntnisstufen beschrieben, die unterschiedlichen Erkenntnisvermögen entsprachen. Die Grundebene war die sinnliche Wahrnehmung; auf der zweiten Ebene kam das rationale Denken, das logische Folgerungen zieht; die Vernunft bringt uns auf der dritten Ebene in den Bereich der Begriffe und Ideen; und das Dach der Kathedrale wurde von der göttlichen Erkenntnis gebildet, die das Prinzip der Einheit und des Zusammenhanges der Erkenntnisstufen vertritt und im menschlichen Erkenntnisprozeß eine wahre Erkenntnis möglich macht.

Am Ende des Mittelalters zerfiel dieses Erkenntnisgebäude und die Folge war, daß sich seit dem 16. Jahrhundert die vier Erkenntnisebenen nun in verschiedenen Ländern als spezialisierte Erkenntnisformen weiter entwickelten. Die Sinneserfahrung erschien im englischen Empirismus wieder, das rationale Denken im französischen Rationalismus, das Vernunftdenken im Deutschen Idealismus und das göttliche Denken wurde in der Sophia-Lehre der russischen religiösen Philosophie (Solowjow, Bulgakow und Florenski) gesucht. Jede dieser vier Erkenntnisformen hat, wie der deutsche Philosoph Michael Frensch in seinem Buch „Weisheit in Person" darstellt, später ihre Pervertierung erlebt, und zwar in der Industriellen Revolution, in der Französischen Revolution, im Nationalsozialismus und im Bolschewismus.[20]

Die arabische Bezauberung

Vom 10. bis 13. Jahrhundert übte die islamische Kultur Spaniens und Siziliens eine ungeheure Anziehungskraft auf die noch junge europäische Kultur aus, einerseits wegen ihres Zaubers und ihrer Sinnlichkeit, andererseits wegen ihres abstrakten Intellektualismus. Von dorther kamen neue Erkenntnisse auf vielen Gebieten der Wissenschaft: Mathematik, Physik, Chemie, Medizin, Astronomie und Astrologie. Von diesem Gebiet aus, in dem Araber, Juden und Christen miteinander lebten, hielten Wissenschaft und Philosophie des griechischen Altertums sowie mystische und künstlerische Einflüsse Einzug in die europäischen Kulturzentren.[21]

Diesem kulturellen Impuls war übrigens ein militärischer Angriff auf Europa vorausgegangen, der 732 bei Poitiers, südlich von Paris, zurückgeschlagen werden konnte, aber dennoch zu einer Jahrhunderte währenden arabischen Besetzung Spaniens führte.

Vom Beginn des 8. Jahrhunderts bis zum Jahre 1492 war die arabische Kultur in Spanien vertreten. Der von ihr ausgehende Zauber läßt sich in Granada, Cordoba und Sevilla noch heute nachempfinden. Cordoba, das Zentrum dieser Kultur, zählte im 10. Jahrhundert bereits mehr als hunderttausend Häuser, sechshundert Moscheen, dreihundert Badehäuser, fünfzig Hospitäler, achtzig öffentliche Schulen, siebzehn Hochschulen, darunter die wichtigste Universität des arabischen Westens, und Bibliotheken mit Hunderttausenden von Büchern. Jahrhunderte bevor andere europäische Städte Straßenbeleuchtung hatten, brannten in den Straßen Cordobas nach Sonnenuntergang fünftausend Laternen.

Der arabische Kulturstrom stammte aus dem Gebiet von Bagdad, der Märchenstadt aus «Tausend und einer Nacht». Dort war 830 das «Haus der Weisheit» errichtet worden, wo alle verfügbaren wissenschaftlichen Schriften ins Arabische übersetzt und studiert wurden. Die Legende erzählt, daß diese Übersetzungswut die Folge eines Traumes des Kalifen Al-Mamun (reg. 813–833) war, dem eine strahlende Gestalt erschien, die behauptete, Aristoteles zu sein. Auf die Frage nach dem Ursprung ihrer Macht und Schönheit antwortete die Gestalt, daß diese aus der Macht des Denkens stammten.

Der Aristotelismus war bereits in der philosophisch-medizinischen Akademie von Gondischapur im Südwesten Irans, welche die treibende Kraft hinter der arabischen Wissenschaft werden sollte, zu großer Blüte gekommen, denn die in Europa unbekannt gebliebenen Schriften von Aristoteles über die Natur waren – durch die Vermittlung von nestorianischen Christen aus Syrien – dorthin gebracht worden.

Im 3. Jahrhundert waren in Gondischapur eine Bischofsschule und ein Hospital entstanden, und daneben eine Akademie, die in späteren Jahrhunderten zum wichtigsten Zentrum für Medizin und Wissenschaft der damaligen Zeit wurde. Neben Griechen und syrischen Christen arbeiteten in Gondischapur auch Juden, Perser und Inder zusammen am Aufbau der neuen Wissenschaft. Als 529 die von Platon gegründete Akademie in Athen geschlossen wurde, reisten die griechischen Gelehrten für einige Jahre in den Osten und brachten ihr Wissen nach Gondischapur.[22] Hier in Gondischapur liegt der Ursprung der späteren arabischen wissenschaftlichen Impulse, die in der zweiten Hälfte des Mittelalters als neues Bildungsprogramm nach Westeuropa kamen. Die Träger dieser Impulse waren Menschen, die das abstrakte Denken – besonders durch das Studium der Logik von Aristoteles und durch das Schachspiel, die beide in Gondischapur geübt wurden, um den Verstand zu trainieren – in hohem Maße entwickelt hatten.

Verfolgt man die Spur der arabischen Impulse zurück bis nach Gondischapur, dann fällt auf, daß sich darin sehr spezifische Vorstellungen von Mensch, Natur und Zusammenleben erkennen lassen. Die Gelehrten der Akademie haben wohl ein Menschenbild entwickelt, in dem der Geist nicht als persönliches Vermögen des Menschen, sondern als ein unpersönlicher Geist gesehen wurde, der von außen kam und nach dem Tod wieder im Weltengeist aufging. Gemäß dieser Anschauung hat der Mensch kein persönliches Denkvermögen, in ihm wirkt ein unpersönlicher, universeller Intellekt. Erkennen kann der Mensch nur im Zustand der Ekstase, wenn er außer sich ist. Der Mensch erscheint hier als eine Kombination von Engel und Tier: In Ekstase nimmt er die Gedanken der Engel auf, wenn er in seinem Leib ist, hat er die Bedürfnisse und Triebe eines Tieres. Es gibt kein eigenes Ich, keine eigene Freiheit und kein eigenes moralisches Urteilsvermögen in diesem Menschenbild, in dem der Mensch zu gleicher Zeit ein denkender Automat und ein begehrendes Tier ist.

In der arabischen Naturwissenschaft wurde die Natur immer mehr ihrer geistigen Aspekte entkleidet, bis ein abstraktes Bild einer Natur übrigblieb, die vom Menschen zur Befriedigung seiner Bedürfnisse und Begierden benutzt werden kann. So konnte mit dieser intellektuellen Haltung eine Naturwissenschaft betrieben werden, die auf der sinnlichen Wahrnehmung des Details und auf der Bereitschaft zum Experimentieren beruhte und scheinbar darauf gerichtet war, dem Menschen ein Paradies auf Erden zu schaffen, in dem alle Bedürfnisse befriedigt werden. Der Koran gibt ein bezauberndes Bild dieses sinnlich- materialistischen Paradieses, in dem alle Bedürfnisse der Auserwählten befriedigt werden.

Weil der Mensch in der arabischen Kultur nicht als Träger eines eigenen Ich betrachtet wurde, entstand letztendlich die Vorstellung von einer Gesellschaft, in der der Mensch ein total unmündiger Untertan ist, wie es in den islamischen Kalifaten der Fall war.

Von der arabischen Kultur ausgehend strömten auf diese Weise drei Impulse nach Europa, die dem Christentum fundamental entgegengesetzt waren. Der erste Impuls führte dazu, daß die intellektuelle Entwicklung und ein Leben, das von den Begierden bestimmt wird, stimuliert wurden, ohne daß ein Weg zur inneren Entwicklung der Seele gezeigt wurde. Dies setzte ein Bild von einem unfreien Menschen, der nicht durch sein Ich, sondern durch seine Instinkte und Triebe motiviert wird, voraus. Die moderne Verhaltenspsychologie – faktisch eine Psychologie ohne Seele – ist die Konsequenz dieses Impulses. Der zweite Impuls führte zur Unterwerfung und Beherrschung der Natur, die lediglich als tote, geistlose Materie betrachtet wurde. Die Folge davon war die moderne westliche Naturwissenschaft. Der dritte Impuls führte zu einer von oben kontrollierten Gesellschaftsordnung. Dieser Impuls manifestierte sich in Europa zum ersten Mal im 13. Jahrhundert in Sizilien und Süditalien, wo der deutsche Kaiser Friedrich II. (1194–1250) einen ersten modernen Beamtenstaat schuf. Der moderne europäische Staat ist ein Produkt des arabischen und römischen Staatsdenkens. Ein gutes Beispiel ist die Schaffung des zentralisierten französischen Staates im 13. und 14. Jahrhundert.

Gegen diese (einseitig «männlichen») Impulse aus der arabischen Wüste wurde im christlichen Europa viel Widerstand geleistet. Die Debatten an der Universität von Paris, die Thomas von Aquin mit den Averroisten führte, wurden schon erwähnt. Auf eine ganz andere Weise wurde das Menschenbild der arabischen Welt durch die südfranzösischen Troubadoure künstlerisch verwandelt. Die Troubadoure des 12. und 13. Jahrhunderts waren in vieler Hinsicht durch die moslemische Kultur aus Andalusien (Südspanien) beeinflußt, aber sie stellten ihre arabischen Vorbilder in den Dienst der christlichen Entwicklung der Seele und der Verwandlung der Liebe. Sie haben die Türen der Seele geöffnet und die Damen der Ritterhöfe zu den Erzieherinnen ihrer Seelen gemacht. Aus der keltischen Kultur strömten außerdem die Themen aus der Gralstradition zuerst nach Frankreich und von dort weiter nach Mitteleuropa, wo die Minnesänger die Arbeit an der Seele weitertrugen. Auch in Italien hatte die Kultur der Troubadoure, die das Erwachen der persönlichen Liebe besang, einen tiefen Einfluß, z.B. auf Franz von Assisi (1182–1226), die toskanischen *Fedeli d'Amore* und Dante (1265–1321).[23]

Auf dem Gebiet der Naturwissenschaft hat die Schule von Chartres, aus den «weiblichen» Kräften der keltischen Seele heraus, zu einer ersten Spiritualisierung der Wissenschaft beigetragen. Die späteren mittel- und westeuropäischen Rosenkreuzer, Vertreter der hermetischen Philosophie und Goetheanisten haben an dieser Aufgabe weitergearbeitet.

Wichtige Impulse für die Verchristlichung des sozialen Lebens sind aus den Kreisen der Manichäer gekommen.[24] Diese Strömung geht auf Mani, den Apostel des Heiligen Geistes, wie er sich selbst nannte, zurück. Er hat im 3. Jahrhundert in Asien ein Christentum verkündet, das sich für die Verwandlung des Bösen einsetzte und die sozialen Formen entwickeln wollte, in denen sich zukünftiges christliches Leben entfalten kann. Mani wurde 276 in der Stadt Gondischapur getötet, und seine Strömung ist unmittelbar mit der Verwandlung der Impulse von Gondischapur verbunden. Eine Fortsetzung des Manichäismus war im europäischen Mittelalter u.a. bei den Bogomilen in Bulgarien und Bosnien[25], bei den Katharern in Südfrankreich und bei verwandten Gruppen zu finden.[26]

Zu der großen Bewegung des esoterischen Christentums, die die Innerlichkeit und die Pflege der «weiblichen» Seelenkräfte schützen wollte, gehörten auch die Ritter des Templerordens. Die Templer hatten seit der Gründung des Ordens im Jahre 1118 offiziell die Aufgabe, die Wege nach Jerusalem zu überwachen und die Pilger zu schützen, aber esoterisch führten sie die Gralstradition weiter. Sie haben in Europa den Anfang einer Wirtschaft der Brüderlichkeit geschaffen, in der auf eine nicht egoistische Weise mit Geld umgegangen werden konnte. Die Habsucht des französischen Königs Philipp des Schönen führte zum Untergang des Ordens. 1307 ließ er die Templer auf Grund falscher und bösartiger Anklagen verhaften und verurteilen. Der von ihm zum Papst gemachte Clemens V. (1305–1314) löste 1312 den Orden auf.[27]

Der Weg zur Aufklärung

Der Einfluß der arabischen Kultur hat die Entwicklung des intellektuellen Denkens beschleunigt. Nach dem Vorbild der arabischen Universitäten wurden vom 10. Jahrhundert an in Italien, Spanien, Frankreich und England Universitäten gegründet. Die spirituelle Naturbetrachtungsweise von Chartres ging dabei in eine nominalistische Naturwissenschaft über. Ihre wichtigsten Zentren waren Paris, Oxford und Padua. Diese Art von Naturwissenschaft war noch nicht festgelegt. Häufig wurde sie von Juden, religiösen Dissidenten und Handwerkern, die sich mit der Mechanik beschäftigten, in Verbindung mit Astrologie, Magie und Alchemie betrieben.

Am Anfang des Weges zur modernen westlichen Wissenschaft stand die Vision des englischen Franziskanermönchs Roger Bacon (1214–1294). Gegen 1250 schrieb er über Unterseeboote und mechanisch angetriebene Schiffe, Wagen und Flugzeuge. Diese Vision wurzelte in seiner grenzenlosen Neugierde, die wundersamen Kräfte der Natur zu untersuchen und für den Menschen nutzbar zu machen. Einige Jahrhunderte später verdichtete sich diese Phantasie im Buch «Nova Atlantis» des englischen Kanzlers Francis Bacon (1561–1626), das 1625 erschien. Bacon beschrieb eine Insel, die von Wissenschaftlern verwaltet wurde und auf der es möglich war, allerlei Arten Bäume, Pflanzen und Tiere zu züchten und ihre Eigenschaften künstlich zu verändern. Gottes Schöpfung wurde hier durch eine Schöpfung von Menschenhand ersetzt. Vom 18. Jahrhundert an wurde die Vorstellung von einer machbaren und beherrschbaren Welt richtungweisend, und in dieser Vorstellung ist die moderne westliche Kultur noch immer befangen.

Die neue Naturanschauung, die sich mit dem ausgehenden Mittelalter ankündigte, unterscheidet sich in drei Punkten von den älteren Auffassungen. Das von rationalen Grundprinzipien ausgehende wissenschaftliche Arbeiten gab zum ersten der empirischen Beobachtung und dem Experiment mehr Raum. Zum zweiten wurde dem mechanischen Können der Handwerker und Ingenieure eine immer größere Bedeutung beigemessen und zum dritten machte die organische, spirituelle Naturauffassung einer mechanischen Anschauung Platz. Die Natur wurde als ein Mechanismus betrachtet, der sich in mathematischen Begriffen beschreiben läßt.

Die Mechanisierung und Mathematisierung des Weltbildes verlief in drei Phasen zwischen dem Beginn des 15. und dem Ende des 17. Jahrhunderts. In der ersten Phase wurden die Mängel des alten aristotelischen Systems sichtbar und wurden neue Richtlinien gesteckt. Die zweite Phase umfaßte die Zeit der großen astronomischen Entdekkungen des Polen Nikolaus Kopernikus (1473–1543), des Deutschen Johannes Kepler (1571–1630) und des Italieners Galileo Galilei (1564–1642). In der dritten Phase wurde für die klassische Naturwissenschaft die Basis geschaffen. Die Wissenschaft entwickelte dann, ausgehend vom Rationalismus des französischen Philosophen René Descartes (1596–1650) und vom Empirismus des schon genannten Francis Bacon, ihre eigene Methode des rationalen Denkens und der empirischen Forschung. An den neuen wissenschaftlichen Akademien in England und Frankreich wurde ihr außerdem der nötige Raum gegeben, und es bildete sich ein gesellschaftlicher Rahmen, in dem nach praktischen wissenschaftlichen Resultaten gefragt wurde. Am Ende dieser Phase stand das große System des englischen Naturwissenschaftlers Isaac Newton (1643–1727), und die neue Naturwissenschaft übte nun voll und ganz ihren Einfluß auf die Gesellschaft aus. Der englische Empirismus hat so den Weg zur Industriellen Revolution geöffnet, die in der zweiten Hälfte des 18. Jahrhunderts in England und Schottland begonnen hatte. Damit hat diese Erkenntnisform die Tür zur «Unterwelt» geöffnet.

Im 18. Jahrhundert kam dieser wissenschaftlicher Einfluß auch im Bildungsprogramm der sogenannten «Aufklärung» zum Ausdruck, die als Ziel hatte, die Finsternis von Tradition, religiöser Dogmatik und Vorurteilen mit dem menschlichen Verstand zu durchbrechen. «Aufklärung», so schrieb Immanuel Kant (1724–1804), «ist der Ausgang des Menschen aus seiner selbstverschuldeten Unmündigkeit.» Die rationalistischen Ideen der Aufklärung haben im Amerikanischen Unabhängigkeitskrieg (1775–1783) und in der Französischen Revolution (1789), in denen zum ersten Mal die Rechte des individuellen Menschen festgehalten wurden, eine besondere Rolle gespielt. Doch die Französische Revolution, die mit Hilfe des rationalen Denkens eine neue Gesellschaft schaffen wollte, hat zum brutalen Terror Robespierres und zur Diktatur Napoleons geführt. Hier erlebte der französische Rationalismus seine Pervertierung.

Die Aufklärung wird meistens lediglich als Episode der französischen Kulturgeschichte betrachtet, aber das ist eigentlich nicht richtig. Die Kerngebiete waren das protestantische Schottland und England mit ihren aufgeschlossenen Gesellschaften und einer entwickelten Mittelklasse, die für die Ideen der Aufklärer offen war. Frankreich war eine in sich geschlossene Gesellschaft mit einer ziemlich isolierten Gruppe Intellektueller, wie Voltaire (1694–1778) und Diderot (1713–1784), die stark von englischen Denkern, wie John Locke (1632–1704), beeinflußt wurden. Seit dem Verlust der amerikanischen Kolonien (1763) schloß

Frankreich sich mehr und mehr ab. Die Aufklärung markiert dann auch den Übergang zu einer Periode, in der sich die westliche Kultur zu einer angelsächsischen Weltkultur entwickelte.

In der Aufklärung wurde eine Philosophie entwickelt, die das neue naturwissenschaftliche Weltbild weiter ausarbeitete und für eine neue Anschauung von Mensch und Gesellschaft die Basis schuf. Ausgangspunkt war der Unterschied, den der französische Philosoph Descartes im 17. Jahrhundert zwischen der Welt des denkenden Subjekts (der Mensch) und der Welt der Objekte (die Gegenstände im Raum) gemacht hatte. Auch der Leib des Menschen gehört zu diesen Objekten. Alles, was mit dem Bewußtsein, dem Denken und der Freiheit des Menschen zu tun hat, muß nach Descartes von der materiellen Welt, die voll und ganz determiniert ist und nach den Prinzipien der Mechanik funktioniert, getrennt werden. Die Folge davon ist, daß der Mensch mit seiner Freiheit, seiner Verantwortlichkeit und seinen moralischen Werten im neuen Weltbild keinen Platz hat.

Mit der Philosophie von Descartes vollzog sich die Objektivierung der Welt, die sich schon sehr lange vorbereitet hatte. Sie ist die Folge der Entwicklung des «männlichen» Bewußtseins nach der Zerstörung des alten europäischen Matriarchats. Der europäische Mensch verlor dadurch allmählich seine natürliche Verbindung mit der Welt. Eine weitere Stufe wurde in der griechischen Kultur sichtbar, in der die Philosophen ihre hellsichtige Verbindung mit der Natur verloren und die Philosophie entwickelten, um auf dem Weg des Denkens wieder den Zugang zur Welt zu finden. In der patriarchalen Hirtenkultur der Israeliten hatte sich eine ähnliche Wende vorbereitet, die eingeleitet wurde vom Stammvater Abraham, der als der Begründer der Arithmetik beschrieben und mit dem Entstehen des intellektuellen Denkens verbunden wird.[28] Ein weiterer Schritt wurde nach dem Exodus aus Ägypten gemacht durch die

Unterdrückung der Naturreligion, die mit der Ackerbaukultur Palästinas verbunden war, aber für die Israeliten als heidnisch galt.

Friedrich Schiller (1759–1805) hat den Verlust der menschlichen Verbindung mit der Welt die «Entzauberung der Welt» genannt, die große Folgen gehabt hat für die seelische Gesundheit der Menschen. Die neue Objektivierung der Welt führte zu einer Veräußerlichung, die das innere Leben leer und öde werden ließ.

Als das Weltbild der Naturwissenschaft auch für das Denken über den Menschen bestimmend wurde, verschwand das Ich, die Welt des inneren Menschen, aus wichtigen Strömungen in der philosophischen Menschenkunde. Infolgedessen nahm man an, daß der Mensch ganz und gar von äußeren Umständen bestimmt wird. So behauptete John Locke, daß der Mensch als eine *tabula rasa* (ein unbeschriebenes Blatt), ohne angeborene Ideen auf die Welt kommt. Aufgrund von Sinneseindrücken, eventuell in Verbindung mit innerer Erfahrung, würde der Mensch seine Erkenntnisse gewinnen, ohne zu wissen, wie sie angewendet werden sollen.

Die Idee, daß der Mensch ein Produkt der Umstände ist, in denen er lebt, erfreute sich bei den Denkern der Aufklärung großer Beliebtheit. Das beinhaltete auch, daß durch eine Verbesserung der Lebensumstände auch der Mensch selbst verbessert werden konnte. Dadurch wuchs der Glauben an den Fortschritt und an die Möglichkeiten des Menschen, zielbewußt seine Lebensumstände zu gestalten, oder durch «utopische» Projekte zu organisieren (Owen, Saint-Simon, Fourier, Comte).

Das Bestimmen der Ziele zur Verbesserung des Menschen und der Gesellschaft war für die Philosophen der Aufklärung eine problematische Angelegenheit, denn Zielsetzungen und Ideale haben ihren Ursprung im geistigen Leben, welches man gerade von der wissenschaftlichen Betrachtungsweise ausschloß. So kamen manche zu simplen

Vorstellungen über das Glück als Ziel des Menschen und der Gesellschaft (wie der englische Jurist Jeremy Bentham), über den Egoismus als Grundkraft in der Wirtschaft (wie der schottische Moralphilosoph und Vordenker der Ökonomie Adam Smith) oder zu abstrakten Idealen wie Freiheit, Gleichheit und Brüderlichkeit.

Das rationale Denken ist hier augenscheinlich nicht in der Lage, sinnvolle Aussagen über wesentliche menschliche Angelegenheiten zu machen. Es muß sich beschränken auf Aussagen über dasjenige, was in der Beobachtung zu kontrollieren ist und über die Frage, wie gegebene Zielsetzungen mit dem rationellsten Einsatz an Mitteln verwirklicht werden können. Von dieser Position ausgehend kann das menschliche Denken nicht mehr über die Existenz Gottes sprechen – eine Tatsache, die zum modernen wissenschaftlichen Atheismus beigetragen hat.

Der Weg in die Aufklärung ist letztendlich ein Weg in die geistige Finsternis. Das Erforschen der Welt mit Hilfe der Mechanik macht eine menschliche Beherrschung der Welt möglich, läßt aber die Frage, wie dieses Handeln von moralischen Prinzipien geleitet werden muß, unbeantwortet. Meistens wird bei dieser Frage auf das Privatleben verwiesen. Das Problem wird noch dringlicher, wenn bei der Erforschung des Menschen und der Gesellschaft von einem technischen Beherrschungsdenken ausgegangen wird. Dabei wird deutlich, daß die Aufklärung den Menschen nicht nur mündig gemacht, sondern ihn auch anonymen Mächten unterworfen hat, die den Menschen und die Gesellschaft beherrschen. Weder der Mensch, noch die Wissenschaft hat diese Kräfte im Griff.

Das Betreten der «Unterwelt»

Mit der Schaffung eines mechanischen Weltbildes war auch die Möglichkeit gegeben, Mensch und Gesellschaft als Mechanismus aufzufassen. 1747 schrieb der französische Arzt Julien Offray de Lamettrie (1709–1751), der

Mensch sei eine Maschine, und in der Staatsphilosophie des 18. Jahrhunderts trat die Vorstellung von einer «sozialen Maschine» auf: die Gesellschaft wurde als beherrschbare Maschine gesehen. Ausgehend von der Überzeugung Francis Bacons, daß Wissen Macht ist und daß man die Natur beherrschen kann, wenn man ihre Gesetze kennt, eröffnete sich die Möglichkeit, Wissenschaften von Mensch und Gesellschaft zu entwickeln, in denen die Prinzipien der Naturwissenschaft angewendet werden konnten. Nach der Natur konnten nun auch Mensch und Gesellschaft zu von der Wissenschaft beherrschten Objekten werden.

Das ist auch geschehen. Der französische Philosoph Michel Foucault (1926–1984) hat darauf hingewiesen, daß bereits bestehende Techniken zur Beherrschung der Gesellschaft, wie sie beispielsweise der italienische Jurist Niccolò Machiavelli (1469–1527) in seinem Buch «Der Fürst» dargestelt hat, im 18. Jahrhundert weiter entwickelt worden sind.[29] Das Buch «Das Panoptikum» von Jeremy Bentham (1748–1832) aus dem Jahre 1791 ist ein gutes Beispiel für das Denken dieser Zeit: es entwirft ein architektonisches Prinzip zur Kontrolle und Disziplinierung von Gefangenen.

Das Aufkommen solcher und ähnlicher Techniken und der neuen Wissenschaften von Mensch und Gesellschaft muß vor dem Hintergrund der Entwicklung des modernen Staates und der kapitalistischen Wirtschaft gesehen werden. Die traditionellen römischen Denkmodelle von Macht und Beherrschung fanden hier ihre Fortsetzung.

Mit den seit Ende des 18. Jahrhunderts entstandenen neuen westlichen Wissenschaften von Mensch und Gesellschaft und mit den bereits bestehenden Naturwissenschaften wurde eine neue Wirklichkeit betreten, die hier als «Unterwelt» bezeichnet werden soll. Diese Welt kommt durch technische und mechanische Operationen zustande, die neue Kräfte freisetzen. Da die heutige Wissenschaft und Technik nicht an moralische Gesichtspunkte gebunden ist, sind im Prinzip alle Möglichkeiten zur Beherrschung von

Natur, Mensch und Gesellschaft gegeben. Bei einem moralischen Umgang mit der Technik würde diese «Unterwelt» nur zum Teil (einzelne Aspekte der «Unternatur») hervorgebracht werden. Die anderen Aspekte der «Unterwelt», die Welten des «Untermenschlichen» und des «Untersozialen», können nur dann entstehen, wenn die Kräfte des Ich des Menschen auf unmoralische Weise ausgeschaltet werden.

In der Physik der «Unternatur» wird eine Wirklichkeit von nicht sinnlich wahrnehmbaren Teilchen und Kräften wie Elektrizität, Magnetismus und Radioaktivität geschaffen. Die durch diese Naturwissenschaft freigesetzten Kräfte sind gleichzeitig zum Motor für die Industriellen Revolutionen geworden. Die Dampfkraft, die auf dem Prinzip des Vakuums basiert, hat die erste (1770–1830) und der Elektromagnetismus die zweite (1875–1914) ermöglicht. Mit der dritten Industriellen Revolution wurde die Kernenergie entdeckt und in begrenztem Rahmen angewendet (ab 1940). Durch neue Entwicklungen in der Informationsverarbeitung (Computer) und durch die Genmanipulation geht diese dritte Revolution in eine vierte Revolution der Informatik und der Biotechnologie über.

Mit der Entwicklung einer Psychologie des «Untermenschlichen» ist ein Arsenal an Techniken der Verhaltenskontrolle entstanden, die den Menschen von den inneren Motivationen, die mit seinem Ich verbunden sind, trennen. Auf diese Weise erhält man einen manipulierbaren Menschen, der, wie sich im 20. Jahrhundert gezeigt hat, über enorme destruktive Kräfte verfügt. Ein Beispiel für die neue Wissenschaft vom «Untermenschlichen» ist die Psychoanalyse Sigmund Freuds (1856–1939), der das Unterbewußte zum Gegenstand der Forschung machte und es als ein Reservoir von zerstörerischen, nicht vom Ich kontrollierten Kräften beschrieb. Vorläufer dieser Erforschung des «Untermenschlichen» finden wir in der Literatur, die die Schatten der Aufklärung zeigt, wie z.B. beim Marquis de

Sade (1740–1814). Der manipulierbare Mensch ist das Produkt der modernen westlichen Gesellschaftswissenschaften, die den Menschen mit Hilfe ihrer Techniken zu angepaßtem Verhalten, Arbeitsleistungen oder bestimmten Formen des psychischen Funktionierens bringen können, kurzum dazu, sich den von außen gesetzten Normen zu unterwerfen.

Diese Unterwerfungstechniken manifestieren sich auch in neuen gesellschaftlichen Institutionen, die seit Ende des 18. Jahrhunderts entstanden sind und in denen dem Menschen ein diszipliniertes Verhalten beigebracht wird. Dabei läßt sich an die Fabrik, das Gefängnis, die Anstalt, die Kaserne, die Schule, das Büro, die gemeinnützigen und andere bürokratische Einrichtungen denken. In all diesen Institutionen wird der Mensch als einzelnes Individuum kontrolliert und lenkbar gemacht. In dieser Welt von Beherrschung haben die modernen westlichen Wissenschaften vom «Untersozialen» ihren Ursprung. Es entsteht so eine Gesellschaft, die nicht mehr von traditionellen sozialen Banden oder durch neue soziale Kräfte des Ich zusammengehalten wird und in der sich neue destruktive Kräfte manifestieren.

Im folgenden Teil dieses Buches, der das 20. Jahrhundert behandelt, soll auf die «Unterwelt» und ihre destruktiven Kräfte näher eingegangen werden. Zusammenfassend läßt sich sagen, daß die Auswirkungen der arabischen Impulse auf die westliche Wissenschaft (d. h. die Möglichkeiten, Mensch, Natur und Gesellschaft durch die Technik zu unterwerfen und zu beherrschen) Kräfte hervorgerufen haben, die wir nicht unter Kontrolle haben. Um mit diesen Kräften umgehen zu können, ist ein Weg der inneren Entwicklung notwendig, der dem Menschen die Möglichkeit gibt, jedem Schritt, den er tiefer in die «Unterwelt» hinein geht, einen Schritt nach oben in die Welt des Geistigen entgegenzusetzen.

Der keltische Unterstrom

Der keltische Kulturstrom hat die Entwicklung der westlichen Kultur immer unterschwellig begleitet, inspiriert und somit geholfen, Gegenkräfte gegen die arabischen Impulse und gegen die Kräfte der «Unterwelt» aufzubauen. Im Mittelalter geschah das im Grals-Christentum und in der Kultur der Troubadoure, aber auch in der Schule von Chartres. Nach dem Mittelalter kamen viele geistige Inspirationen aus dem Bereich der Literatur.

Als Francis Bacon zu Beginn des 17. Jahrhunderts seine materialistischen Visionen bekam, brachte der englische Dichter William Shakespeare (1564–1616) in seinem literarischen Werk eine Welt mächtiger prophetischer Bilder – die teilweise keltischen Ursprungs sind, teilweise aus rosenkreuzerischen Inspirationen stammen – hervor. Einige Jahrhunderte später wandten sich romantische Dichter wie Samuel Coleridge (1772–1834), William Blake (1757–1827), William Wordsworth (1770–1850) und Percy Shelley (1792–1822) als moderne keltische Barden gegen die Entmenschlichung, die von der ersten Industriellen Revolution ausging. Im Gegensatz zur Verherrlichung der Mechanisierung in der Aufklärung sangen sie der Natur ein Loblied. Später wurden in Amerika die Stimmen laut von Ralph Waldo Emerson (1803–1882), Henry David Thoreau (1817–1862) und anderen Dichtern, die sich gegen den toten Intellektualismus des 19. Jahrhunderts richteten. Sie wiederum inspirierten Herman Melville (1819–1891), Walt Whitman (1819–1892) und Dichter des 20. Jahrhunderts. Immer trat hier eine keltische Verbundenheit mit der Natur hervor, die bisweilen religiöse Züge annahm.

Dieser poetische Umgang mit der Natur erweckt das Vertrauen, daß der Mensch sich mit den in der Natur wirksamen geistigen Kräften verbinden kann. Er steht im scharfen Kontrast zu der Haltung der modernen Naturwissenschaften, die das Spirituelle für eine Illusion halten. Das Bedürfnis der westlichen Kultur, lediglich in der sinnlich wahrnehmbaren Welt leben zu wollen, ist schwer zu durchschauen. Es mag aus einer Angst vor dem Geistigen und vor der eigenen inneren Entwicklung resultieren.

Gerade diese Haltung wollten die mitteleuropäischen Rosenkreuzer im 16. und 17. Jahrhundert durchbrechen, um neben der wissenschaftlichen Arbeit in der Natur die innere an der Seele des Menschen zu pflegen. Auf diese Weise sollte verhindert werden, daß die einseitige intellektuelle Entwicklung durch den Verlust von Moralität und Verantwortlichkeit bei einzelnen Wissenschaftlern zerstörerische Auswirkungen hat. Als die Rosenkreuzerimpulse in der Zeit von Shakespeare und Bacon England erreichten, verdrehte Bacon diese Inspirationen in seinem «Nova Atlantis» jedoch auf materialistische Weise. Damit bereitete er der späteren englischen Akademie der Wissenschaften, die 1662 als ein neues Zentrum der arabisch inspirierten Wissenschaft gegründet wurde, den Weg.

Aus den geistigen Quellen der westlichen Kultur und des Rosenkreuzertums haben auch Wissenschaftler und Philosophen geschöpft. Neben der einseitigen empirischen Forschung von Francis Bacon finden wir auch die hermetisch-naturphilosophische Forschung des Engländers Robert Fludd (1574–1637) und die mit Goethes Phänomenologie verwandte Erforschung des Elektromagnetismus von Michael Faraday (1791–1867).[30] Und neben der rationalen Logik von Descartes und der französischen Aufklärung finden wir auch die «Logik des Herzens» von Blaise Pascal (1623–1662), und die Philosophie des «Kleinen Prinzen» von Antoine de Saint-Exupéry (1900–1944).

In der zweiten Hälfte des 20. Jahrhunderts haben die geistigen Kräfte der keltischen Kultur einen neuen Ausdruck gefunden in der ökologischen Bewegung, die weltweit gegen die Zerstörung der Natur durch die Wirtschaft und die Wissenschaft protestiert.

4. Mitteleuropa im Schatten Roms

Die Grundlagen für die mitteleuropäische Kultur wurden im 10. Jahrhundert geschaffen. Nachdem im 9. Jahrhundert das Reich Karls des Großen zerfallen war und sich ein französisches und ein deutsches Gebiet abzuzeichnen begannen, verschob sich nun der Schwerpunkt Europas vom Westen zur Mitte. Dies ist vor allem der sächsischen Dynastie zu verdanken, die von 919 bis 1024 über das Deutsche Reich herrschte und Ordnung schuf in einem Land, das von Normannen und Ungarn geplündert wurde. Auch Italien gehörte zum Deutschen Reich. Der deutsche König Otto I. (reg. 936–973) betrachtete sich gleichzeitig auch als Schutzherr der Kirche und ließ sich 962, nach dem Vorbild Karls des Großen, vom Papst in Rom zum Kaiser krönen.

Damit entstand das «Heilige Römische Reich Deutscher Nation», das der Nachfolger des Römischen Reiches war und das römische und das deutsche Element miteinander verband. Diese bildeten jedoch einen problematischen Gegensatz. Das Wort «deutsch» heißt volkstümlich und damit war eben die nicht-lateinische Volkskultur gemeint. Das Deutsche Reich war kein Herrschaftsgebiet im üblichen Sinne, wie das Römische Reich, sondern ein Kulturgebiet, in dem der deutsche Volksgeist Menschen vereinigen konnte, die eine Veranlagung zum Ich-Bewußtsein hatten. Der deutsche Geist konnte frei in den offenen slawischen Osten hineinwirken und eine kulturbildende Aufgabe erfüllen.

Durch die Verbindung mit Rom hielt jedoch ein Machtdenken in Mitteleuropa Einzug, das politisch und religiös auf heftigen Widerstand stieß. Es manifestierte sich bereits in der «Ostpolitik» von Otto I., die zum Ziel hatte, die slawische Welt kirchlich dem neuen Erzbistum Magdeburg zu unterstellen und politisch in die Einflußsphäre des Deutschen Reiches zu bringen. Diese Politik ist vollständig fehlgeschlagen. Sein Enkel Otto III. (reg. 983–1002) sah von einer Missionierung der Slawen ab. Stattdessen erlaubte er, daß sich in Polen und Ungarn nationale Kirchen bildeten, die unmittelbar Rom unterstanden. Schon 973 war das Bistum Prag gegründet worden (das bis 1343 zum Erzbistum Mainz gehörte und dann ein eigenes Erzbistum wurde). Dadurch entstand eine neue Grundlage für eine kulturelle Zusammenarbeit zwischen Deutschland und den Ländern der Polen, Tschechen und Ungarn, die in der Freundschaft zwischen Otto III. und dem polnischen König Boleslaw dem Tapferen (reg. 992–1025) zum Ausdruck kam. Im Jahre 1000 pilgerten sie gemeinsam zum Grab des heilig gesprochenen Adalbert von Prag (ermordet 997) im neuen Erzbistum Gniezno (Gnesen) in Polen.

Das Zusammenleben von Deutschen und Slawen im mitteleuropäischen Kulturgebiet war trotzdem nicht problemlos. Dafür war die Versuchung, Macht über die slawischen Völker auszuüben, zu groß. Auch intern war das Deutsche Reich nicht in der Lage, das römische Machtdenken umzuwandeln und mit der Kultur der freien Persönlichkeit, die sich in den Städten Mitteleuropas entwickelte, in Einklang zu bringen. Treffend wird dieser Tatbetsand durch die Aussage Rudolf Steiners beschrieben, Mitteleuropa sei am Lateinisch-Römischen krank geworden.

Die Freien Städte

Aus vielerlei Gründen hat das Deutsche Reich sich nie zu einem zentral verwalteten Staat entwickeln können. Davon haben die Bürger der Städte profitiert, denn so entstanden Freiräume für eigene Aktivitäten. Die Freie Stadt, die sich auf diese Weise bildete, ist ein typisch mitteleuropäisches Phänomen. Viele Menschen flohen vor der Hörigkeit auf dem Lande in die Städte, in denen ein dynamisches Leben war, Kultur und Handel blühten und die Bürger von ihren Freiheiten, die vom Stadtrecht bestimmt wurden, Gebrauch machten. «Stadtluft macht frei», sagte man im Mittelalter. In Mitteleuropa kamen die Freien Städte im 10.

Jahrhundert auf, und im Laufe von vier Jahrhunderten breitete sich in Mitteleuropa (auch in den slawischen Gebieten) ein Netz von Städten aus, die oft in Städtebünden miteinander verbunden waren.

Das Aufkommen der Städte ist durch bestimmte Impulse gekennzeichnet. Der erste Impuls kam im 10. Jahrhundert aus England, wo sich das Errichten von Wällen als gutes Mittel erwiesen hatte, sich vor den Dänen zu schützen. Es wurde außerdem gesetzlich vorgeschrieben, daß innerhalb dieser ummauerten Städte die Handelsaktivitäten stattzufinden hatten. Ab 929 ließen der deutsche König Heinrich I. (reg. 919–936) und sein Sohn Otto I. im Deutschen Reich Verteidigungsburgen und Städte bauen, um die Ungarn abwehren zu können. In diese Städte wurden auch die Kaufmannssiedlungen aufgenommen. So war neben der politischen Funktion die Handelsfunktion von großer Bedeutung.

Der zweite Impuls kam aus der Lombardei, wo sich die germanischen Langobarden nach der Völkerwanderung niedergelassen hatten, und aus der Toscana. Seit dem 11. Jahrhundert erwarben sich einige Städte in diesem Gebiet ein großes Maß an Unabhängigkeit vom deutschen Kaiser. Städte wie Bologna, Florenz, Ravenna und Turin organisierten sich in Kommunen, die von Menschen, die das Vertrauen der Bürger genossen und die häufig einem sozial ausgerichteten Christentum mit manichäischer Prägung anhingen, verwaltet wurden. Diese Gemeinschaften von freien und gleichen Menschen stammten aus der germanischen Tradition, bekamen hier jedoch einen neuen, christlichen Inhalt. Diese sozialen Formen verbreiteten sich auch außerhalb Italiens. Vor allem in den Schweizer Bergtälern wurden Eidgenossenschaften gegründet. Zürich wurde 1139 die erste städtische Eidgenossenschaft, und 1291 schlossen sich die drei Urkantone zur Schweizer Eidgenossenschaft zusammen. Das Schwören des Eids war eine persönliche Angelegenheit mit religiöser Bedeutung. Hier war es der freie Mensch, der sich aus freiem Willen mit Seinesgleichen verband und Gesetze aufstellte. Demgegenüber standen die Prinzipien des römischen Rechts, dessen sich die deutschen Kaiser seit dem 13. Jahrhundert bedienten und nach dem der Wille des Fürsten Gesetz war.

Den dritten Impuls zum Errichten von Städten gaben die Handelsaktivitäten der norddeutschen Kaufleute, die sich 1161 zu einer Eidgenossenschaft, der Hanse, zusammenschlossen. Aus ihr entwickelte sich ein Städtebund, mit Lübeck als Zentrum, der zu seiner Blütezeit beinahe 200 Städte zählte. Im Gebiet der Hanse entwickelte sich zwischen Holland und Estland bis zum 16. Jahrhundert ein wirtschaftliches Leben, das von der kaiserlichen Macht frei war und in einem Verband freier Zusammenarbeit – von höchster Ebene bis zu den städtischen Gilden – organisiert wurde.

Die Kultur der freien Persönlichkeit

Die Freie Stadt war das Umfeld, in dem freie Menschen ihre eigene Gesellschaft errichten konnten. Innerhalb dieses Rahmens konnte eine Kultur zur Blüte kommen, die sich nicht von allem, was aus der arabischen Welt kam, bezaubern ließ. Die Vorstellungen von Mensch, Natur und Gesellschaft, die in dieser Kultur entwickelt worden sind, haben ihren Ursprung in einem innerlichen, esoterischen Christentum.[31] Darin lag die geistige Kraft, die notwendig war, um die arabischen Impulse umzuformen. Wie bereits erwähnt, haben irische Mönche im 7. Jahrhundert das Christentum in große Teile Mitteleuropas gebracht. Sie schufen die Grundlage für ein Christentum der Freiheit und der inneren Entwicklung. Das knüpfte an die religiöse Erfahrung der mitteleuropäischen Christen an, welche die Begegnung mit Christus in der eigenen Seele suchten, an.

Einen neuen Weg dazu zeigte die Gralstradition, die ab dem 9. Jahrhundert nach Mitteleuropa einfloß und die kurz nach 1200 in Wolfram von Eschenbachs «Parzival" eine literarische Form bekam. Mit Parzival konnte der Mensch sich auf den Läuterungsweg seiner Seele begeben und so sein Ich erwachen lassen. Er stellt den Archetypus des modernen freien Menschen dar, der seinen individuellen Weg zum Geiste sucht. Die Gestalt des Parzival stellt das erste mitteleuropäische Bildungsideal dar.[32]

Neben der Klostertradition, die schon Gestalten wie Hildegard von Bingen (1098–1179), Mechthild von Magdeburg (um 1212–1281/2) und Meister Eckhart (1260–1328) hervorgebracht hatte, zeichnete sich ab dem 13. Jahrhundert in den am Rhein gelegenen Gebieten, aber auch anderswo, eine mystische Strömung ab, die das intime Zusammensein des Ich mit Christus erleben wollte. Die Mystik dieser *devotio moderna* wies den Weg nach innen, zum inneren Menschen, zum Reich Gottes in der eigenen Seele.[33] Die Menschen, die das erfahren wollten, schlossen sich häufig in geistigen Bruder- und Schwesterschaften zusammen, um Gemeinschaften von Laien und Klerikern zu bilden, in denen die Sorge für den Mitmenschen, in Form von z.B. Krankenpflege und Unterricht, im Mittelpunkt stand. Beispielhaft waren hier die «Brüder vom gemeinsamen Leben», die unter der Inspiration von Gerhard Groote (1340–1384) im Osten der Niederlande standen.

Hinter diesen Gruppen stand im 14. Jahrhundert der Kreis der «Gottesfreunde» aus dem Oberland der Schweiz, der seine Inspirationen auch direkt an Mystiker wie Meister Eckhart und seinen Schüler Johannes Tauler (1300–1361) gegeben hat.[34] Noch mehr im Verborgenen wirkte die Gruppe der Rosenkreuzer, die wichtige Anstöße zur geistigen Erforschung der äußeren Natur gegeben hat.[35]

In diesen spirituellen Bewegungen kamen die ersten Ansätze zu einem mitteleuropäischen Kulturideal zum Ausdruck. Mitteleuropa hatte jedoch noch keine Universitäten, in denen dieses Ideal ausgearbeitet werden könnte. 1348 beschloß der deutsche Kaiser (und böhmische König) Karl IV. (1316–1378), der selbst an der Sorbonne in Paris studiert hatte und mit dem esoterischen Christentum tief verbunden war, in Prag, im Herzen Europas, eine erste mitteleuropäische Universität zu errichten. Der Kaiser wollte Prag, das seine Residenz und somit quasi Hauptstadt des Deutschen Reiches war, zum geistigen Zentrum Europas machen und mit der Grundlegung der Prager Neustadt hat er Prag sogar zum Abbild des Neuen Jerusalems umgestaltet.[36] In den Taten von Karl IV. läßt sich das Erwachen des europäischen Selbstbewußtseins erkennen.

Noch im selben Jahrhundert wurden in Krakau, Wien, Pecs (Fünfkirchen), Erfurt, Heidelberg, Köln und Budapest Universitäten gegründet. Damit wurde ein Aufschwung der mitteleuropäischen Kultur eingeleitet, in dem das neue Selbstbewußtsein und die kritische Gesinnung der Mitteleuropäer ihren Ausdruck fanden: Kritik an Kirche (tschechische und deutsche Prediger), Humanismus (Erasmus), Pädagogik (Brüder vom gemeinsamen Leben), Theologie (Jan Hus, Thomas a Kempis, Luther), Philologie (Johann Reuchlin), Malerei (Hieronymus Bosch, Matthias Grünewald, Albrecht Dürer), Plastik (Veit Stoß), Astronomie (Nikolaus Kopernikus), Alchemie (Basilius Valentinus) und an der Naturphilosophie (Agrippa von Nettesheim, Paracelsus).

Diese «Renaissance des Nordens», die die Neuzeit einläutete, wurde von den Universitäten in Prag, Krakau und Budapest, von den Gottesfreunden, den rheinländischen Mystikern und den niederländischen Bruder- und Schwesterschaften getragen. Wie eine Schale umschlossen sie Mitteleuropa, mit Prag als Mittelpunkt. Die Freien Städte, Universitäten und Fürstenhöfe (wie der Hof des ungarischen Renaissance-Fürsten Matthias Corvinus und die Höfe von polnischen Bischöfen und Magnaten), bildeten die Kristallisationspunkte für die vielen geistigen Kreise, die am neuen Kulturideal arbeiteten. Dieses Kulturideal umfaßte nicht nur die intellektuelle Entwicklung, sondern auch die innere, religiöse und moralische Bildung des Menschen. Aus der bereits genannten mystischen Strömung, in der

Menschen den Weg nach innen, zu einer Begegnung mit Gott im eigenen Herzen beschritten, entstand ein Menschenbild, das die innere, seelische Entwicklung voll anerkennt und das zum Beispiel über die Reformation und die Romantik seine Fortsetzung bis in die heutige Zeit findet. Grundlegende Gedanken und Begriffe für dieses neue Menschenbild hat der deutsche Philosoph und Mystiker Jakob Böhme (1575–1624) entwickelt. Dieser Schuster aus Görlitz war tief mit dem Rosenkreuzertum verbunden.

Die Naturwissenschaft betrachtete hier die Natur nicht als lenkbares Objekt, sondern als ein Buch, das «Buch der Natur», das erst nach einer langen, inneren Vorbereitung gelesen werden konnte. Aus der Astrologie und der Alchemie kam die Vorstellung, daß der Mensch gegenüber der Natur als Makrokosmos ein Mikrokosmos ist. Eine wichtige Rolle spielte hierbei die «hermetische» Philosophie, die auf die ägyptische Geheimlehre des Hermes Trismegistos zurückgeht und ab 1460 in Mitteleuropa bekannt wurde.[37]

Durch das Finden von Übereinstimmungen zwischen Mikrokosmos und Makrokosmos konnten die Kräfte bestimmt werden, die in dem Verhältnis Mensch–Natur wirksam sind, und konnten Ärzte wie Paracelsus (1493–1541), die gesunden Kräfte des Menschen unterstützen. In der Alchemie wurde ein Weg der inneren Läuterung beschritten, der zum Prozeß der Läuterung der Materie parallel verlief. Die Alchemisten und die in ihrem Kreis tätigen Rosenkreuzer hofften, auf diese Weise die Substanz in ihrer reinen Form zu finden.[38]

Auf politischer Ebene war die Bildung von Bruderschaften ein Versuch, neue soziale Strukturen zu finden, in denen sich der freie Mensch entfalten konnte. Diese freien Formen hatten im «Landesrecht», das in Mitteleuropa, aber auch in Frankreich und in viel geringerem Maße in England vom Recht des Fürsten, vom römischen bürgerlichen Recht verdrängt worden ist, ihre Vorgeschichte. Hier stießen die Ideen von Volks- und Staatssouveränität, von dezentraler und zentraler Verwaltung aufeinander und mündeten in einen heftigen sozialen Streit.

In den Freien Städten mit ihren Gilden und Bruderschaften sowie in den Eidgenossenschaften und religiösen Bewegungen auf dem Lande lagen die Keime für eine neue Gemeinschaftsbildung, in der die Menschen keine unkontrollierte Macht übereinander ausüben. Ihr Freiheitsdrang kam im Kampf der tschechischen Hussiten um Religionsfreiheit (1419–1436) und in denUnabhängigkeitskämpfen der Schweizer Eidgenossen (1499) und der Vereinigten Niederländischen Provinzen (1568–1648) gegen die Dynastie der Habsburger sehr deutlich zum Ausdruck. In dieser Auseinandersetzung verteidigten die österreichischen und spanischen Habsburger Machtstrukturen, die nicht mehr zum modernen Freiheitsbewußtsein paßten.

Die Entwicklung des mitteleuropäischen Kulturideals wurde zwischen dem 14. und 16. Jahrhundert von einem neuen religiösen Denken getragen, in dem das Verhältnis des Menschen zu Gott eine individuelle Angelegenheit wurde. Der Mensch wurde mündig und fing an, seinem Gewissen zu folgen und die eigenen geistigen Erfahrungen über die Dogmen zu stellen. Vor allem in Böhmen und den Niederlanden hat dieses religiöse Denken entscheidend zur Bildung des Nationalbewußtseins beigetragen. Dank der vorbereitenden geistigen Arbeit böhmischer Prediger, wie Konrad Waldhauser (gest. 1369), Jan Militsch (gest. 1374) und Matthias von Janow (gest. 1394) sowie Theologen wie Jan Hus entstand die hussitische Bewegung, innerhalb derer zum ersten Mal in der europäischen Geschichte im Kampf gegen die römische Kirche ein nationales Bewußtsein erwachte. Auf ähnliche Weise ist das niederländische Nationalbewußtsein durch die geistige Inspiration Wilhelms von Oranien (1533–1584) im Kampf für die Religions- und Gewissensfreiheit erwacht.

In den geistigen Impulsen, die dank Jan Hus und Wilhelm von Oranien in ihren Völkern erwachen konnten, wirkte der Geist der Neuzeit – in Böhmen im Herzen Europas, in Holland in der Peripherie. In Böhmen erwachte das Selbstbewußtsein und das Gewissen Europas und das holländische Volk erfüllte mit der Gründung der Weltwirtschaft unmittelbar eine andere Mission des neuen Zeitgeistes.

Diese auswärtige Mission Europas war schon 1420 durch die Gründung der Seefahrtschule in Sagres von Heinrich dem Seefahrer, dem Großmeister des portugiesischen Christusordens (Nachfolger des Templerordens), und die portugiesischen Entdeckungsreisen vorbereitet worden.

Die unvollendete Reformation

Mitteleuropa war reif für eine geistige Erneuerung. Das Christentum, das ein Alter von vierzehn Jahrhunderten erreicht hatte, trat gleichsam in seine Pubertät ein. Schon seit einigen Jahrhunderten waren Theologen und Laien auf der Suche nach den ursprünglichen Werten des Christentums. Jan Hus, der Rektor der Prager Universität, stand im Zentrum einer Bewegung, die von den Ideen des Engländers John Wiclif stark beeinflußt war. Mit der Verbrennung von Hus, dessen Lebensdevise «Die Wahrheit überwindet» war, als Ketzer im Jahre 1415 auf dem Konzil von Konstanz fing die Reformation an, die ein Jahrhundert später ganz Mitteleuropa umfassen sollte.[39]

Die Kreise, die in der katholischen Kirche führend waren, erlebten das Freiheitsbewußtsein, das in den Ketzerbewegungen und in der mitteleuropäischen Kultur erwachte, als eine große Gefahr für ihre eigene Macht über die Seelen der Gläubigen. Ähnlich wie sie die Inquisition und, aus dem Hintergrund, die Kreuzzüge gegen die südfranzösischen Katharer (1209–1229) organisiert hatten, gingen sie auch gegen die tschechischen Hussiten und die deutschen Protestanten vor. Die Folge davon waren furchtbare Religionskriege, die eigentlich Kriege gegen den freien Geist waren. Die Ketzerverfolgung hatte in Europa bereits im 12.

Jahrhundert angefangen, als im zu Byzanz gehörenden Bulgarien die Bogomilen teils ausgerottet, teils nach Bosnien vertrieben wurden.

In den Kreisen der Ketzer lebte die Überzeugung, daß das Zeitalter des Heiligen Geistes anbrechen würde. Diese Idee war durch die Drei-Zeitalter-Lehre (Zeitalter des Vaters, des Sohnes und des Heiligen Geistes) des süditalienischen Abtes Joachim von Fiore (gest. 1202) inspiriert, der den Anfang des Zeitalters des Heiligen Geistes für das Jahr 1260 vorhergesagt hatte. Eine andere Interpretation dieser apokalyptischen Lehre – die des Philosophen F. W. J. Schelling (1775–1854) – verbindet die drei Zeitalter des Christentums mit den Gestalten des Petrus (die römische Kirche), des Paulus (die Reformation) und des Johannes (die zukünftige «Religion des Geistes und der Freiheit»).[40]

Der 31. Oktober 1517, der Tag, an dem der deutsche Theologe Martin Luther (1483–1546) seine 95 Thesen in Wittenberg anschlug, gilt als der Anfang der deutschen Reformation. In der Schweiz leitete Ulrich Zwingli (1484–1531) die Reformation, während in Frankreich Johannes Calvin (1509–1564) auftrat. Das Luthertum setzte sich in Deutschland, Österreich und Slowenien schnell durch und der Calvinismus fand in der Schweiz, Frankreich, den Niederlanden, Ungarn und Schottland großen Anklang. Auch in den slawischen und ungarischen Gebieten Mitteleuropas, besonders in den Städten und unter dem Adel, breitete sich die Reformationsbewegung aus. In Böhmen entstand die relativ selbständige Kirche der Hussiten und Böhmischen Brüder, zu der am Anfang des 17. Jahrhunderts 90% der Bevölkerung gehörten. Auch die Wiedertäufer spielten in verschiedenen Ländern eine bedeutende Rolle.

Ohne das Eingreifen der Habsburger und der katholischen Gegenreformation hätte der Protestantismus das religiöse Leben Mitteleuropas in neue Bahnen gelenkt. Die Konflikte zwischen den katholischen und den protestantischen Fürsten mündeten jedoch in die Katastrophe des Dreißigjährigen Krieges (1618–1648). Dieser führte zu einer totalen Verwüstung Mitteleuropas und beendete den Prozeß der geistigen Erneuerung. Besonders grausam waren die Folgen für die Tschechen. Böhmen wurde von den Habsburgern okkupiert, die Hinrichtung der geistigen Führer des Landes wurde von den Jesuiten organisiert, die Hälfte des Adelsbesitzes wurde enteignet und 150 000 nichtkatholische Tschechen wurden gewaltsam vertrieben.

Die Frage nach der Radikalität der geistigen Erneuerung ist vor allem im Hinblick auf das Erbe des römischen Machtdenkens wichtig, das in der mittelalterlichen Kirche und im Staat weiterlebte. Die verschiedenen religiösen Bewegungen des Mittelalters strebten zwar eine Befreiung vom römischen Denken an, aber der Weg zu einem spirituellen Christentum erwies sich in der Praxis als sehr beschwerlich. Auch Martin Luther und Johannes Calvin waren oft noch in römischen Vorstellungen befangen – vor allem in denen des Kirchenvaters Augustinus, wie die Antworten der beiden Reformatoren auf die zentralen Fragen der Rechtfertigung des Menschen vor Gott und der Prädestination des Menschen zeigen.[41] So vertrat Luther, gestützt auf Studien zum Römerbrief des Apostels Paulus, die Auffassung, daß der Mensch nicht durch seine eigene Willensanstrengung oder durch gute Werke gerecht werde, sondern allein durch den Glauben, der ihm durch Gottes Gnade geschenkt sei. Der sündengefallene Mensch war nicht in der Lage, auch nur im geringsten zu seiner eigenen Erlösung beizutragen. Alles lag in Gottes Hand. Erlösung oder Verdammung des Menschen waren vorherbestimmt. Calvin gab dieser Idee noch schärfere Konturen, indem er besonders die Allmacht und die Majestät Gottes hervorhob, während andere Reformatoren mehr von der Barmherzigkeit und Liebe Gottes ausgingen.

In der Rechtfertigungslehre erscheint Gott als strenger Richter, vor dem der Mensch sich selbst nicht rechtfertigen kann. Man könnte sagen, daß sich bei dieser Anschauung die alttestamentarische Vorstellung vom allmächtigen Gott mit der römischen Rechtsauffassung verbunden hat. Der römische Begriff von Gerechtigkeit stimmt allerdings mit dem griechischen Begriff, den Paulus verwendet und der überhaupt keinen juristischen Beiklang hat, nicht überein. Rechtfertigen hat im Griechischen mit dem Geben einer Richtung zu tun. Gerechtfertigt werden durch Christus bedeutet somit, daß der Mensch durch den Christus wieder in die richtige Richtung gewiesen wird.

Auch der römische Begriff der *praedestinatio,* die Vorherbestimmung des Menschen zum Heil oder zur Verdammnis, hat in der griechischen Urform eine andere Bedeutung. Da handelt es sich nicht um die Vorherbestimmung des ganzen Menschen – sein unsterbliches Wesen mit eingeschlossen –, sondern um die physische Begrenzung. Der Grieche verstand unter Vorherbestimmung, daß der Mensch eine bestimmte leibliche Gestalt erhält, und nicht, daß ein Urteil darüber gefällt wäre, wie sein Leben zu verlaufen hätte und dereinst gerichtet würde.

Die Befangenheit der Reformatoren in den römischen Vorstellungen eines rechtsprechenden und verurteilenden Gottes erstreckte sich auch auf ihre politischen Ansichten, die sich vom römischen Recht nicht lösen konnten. So ging Luther davon aus, daß der Staat von Gott eingerichtet und unantastbar war. Calvin unterstrich das göttliche Recht der Fürsten auf Herrschaft, meinte jedoch, daß die Obrigkeit Gott dafür Rechenschaft schuldete. In der Praxis konnte das bedeuten, daß der Staat der Macht der Kirche unterstellt wurde, wie es in Genf für kurze Zeit – in der calvinistischen Theokratie (1536–1538) – der Fall war. Zur Durchbrechung der römischen Auffassung von Staatssouveränitat kam es erst bei dem deutschen calvinistischen Denker Johannes Althusius (1557–1638), der die Herrschaft dem Volk zuordnete und mit seiner föderativen Staatsauffassung für eine Umkehrung des römischen Modells eintrat.

Dabei dachte er an konkrete Vorbilder wie die Schweiz und die neue niederländische Republik. Luther hingegen hatte das herrschende Staatsdenken unterstützt. Einerseits war er dazu gezwungen, weil er auf die Unterstützung und den Schutz der Fürsten angewiesen war. Andererseits ließ er auch zu, daß die Landesfürsten die Kirchenbildung bestimmten und daß der Staat, als Erbe der Kirche von Rom, das spirituelle Leben der neuen Zeit organisierte. Nach dem Tod Luthers wurde im Augsburger Religionsfrieden (1555) sogar festgesetzt, daß die Untertanen die Religion des Landesherrn annehmen mußten („cuius regio eius religio"). Nur für die Freien Reichsstädte galt eine Ausnahme.

Durch all diese Umstände blieb die Reformation unvollendet und teilweise in traditionellen Vorstellungen verhaftet. Nur kurz, zwischen 1517 und 1520, schien es, als ob der Geist der Gottesfreunde und der deutschen Mystik, mit dem Luther vertraut war, wehen würde. Die Zeit der «Freiheit eines Christenmenschen», von der Luther in Anknüpfung an Paulus sprach, schien anzubrechen, doch Luther schränkte seinen Freiheitsbegriff durch seine Prädestinationslehre ein. Erasmus von Rotterdam (1469–1536) trat dieser Lehre entgegen, wobei er sich auf den freien Willen des Menschen und auf die humanistische Anschauung der Gnade als Liebe Gottes zum Menschen berief. Nachdem Luther diese Argumente schroff zurückgewiesen hatte, wandten sich viele Humanisten von ihm ab. Die Standpunkte verhärteten sich, und die Mittelstellung von Erasmus wurde von zwei Seiten angegriffen. Calvin war noch weiter vom Humanismus und der Toleranz des Erasmus entfernt.

In dieser Situation erschienen Schriften, die auf eine neue, allgemeine Reformation hoffen ließen. Die «Rosenkreuzer»-Schriften, die in Kassel und Straßburg gedruckt wurden, stellten ein neues Bildungsprogramm in Aussicht. Der deutsche Theologe Johann Valentin Andreae (1586–1654) gilt als der inspirierte Autor dieser Schriften – der

«Fama Fraternitatis» (1614), der «Confessio Fraternitatis» (1615) und der «Chymischen Hochzeit Christiani Rosenkreutz» (1616). [42]

In der «Fama Fraternitatis» wird das Leben von Christian Rosenkreutz (1378–1484) beschrieben. Er hatte zu Beginn des 15. Jahrhunderts eine Reise in den Osten gemacht, um sich das Wissen der arabischen Kultur anzueignen und dieses in verchristlichter Form nach Europa bringen zu können. Nach seiner Rückkehr gründete er die Bruderschaft des Rosenkreuzes, deren Mitglieder als Ärzte tätig waren und sich für eine spirituelle Naturwissenschaft und für eine Spiritualisierung der Kultur im allgemeinen einsetzten. Die Rosenkreuzer sollten zur Überbrückung der Kluft zwischen Mystik und materialistischer Wissenschaft beitragen, und dazu, daß ab 1604, in der Fortführung der Mission des Franz von Assisi, buddhistische Impulse in die europäische Kultur einströmen konnten, um die Mars-Kräfte des Krieges und die Machttriebe der Wissenschaft zu verwandeln.[43]

In den genannten Schriften wurde die Reformpolitik dieser esoterischen christlichen Strömung den Gelehrten Europas vorgestellt. Sie traten auch für eine religiöse Erneuerung ein, die die Reformation aus der Sackgasse führen sollte. In diesem Zusammenhang erschienen einige utopische Schriften über eine gesellschaftliche Umgestaltung. Der Versuch der Rosenkreuzer, die Reformation zur Vollendung zu bringen, wurde jedoch durch den 1618 beginnenden Religionskrieg vereitelt.[44]

Dieser Krieg wurde entfesselt, um die geistige Erneuerungsbewegung zu zerstören und zu verhindern, daß der Geist Mitteleuropas wirksam werden könnte. 1630 kam der schwedische König Gustav Adolf (reg. 1611–1632), der «Adler des Nordens», der mit der rosenkreuzerischen Strömung verbunden war, aus dem Norden Europas mit seiner Armee nach Deutschland, um diese Bewegung zu retten, aber er fiel schon zwei Jahre später in der Schlacht bei Lützen.

Die Morgenröte eines neuen spirituellen Bewußtseins

Kaum hatte sich Mitteleuropa von den Verwüstungen des Krieges erholt, da geriet es im 18. Jahrhundert unter den Einfluß des französischen absolutistischen Staatsdenkens und der Aufklärungsideen. Eine eigene deutsche Aufklärung entstand, die – wie bei Gotthold Ephraim Lessing (1729–1781) – überwiegend auf Bildung ausgerichtet war, die aber durch Komponisten wie Johann Sebastian Bach (1685–1750), Georg Friedrich Händel (1729–1781), Joseph Haydn (1732–1809) und Wolfgang Amadeus Mozart (1756–1791) auch eine musikalische Note erhielt. Ihre Musik eröffnete in der mitteleuropäischen Kultur einen neuen Weg der religiösen Erfahrung und der Verinnerlichung.

In dieser Musik kündigte sich bereits die Romantik an, die ab 1770 für mehr als ein halbes Jahrhundert nicht nur in Mitteleuropa, sondern in ganz Europa den Ton angeben sollte. Die Romantik war nicht nur eine Protestbewegung gegen die französische Aufklärung, sondern vor allem ein Ansatz zu einer Kulturerneuerung und der Ausdruck von einem neuen inneren Leben des Menschen.[45] In Deutschland war sie mit der Suche nach den Kindheitskräften, nach dem «spielenden» (d.h. freien und schöpferischen) Menschen von Schiller verbunden, aus denen heraus eine neue Kultur entstehen sollte. «Der Mensch», so sagte er im 15. seiner Briefe «Über die ästhetische Erziehung des Menschen», «spielt nur, wo er in voller Bedeutung des Wortes Mensch ist, und er ist nur da ganz Mensch, wo er spielt.»[46]

In der mitteleuropäischen Kultur erschien auf diese Weise das strahlende Bild eines verjüngten spirituellen Menschen, des Menschen, der aus dem Geiste wiedergeboren wird. In Kaspar Hauser wurde dieses Bild Wirklichkeit: er zeigte Fähigkeiten und Kräfte, die allen die Wirklichkeit des Geistes vor Augen führte und der den Schutz von guten Pädagogen brauchte. Auf viele machte er den

Eindruck eines «paradiesischen Urmenschen».[47] Er verband die Menschheit wieder mit den noch nicht korrumpierten Kräften des Menschen aus dem Paradies. Vor allem war er ein Mensch mit wirklichen Herzenskräften, die alles aufnahmen – auch die Taten der Bösen, die seinen Tod wünschten.

Auf einmal war der wahre Europäer da, der Mensch einer zukünftigen geistigen Kultur. Sein Schicksal war wirklich apokalyptisch: es enthüllte die guten und bösen Kräfte in seiner Umgebung, es offenbarte z.B. in der Person seines Erziehers Georg Friedrich Daumer höchste Güte und in anderen die Macht des Bösen.

Die Kräfte, die der neue aus dem Geist wiedergeborene Mensch in sich hat, leuchteten auf in den Werken von Gelehrten wie Johann Gottfried Herder (1744–1803) und Gotthold Ephraim Lessing, von Dichtern wie Johann Wolfgang Goethe und Friedrich Schiller, in der Suche nach einem neuen Christentum bei Novalis (1772–1801) in seinem Buch «Die Christenheit oder Europa», in der idealistischen Philosophie von Johann Gottlieb Fichte (1762–1811), Georg W.F. Hegel (1770–1831), Friedrich W..J. Schelling und polnischen Denkern wie August Cieszkowski (1814–1894), in der Musik von Ludwig van Beethoven (1770–1827) und von Franz Schubert (1797–1828).

In der Zeit der mitteleuropäischen Romantik zeichnete sich ein Kulturideal ab, das zu dem Ideal der «männlichen», westlichen und auf Beherrschung ausgerichteten Wissenschaften eine Alternative bieten wollte, die auch die «weibliche» Seite ausbildet. Es war außerdem eine Fortführung der Ansätze der «Renaissance des Nordens», die schon früher versucht hatte, die arabischen Kulturimpulse umzuwandeln. Themen aus dieser früheren Periode kehrten nun in neuer Form zurück. So suchte die Romantik nach einer Naturwissenschaft, die die Erfahrung der Naturverbundenheit für berechtigt hält und nach einer Sozialwissenschaft, die auf den Erfahrungen menschlicher Gemeinschaft beruht. Natur und Gesellschaft waren für die Romantiker keine Mechanismen, wie es die Aufklärung annahm, sondern lebensvolle Wirklichkeiten, mit denen der Mensch innerlich verbunden ist. Die Romantik interpretierte somit das Verhältnis Mensch – Natur – Gesellschaft als lebendigen Zusammenhang.

Eine solche Auslegung stützte sich auf das neue Bild vom spirituellen Menschen. Diese Anschauung geht davon aus, daß der Mensch Fähigkeiten besitzt – Phantasie, Intuition –, die viel weiter reichen als das abstrakte, intellektuelle Denken. Die Nachtseite (die Welt der Träume und des Unbewußten) gehört ebenso zum Bereich der Erkenntnis, wie das Motiv der Entwicklung der menschlichen Persönlichkeit, das im Zentrum von Goethes «Faust» steht.

Die Philosophie des Deutschen Idealismus brachte dieses Motiv auf besondere Weise zum Ausdruck. Ihr zentrales Thema war die Frage, wie das Ich sich selbst begreifen kann. Fichte sprach vom absoluten Ich, das nur ist, indem es sich selbst hervorbringt. Wenn der Mensch so weit kommt, daß sein Ich sich selbst in seinem tiefsten Wesen erfaßt, dann, so Fichte, ist er bei Gott. So kam die Erfahrung der deutschen Mystik in Fichtes Ich-Philosphie erneut zum Vorschein. Allerdings wurde die spirituelle Wirklichkeit, über welche die deutschen Idealisten schrieben, bei ihrem Streben, ganz aus den Impulsen des menschlichen Ich zu sprechen, nicht zu einer konkreten Wirklichkeit. Ihr Idealismus erfaßte das Geistige in Ideengestalt, in der es noch nicht auf eine direkte, wesenhafte und lebendige Weise erfahren und begriffen werden konnte. Dennoch war hier die Tür zu einer lebendigen, aus der Tätigkeit des Ich hervorgehenden spirituellen Erkenntnis von Mensch, Natur und Welt geöffnet worden.

Das Einschlafen des spirituellen Bewußtseins

Ab den vierziger Jahren des 19. Jahrhundert wurde das mitteleuropäische Kulturideal immer vager. Nach dem Tode der großen Romantiker, der Dichter und der Philosophen, wurden die Einflüsse aus dem Westen stärker. Die Industrielle Revolution griff auf den europäischen Kontinent über. Überall wurden Eisenbahnen angelegt und mechanische, materialistische Naturanschauungen verdrängten die Bilder der Romantik. In der Naturwissenschaft, vor allem in der Chemie, sollte Deutschland eine wichtige Rolle spielen. Deutsche Gelehrte verabredeten miteinander, nicht mehr über den Geist zu sprechen. 1880 verkündete der Wissenschaftler Emil Du Bois-Reymond (1818–1896) sein «Ignorabimus»: Die großen Rätsel des Daseins, mit denen sich die Romantik beschäftigt hatte, seien unlösbar. Damit legte sich die Wissenschaft auf ein intellektuelles Denken fest, das nur die Außenseite der Dinge und nicht ihr Wesen untersucht.

Diese Kapitulation des Denkens hat eine Parallele im Scheitern des deutschen Bürgertums, eine neue Gesellschaft zu gründen, in der die Kultur zur Blüte hätte kommen können. In der ersten Hälfte des 19. Jahrhunderts hatte dieses Bürgertum nach einer neuen Form der Einheit gesucht, um nach der Auflösung des Deutschen Reiches (1806) einen neuen Rahmen für die Entfaltung der Kultur zu schaffen. Ein weiteres Hauptziel war die Freiheit, und zwar nicht nur, um die Menschenwürde vor der Staatsmacht zu schützen, sondern auch, um die freie spirituelle Entwicklung des Einzelnen in den Dienst des Ganzen stellen zu können. In der zweiten Hälfte des Jahrhunderts wurden diese kulturellen Ideale jedoch durch politische und wirtschaftliche Ideen nach westlichem Vorbild ersetzt, und zwar durch politischen Nationalismus, wirtschaftlichen Liberalismus und den Imperialismus.

Der Umschlagpunkt für diese radikale Wende war die mißglückte bürgerlichen Revolution von 1848-49. 1848 trat in Frankfurt die erste Volksversammlung zusammen. Sie vertrat ganz Deutschland (Österreich eingeschlossen). Man mußte entscheiden, welche Form das neue Deutschland bekommen sollte. Letztendlich entschied man sich für ein Deutschland ohne Österreich unter der Leitung von Preußen. Der preußische König weigerte sich 1849 aber, die ihm angebotene Kaiserkrone anzunehmen, weil er sie nicht von Vertretern des Volkes, sondern nur von den deutschen Fürsten in Empfang nehmen wollte. Das geschah dann 1871 nach dem Sieg Deutschlands im Deutsch-Französischen Krieg. Deutschland ging dabei in Preußen auf und wurde in den militärischen und wirtschaftlichen Wettlauf, den Preußen mit den anderen europäischen Mächten führte, mit hineingezogen. Friedrich Nietzsche (1844–1900) sprach 1873 in seiner ersten «Unzeitgemäßen Betrachtung» bereits von der Gefahr, daß sich der deutsche Sieg in eine Niederlage verwandeln würde – «in die Niederlage, ja Exstirpation (d.h. Ausrottung) des deutschen Geistes zugunsten des Deutschen Reiches».

Das deutsche Bürgertum erwies sich als unfähig, das Erbe der mitteleuropäischen Kultur zu retten. Es ließ sich von einem Konkurrenzkampf mit Frankreich und England in der Wissenschaft und von einem Kampf um wirtschaftliche Macht und Vorherrschaft mitreißen, ohne die westliche Wissenschaft und das traditionelle Machtdenken umformen zu können. Auch in Österreich, wo das Reich der Habsburger keine Wege finden konnte, um den Bestrebungen der slawischen Völker nach kultureller und politischer Autonomie entgegenzukommen, ging der mitteleuropäische Kulturimpuls unter. Das alte Machtdenken triumphierte und so entstand die Grundlage für den Ersten Weltkrieg. Im Zweiten Weltkrieg kam der Wahnsinn dieses Machtdenkens noch deutlicher zum Vorschein.

Die Lähmung der Freiheit

In der Entwicklung der mitteleuropäischen Kultur verlief eine tiefe Kluft zwischen den freien Bürgern und den Fürsten. In ihren Freien Städten, Bruderschaften und kulturellen Kreisen haben die Mitteleuropäer für ihre kulturschöpferischen Aktivitäten die Rahmenbedingungen geschaffen. Das Arbeiten aus dem eigenen Kulturideal heraus war gleichzeitig ein Weg der geistigen Entwicklung, die von einem verinnerlichten Christentum geleitet wurde. Die mitteleuropäische Kultur ist eine Kultur, die der Mensch von seinem eigenen Ich aus aufbauen will. Dabei will er nicht durch Machtausübung von anderen behindert werden. In den Strukturen des alten Deutschen Reiches waren die Möglichkeiten zur Entfaltung einer solchen Kultur gegeben. Zumindest war es nicht ein zentralistischer Staat wie Frankreich, sondern ein föderatives Ganzes mit vielen Freiräumen, in denen sich die Bürger und Bauern selbst verwalten konnten, wenn sie sich dazu zusammenschlossen.

Dieser föderative Verband wurde von Fürsten, die kaum mit der Kultur verbunden waren, verwaltet. Es gab natürlich Ausnahmen, wie etwa Otto III., und den Gründer der Prager Universität, Karl IV., aber die meisten richteten ihre Aufmerksamkeit lediglich auf die dynastischen Machtkonflikte. In ihnen lebte das Ungestüm der Nibelungen weiter. In ihren Fürstentümern rechtfertigten die Fürsten ihre Machtansprüche unter Berufung auf das römische Recht. Die ganze mitteleuropäische Geschichte kann als ein Kampf zwischen diesen Machtansprüchen und der Verteidigung der Freiräume der freien Bürger gesehen werden. Die Macht der Fürsten ging so weit, daß sie die Religion ihrer Untertanen bestimmen konnten. Selbst Luther hat sich dieser Macht nicht entziehen können. Auch im 19. Jahrhundert waren die Bürger nicht in der Lage, ihre Kulturideale zu verteidigen.

Durch die Lähmung des Freiheitsbewußtseins bei den Bürgern kam der neue deutsche Staat immer mehr in die Versuchung, Macht auszuüben und die Freiheit der Bürger weiter zu untergraben. Das geschah seit Ende des 19. Jahrhunderts. Die weitere Entwicklung der mitteleuropäischen

Kultur erforderte dementsprechend auch eine Lösung der Machtfrage und die Schaffung neuer sozialer Formen für eine Kultur der freien Persönlichkeit.

5. Das Erwachen des Ich-Bewußtseins

Mitteleuropa ist ein Begegnungsraum der verschiedenen Kulturgebiete Europas. Seine Position läßt sich auf der Landkarte schwer abgrenzen, die Übergänge zu den anderen Kulturgebieten sind fließend. Es umfaßt den deutschsprachigen Raum Europas und die Gebiete, die innerhalb der deutschen kulturellen Einflußsphäre lagen (Polen, Tschechien, Slowenien, die Slowakei, Ungarn und Nord-Kroatien). In weiterem Sinne lassen sich auch noch die Randgebiete dazurechnen: die Niederlande, der nicht-deutsche Teil der Schweiz, Norditalien, Siebenbürgen in Rumänien, das frühere Ostpolen und die baltischen Staaten.

In diesem zentralen Gebiet Europas stand die Kulturentwicklung im Zeichen des Strebens nach Individualität. Der Mitteleuropäer strebte danach, sein Ich-Bewußtsein zu entwickeln und die Welt aus diesem Bewußtsein heraus zu gestalten. In der mitteleuropäischen Kultur kam dies in den Freien Städten, der deutschen Mystik, der Kunst, dem Rosenkreuzertum, der Reformation und der Romantik zum Ausdruck. Wie das Ich in seiner Entwicklung immer im Werden begriffen ist, so sollte auch die mitteleuropäische Kultur, die aus den Kräften des Ich geschaffen worden ist, als eine werdende Kultur betrachtet werden. Sie war eine Kultur, die den Wechsel von Wachen und Schlafen, von Aktivität und Passivität kannte. Die aktive Seite verband sie mit dem Westen, die passive mit dem slawischen Osten.

Bei allem Streben nach Individualität war die mitteleuropäische Kultur auch von den anderen Kulturgebieten Europas abhängig. An den Einflüssen, die sie von außen in den passiven Perioden aufnahm, konnte sie sich in den aktiven Phasen weiter entwickeln, besonders im Ringen um die Wahrung der eigenen Identität. Mitteleuropa ist immer wieder Einflüssen aus dem Süden und Westen ausgesetzt gewesen. In der Regel war die mitteleuropäische Kultur nicht wach genug, um diese Einflüsse aus der eigenen Identität heraus umzuwandeln. Stattdessen wurden die Kulturen der Völker des Südens und des Westens nachgeahmt. Mehrmals jedoch gab die mitteleuropäische Kultur den anderen Völkern wichtige Inspirationen, wie in der Zeit der Renaissance, der Reformation, der Romantik und am Anfang des 20. Jahrhunderts.

Hinter den Kulissen der Geschichte wurde und wird jedoch auch ein Kampf um die Mitte Europas ausgefochten – ein Kampf zwischen Kräften der Vergangenheit, die das aufwachende Ich-Bewußtsein zu vernichten und die Mitteleuropäer wieder einzuschläfern trachten, und Kräften der Zukunft, die von der Mitte ausgehend das geistige Europa zur Geburt bringen wollen. Aspekte dieses Kampfes um die Mitte Europas sollen in diesem Kapitel ausgearbeitet werden. Sie können als Grundlage dienen, um die kulturelle Situation des 20. Jahrhunderts besser zu verstehen.

Kulturimpulse aus der Mitte

Die große Völkerwanderung des 4. und 5. Jahrhunderts n. Chr. war ein Auszug der germanischen Stämme aus dem Norden Mitteleuropas. Bei diesen Zügen lassen sich drei Hauptströme unterscheiden. Als erstes zogen die Goten, Wandalen und Langobarden nach Süden und ließen sich in Italien nieder; im Anschluß daran wendeten sich die Franken und Burgunder nach Frankreich; und schließlich fanden die Friesen, Angeln und Sachsen in den Niederlanden und in England eine neue Heimat. Die Stämme, die in Mitteleuropa blieben, bildeten den Kern des späteren deutschen Volkes.

In diesen drei Strömen lassen sich die Träger bestimmter gesellschaftlicher Funktionen in der frühen germanischen Gesellschaft erkennen, und zwar die Priester, die Krieger und die Händler. Die zurückgebliebene vierte Gruppe vertrat den Bauernstand. Die Stämme, die sich im Süden Europas niedergelassen haben und dort in der römischen

Kultur aufgegangen sind, haben mit ihren priesterlichen Qualitäten dazu beigetragen, daß in Italien und Spanien eine Welt der kultischen Formen und der hierarchischen Ordnung entstanden ist. Später hat sich das in den römischen kirchlichen Institutionen manifestiert. In Frankreich hat das organisatorische Talent der Franken und Burgunder in einem zentralistischen Staat, der sich auf die Armee und Bürokratie stützte, seinen Niederschlag gefunden. In den Niederlanden und in England haben die wirtschaftlichen Fähigkeiten der Friesen und Angelsachsen die Bildung einer Handelsgesellschaft ermöglicht.

Die in Mitteleuropa zurückgebliebenen germanischen Stämme verfügten nicht über diese besonderen Talente. Sie hatten jedoch als spezielle Anlage das Streben nach Individualität. Das zeigt sich in der Art und Weise, wie in der deutschen Kultur das Christentum aufgenommen wurde – im Suchen einer persönlichen Begegnung mit Christus. In diesem Streben nach Entfaltung der Individualität hatte die mitteleuropäische Kultur ein gutes Beispiel im Ich-Bewußtsein und im demokratischen Rechtsleben der Skandinavier, die keinen Feudalismus gekannt haben und ihr germanisches Recht, in dem alle gleich waren, pflegten.

Die Rückwirkung auf die Mitte

Ab der zweiten Hälfte des Mittelalters strömten diese drei – inzwischen umgeformten – Impulse wieder zurück nach Mitteleuropa. Der religiöse Strom hatte sich mit dem römischen Christentum verbunden. In den politischen Strom aus Frankreich war das römische und das arabische Machtdenken aufgenommen worden. Der wirtschaftliche Strom aus dem Westen war mit Impulsen aus der arabischen Naturwissenschaft zusammengeflossen. Mitteleuropa wurde nacheinander mit diesen Kulturströmen konfrontiert und konnte sich daran kulturell formen. Diese drei Konfrontationen haben somit das Erwachen des mitteleuropäischen Ich-Bewußtseins herausgefordert und die Kräfte mobilisiert, um diese (römischen, französischen und englischen) Impulse aus dem Ich-Bewußtsein heraus umzuformen. Durch das Ich umgeformte Impulse konnten von der Mitte weiter nach Osten strömen und dort zur Kulturentwicklung beitragen, während unveränderte westliche Impulse meistens nur zerstörend wirkten. So sollte ein gesunder Kulturkreislauf in Europa entstehen.

Von Italien, das zum Deutschen Reich gehörte, und Spanien – der Heimat des Jesuitenordens – aus drang ein hierarchisch-theokratisches Denken herein, das über den Klerus und die Dogmen das Leben der Gläubigen lenken wollte. Diese äußerliche Formgebung des religiösen Lebens stand im krassen Gegensatz zur Praxis der inneren religiösen Entwicklung. Diese Praxis durchzog kontinuierlich die Entwicklung Mitteleuropas, von der Zeit des Heliandliedes, der Minnelyrik des Walther von der Vogelweide und der Gralserzählung des Wolfram von Eschenbach über die deutsche Mystik, die spirituellen Bewegungen der «Renaissance des Nordens» bis zur Reformation und zur Ich-Philosophie Fichtes. Hier verdichtete sich im religiösen Erleben der Seele die Ich-Erfahrung. Diese geistige Konfrontation war auch mit einem Konflikt zwischen einerseits den Fürsten mit ihren römischen und andererseits den freien Bürgern und Bauern mit ihren eigenen Rechtsauffassungen verbunden.

Im 17. und 18. Jahrhundert erreichte Frankreich den Höhepunkt seiner Macht. Von dort aus strömte ein neues rationales Denken in das durch die Religionskriege verwüstete Mitteleuropa, besonders nach Preußen. Es war das politische Denken des zentralisierten Staates und das rationale Denken der französischen Aufklärung. Ab Jahre 1770 kam in Mitteleuropa eine Gegenbewegung in Gang, die das rationale mechanische Denken zu einem Denken, das die geistige Wirklichkeit erfahren und beschreiben kann, umformen wollte. Unmittelbar nach der Französischen Revolution von 1789 hat die mitteleuropäische Kultur das zentralistische politisch Denken grundlegend kritisiert:[48] Wilhelm von Humboldt (1767–1835) in seinem Versuch, die Grenzen der Wirksamkeit des Staats zu bestimmen (1792), Friedrich Schiller in seinen Briefen «Über die ästhetische Erziehung des Menschen» (1795) und Goethe auf poetische Weise in seinem «Märchen von der grünen Schlange und der schönen Lilie» (1795). Nur wenige Rechtsphilosophen verfolgten jedoch in der zweiten Hälfte des 19. Jahrhundert diese kritische Linie im mitteleuropäischen politischen Denken.

Nachdem der Geist der Romantik und des Deutschen Idealismus nach 1840 so gut wie verschwunden war, wurde der Einfluß aus England immer stärker. Nach englischem Vorbild wurde ein industrieller Apparat aufgebaut, und es entstand eine materialistische Naturwissenschaft, die wesentlich zur zweiten Industriellen Revolution beigetragen hat. Am Ende des 19. Jahrhunderts versuchte Deutschland, sich in der Weltwirtschaft, die im Kampf um die Kolonien eine neue Form annahm, einen «Platz an der Sonne» zu erobern. Gegen das westliche wissenschaftliche und wirtschaftliche Denken wurde im 19. Jahrhundert – nachdem Goethe in seiner naturwissenschaftlichen Forschung den Kampf mit dem Empirismus Bacons und der Farbenlehre Newtons aufgenommen hatte – wenig Widerstand geleistet.[49] Mit Goethe und den sogenannten «Goetheanisten» (wie z. B. der tschechische Naturforscher J.E. Purkynje) hat eine konkrete wissenschaftliche Forschung angefangen, in der der Mensch aus den Kräften seines Ich heraus zu einem geistigen Wissen über die Natur kommen wollte. Im 20. Jahrhundert wurde diese mitteleuropäische Umformung der modernen, arabisch inspirierten Wissenschaft fortgesetzt, besonders in der anthroposophischen Geisteswissenschaft und den phänomenologischen Strömungen in der Wissenschaft. Auf dem Gebiet der Wirtschaft hat in mehreren Ländern die Gründung von Genossenschaften eine erste Antwort auf die moderne westliche Wirtschaft gegeben, aber sie gehören heute schon weitgehend der Vergangenheit an. Eine wirklich neue Antwort muß noch gefunden werden.

Weil die mitteleuropäische Kultur in der Auseinandersetzung mit diesen Einflüssen von außen so wenig umformen konnte, blieb es oft bei einer Nachahmung. Aber besonders in Deutschland hieß Nachahmung auch Verbesserung und Perfektionierung. So haben die Deutschen (vor allem Preußen) in der Politik Frankreich nachgeahmt und in der Wirtschaft England. Bürokratismus, Militarismus, Nationalismus und Leistungswille sind keine ursprünglichen deutschen Eigenschaften, sondern übertriebene Nachahmungen, die im Westen wiederum Abneigung hervorgerufen haben, weil die westlichen Menschen bestimmte Eigenschaften, die sie bei sich selbst nicht wahrhaben wollten, oft in grotesker Form an den Deutschen erleben mußten.

Zwei Aspekte der Individualisierung

Das Erwachen des Ich ist nicht nur für die mitteleuropäische Kultur typisch. Es ist eine Tatsache für die ganze Kulturwelt nach dem Mittelalter, die mit dem Individualisierungsprozeß, der seitdem begonnen hat, eng zusammenhängt. In diesem Prozeß, der sich zunächst in West- und Mitteleuropa konzentrierte, löst sich der individuelle Mensch von der Kollektivität. Das läßt sich auf verschiedenen Ebenen gut beobachten. Auf religiösem Gebiet strebte der Mensch vor allem nach einer persönlichen religiösen Erfahrung, z.B. in der Reformation. Auf politischer Ebene äußerte sich dieser Prozeß im Kampf um politische Rechte, der seit Ende des Mittelalters in allen Ländern von immer wieder anderen Gruppen geführt wurde. Auf dem Gebiet der Wirtschaft findet man die freie Aktivität des Menschen in der Privatinitiative und im ökonomischen Individualismus. Wie eine Zusammenfassung dieser schrittweisen Emanzipation des Menschen erschien in der Französischen

Revolution die Losung «Freiheit, Gleichheit und Brüderlichkeit». Diese drei Grundwerte lassen sich auf die drei Bereiche des sozialen Lebens (Kultur, Politik und Wirtschaft) beziehen. Auf kulturellem und politischem Gebiet ist schon einiges von den Forderungen nach Freiheit und Gleichheit verwirklicht worden. Wegen der starken Neigung zum Individualismus und Egoismus ist das Ideal der Brüderlichkeit in der Wirtschaft noch wenig zum Zuge gekommen. Darum wird manchmal auch von der Triade «Freiheit, Gleichheit und Einsamkeit» gesprochen.

In der modernen Zeit zieht der Mensch sich auf sich selbst zurück, d.h. auf sein Ego. Dieser Egoismus kann erst dann überwunden werden, wenn sich das Ich des Menschen manifestieren und mit dem Ich der anderen verbinden kann. Dann können eine neue Verbundenheit und eine neue Gemeinschaft entstehen, die ganz andere soziale Strukturen erforderlich machen, welche die Individualisierung fördern und zugleich unsere Fähigkeiten zur Zusammenarbeit verstärken.

In der Polarität von Ego und Ich liegen zwei Grundhaltungen verborgen, die das moderne Bewußtsein seit dem Mittelalter bestimmen. Sie liegen auch dem Gegensatz zwischen dem westlichen und dem mitteleuropäischen Bewußtsein zugrunde. Der westliche Mensch hat ein klares Bewußtsein für die Außenwelt. Er hat ein objektives Verhältnis zu ihr und besitzt die Fähigkeit, praktisch mit ihr umzugehen, besonders in der Wirtschaft, wo er seine egoistischen Interessen ausleben kann. Er hat ein starkes Freiheitsbewußtsein und verlangt einen Freiraum, wo niemand ihn stört und er frei handeln kann. Er stellt sich als Ziel, die eigenen Fähigkeiten auszunützen und glücklich zu werden. Die Gefahr dieser Haltung liegt darin, daß der westliche Mensch sich in seinem Ego isoliert und die Welt nur von sich aus betrachtet. Das ist auch eine sehr «männliche» Haltung. Der mitteleuropäische Mensch hat auch sein Selbstbewußtsein, aber seine potentielle Kraft liegt mehr im Umgang mit seiner inneren Welt und im Herstellen einer Verbindung zwischen der inneren und äußeren Welt. Die innere Welt ist dem Osteuropäer mit seiner mehr «weiblichen» Haltung noch mehr vertraut, aber ihm fehlt das wache Bewußtsein des westlichen Menschen. Der Mitteleuropäer kennt die westlichen und östlichen Tendenzen. Sie kommen in seinem Wesen zusammen, das eine westlich-«männliche» und eine östlich-«weibliche» Seite hat. Sie decken sich einigermaßen mit dem Gegensatz germanisch-slawisch, aber in vielen Gegenden Mitteleuropas gehören diese Begriffe zur Vergangenheit, weil die Völker sich vermischt haben wie in Ostdeutschland, Böhmen und Österreich.

Der Mitteleuropäer lebt in dieser Polarität, so daß er manchmal westlich-aktiv, manchmal östlich-passiv ist. Es ist seine Aufgabe, diese Gegensätze zu überwinden und die beiden Kräfte zu verbinden und zu integrieren. Das ist auch die Grundvoraussetzung für die Entwicklung des Ich. Wenn die Ebene des Ich-Bewußtsein erreicht wird, sind wir an der Quelle neuer geistiger Kräfte, die das Ich freisetzen und handhaben kann.

In der mitteleuropäischen Kultur lebte das Ideal, die Kraft des höheren, spirituellen Bewußtseins in der Praxis des Lebens anzuwenden. Dafür ist jedoch ein Raum notwendig, in dem dieses höhere Bewußtsein sich verwirklichen kann. Im individuellen Leben ist es die eigene Seele, im sozialen Leben die Kultur. Hierzu ist jedoch ein entsprechend gestaltetes Rechtsleben notwendig, das der Kultur einen wirklichem Freiraum für die geistige Tätigkeit des Menschen gewährt. Wenn ideologische oder wirtschaftliche Interessen die Freiheit des kulturellen Lebens nicht zulassen, kann der Geist nicht wirksam werden.

Das Ich und die Außenwelt

Das moderne Selbstbewußtsein wurde am Ende des Mittelalters geboren. Eine erste Erfahrung davon war das

Empfinden der eigenen Persönlichkeit. Die Künstler signierten nun ihre Arbeiten, in der Malerei wurde die Perspektive entdeckt, der Mensch zog aus, die Welt zu entdecken. Auch die Anatomie des Menschen stieß auf zunehmendes Interesse. Erst nachdem der Mensch die Außenwelt als tot und seelenlos und nicht mehr, wie in den alten Kulturen, als beseelt erlebte, konnte er sich selbst entdecken.

Dies kam in der ersten Hälfte des 17. Jahrhunderts in der Unterscheidung des französischen Philosophen Descartes zwischen Subjekt und Objekt, zwischen denkender Substanz (der Seele) und ausgedehnter Substanz (der Materie) gut zum Ausdruck. Hier wurde der Mensch einer Welt von materiellen Dingen gegenübergestellt, die keinerlei geistige Qualitäten mehr hatte. In dieser Welt hat der Mensch als geistiges Wesen keinen Platz mehr, denn unser Ich entzieht sich der sinnlichen Erfahrung. In dieser Aufbauphase der modernen Wissenschaft wurde über die Wirklichkeit ein mathematisches Netz geworfen, so daß nur dasjenige, was gezählt, gemessen und gewogen werden konnte, als wirklich erschien.

Diese neue Haltung der Wirklichkeit gegenüber machte es möglich, daß der Mensch frei diese Wirklichkeit beherrschen und nachschaffen konnte. Die Selbständigkeit der menschlichen Persönlichkeit ist hierfür die Voraussetzung. Die mittelalterliche arabische Wissenschaft, die ihren Ursprung in der Akademie von Gondischapur hatte, griff diesem modernen Beherrschungsdenken bereits voraus. Wie bereits erwähnt, wurde dort durch das Erüben der Logik des Aristoteles und des Schachspiels die Entwicklung der Persönlichkeit und des Intellektualismus begünstigt.

In England erschien diese Form der Persönlichkeit seit dem 17. Jahrhundert als eine Art Zuschauer, der den Blick auf die außerhalb seiner selbst befindliche richtet und zusammenfügt, was sich den Sinnen und dem Verstand darbietet. Dieses Zuschauerbewußtsein ist für die moderne Art und Weise der Wahrnehmung der Welt kennzeichnend. Ist es jedoch mit einer Haltung verbunden, die auf Beherrschung und Machtausübung ausgerichtet ist, so kann eine Welt geschaffen werden, die für den Menschen unerträglich ist.

In der mitteleuropäischen Kultur war der Ansatz zu einer ganz anderen Haltung der Außenwelt gegenüber gegeben, die zu einer Umformung des Zuschauerbewußtseins führen konnte. Wo die westliche Wissenschaft nur die Welt des Toten untersuchen konnte, wollte die mitteleuropäische Wissenschaft die Wahrnehmungsorgane für die Welt des Lebendigen entwickeln. In der Romantik wurde deshalb nach einem anderen Wissen gesucht, bei dem der Mensch auch mit seinem Herzen an den Dingen Anteil hat, die er untersucht. Goethe wollte sich innerlich mit ihnen verbinden, so daß sich ihr Wesen in seinem Inneren aussprechen konnte. Als Vorläufer einer neuen spirituellen Naturwissenschaft stellte er sich innerlich auf das ein, was er in der Außenwelt erfahren wollte. Indem er, wie er sagte, geistig an den Schöpfungen der Natur teilnehmen konnte, ging bei ihm das Zuschauerbewußtsein in ein teilnehmendes Bewußtsein über.

Dieses Lesen in dem «Buch der Natur» mit den Augen des Geistes wies den Weg zu einer spirituellen Kultur der Zukunft, in welcher der Mensch sich mit der Außenwelt konkret verbinden kann und die absolute Trennung zwischen Subjekt und Objekt wieder aufgehoben wird. Goethes „ Farbenlehre" (1810) ist hierfür ein gutes Beispiel: Durch die dort angewandte phänomenologische Methode werden die menschlichen Sinne und das Gefühl für Schönheit, die durch die moderne Wissenschaft ausgeschaltet werden, rehabilitiert und neu entwickelt.

Der Weg der Liebe und der Weg der Macht

Eine solche spirituelle Wissenschaft bietet keinen Ausgangspunkt für eine Beherrschung von Mensch, Natur und Welt. Wer sich innerlich mit den Dingen um sich herum verbinden will, sollte darüber keine Macht ausüben wollen, sondern eher eine liebevolle Haltung einnehmen. Hier wird der Unterschied zwischen dem Ego oder niederen Ich des Menschen (Persönlichkeit) und seinem höheren Ich (Individualität) noch einmal sichtbar. Als Person kann der Mensch ein Zuschauer in der Welt sein und sich diese dann egoistisch aneignen. Erst dann, wenn durch seine Persönlichkeit seine Individualität hindurchklingt (*personare* im Lateinischen), kann der Mensch sich für die Welt öffnen, ein inneres Band zu ihr knüpfen und sie in Liebe pflegen. In dem Gegensatz von Macht und Liebe erscheint die Polarität der Mission Roms wieder: Roma (Kraft) gegenüber Amor (Liebe).

Das Streben nach dem höheren Ich ist charakteristisch für die mitteleuropäische Kultur. Dieses Streben, das mit dem esoterischen Christentum zusammenhängt, in dem die innere Entwicklung das wichtigste Ziel ist, führt zu einer ganz anderen Wissenschaft als der modernen (arabisch und römisch inspirierten) Beherrschungswissenschaft. Denn in der spirituellen Wissenschaft kann Erkennen gleichzeitig auch ein Lieben der Dinge sein. Für einen Dichter wie Goethe war dies einfacher als für die Philosophen des Idealismus; er vermochte sich wirklich liebevoll mit der konkreten Natur zu verbinden. Auch in der englischen Kultur waren die Dichter die Vorreiter zu einer spirituellen, liebenden Naturbetrachtung.

Im Konflikt zwischen moderner Beherrschungswissenschaft und spiritueller Wissenschaft taucht der Gegensatz zwischen arabischer und christlicher Kultur wieder auf. Im Koran erscheint der Mensch als ein Sklave oder Diener Allahs. Abgesehen von den Sufi-Bruderschaften und anderen esoterischen Kreisen kannte die mittelalterliche arabische Kultur den freien Menschen mit seinen persönlichen geistigen Fähigkeiten nicht. Sie kannte lediglich die niedere Persönlichkeit, in der sich Triebe und Begierden manifestieren. In dieser Anschauung kann das Ich nicht aktiv werden, und die Triebe können somit auch nicht umgeformt werden. Im Neuen Testament hingegen wird der Mensch als ein Sohn Gottes, als Bruder und Freund des Christus beschrieben.

Die Konflikte zwischen der westlichen Kultur, die die arabischen Impulse in sich aufgenommen hat, und der mitteleuropäischen Kultur mit ihrer Verbindung zu einem spirituellen Christentum stehen daher auch im Zeichen des Kampfes um das Ich. Es ist der Kampf um ein spirituelles Menschenbild, um ein Bild der Natur, in das der Mensch selbst mit einbezogen ist und um ein Bild einer Gesellschaft, in der freie Menschen selbstverwaltete Verbände schaffen und sich gegenseitig helfen.

Kaspar Hauser oder der Untergang der Mitte

Wir haben gesehen, daß das mitteleuropäische Streben nach Individualität in der Geschichte nicht immer in gleich starkem Maße vorhanden gewesen ist. So lassen sich einige Höhepunkte von Wachheit und Aktivität des Geistes angeben: die Kultur der Freien Städte des hohen Mittelalters, die «Renaissance des Nordens», die Reformation und die Zeit des Deutschen Idealismus und der Romantik. Die Impulse, die in diesen Perioden aufgenommen wurden, haben später wieder an Intensität verloren. Durch den Wechsel von Aktivität und Passivität wurde die Verwirklichung des mitteleuropäischen Kulturideals zu einem Problem.

Eine verhängnisvolle Rolle haben die Religionskriege gespielt, die im Dreißigjährigen Krieg (1618–1648) ihren Höhepunkt erreichten. Dieser Krieg verhinderte, daß die mitteleuropäische Reformation zum Durchbruch kam und reduzierte allein schon im Deutschen Reich die Bevölkerung von 15 auf 10 Millionen Menschen. Er kann als der erste europäische Bürgerkrieg bezeichnet werden und hatte katastrophale Folgen für die Entwicklung der mitteleuropäischen Kultur.

Nach der Kulturblüte des späten 18. und des frühen 19. Jahrhunderts schlief Deutschland wieder ein. Gerade zu dieser Zeit (1828) erschien Kaspar Hauser in der Öffentlichkeit. Was wäre geschehen, wenn dieser junge Mann Herzog von Baden gewesen wäre, als das Frankfurter Parlament 1848 einen deutschen Kaiser wählen wollte? Aber Kaspar Hauser war bereits 1833 brutal ermordet worden. Damit war der Weg bereitet für einen anderen Führer, der genau ein Jahrhundert nach der Ermordung Kaspar Hausers an die Macht kam: Adolf Hitler (1889– 1945).

Die Ermordung Kaspar Hausers wird so zu einem Bild für die geistige Situation Mitteleuropas, ja ganz Europas im 20. Jahrhundert. Er ruft den hilflosen Europäer, der noch nicht zu sich selbst gefunden hat, und der immer Gefahr läuft, geistig unterzugehen, dazu auf, wach zu werden und mit den von ihm mitgebrachten und geopferten geistigen Kräften des paradiesischen Urmenschen vollbewußt an sich selbst und an der Schaffung des neuen Europa zu arbeiten. Ein anderes Symptom war der Antisemitismus, der in Mitteleuropa um 1879 aufkam. Mit der Französischen Revolution hatte die gesetzliche Emanzipation der europäischen Juden angefangen und im Laufe des 19. Jahrhunderts erlangten sie überall in West- und Mitteleuropa die Gleichberechtigung – in Rußland allerdings erst 1917. Besonders in Mitteleuropa fing ein Prozeß der Integration und Assimilation der Juden an. Viele waren überzeugt, dort eine neue Heimat zu finden, und viele Juden sind hervorragende Träger der mitteleuropäischen Kultur geworden. Aus verschiedensten Gründen entwickelte sich in der zweiten Hälfte des 19. Jahrhunderts jedoch in vielen europäischen Ländern, wo es seit dem Mittelalter einen traditionellen (religiösen) Anti-Judaismus gegeben hatte, der Antisemitismus, der die Integration wieder in Frage stellte. Im Zuge eines überall auflebenden antisemitischen Nationalismus (wie in Frankreich, Deutschland, Österreich-Ungarn und Rußland) und zum Teil auch als Reaktion darauf, entstand ein jüdischer Nationalismus, der im Zionismus ein konkretes Ziel bekam, nämlich die Gründung eines jüdischen Staates in Palästina, der eigentlich eine Ersatzheimat für Mitteleuropa war. Wir wissen heute, daß den zwei Weltkriegen verschiedene Ursachen zugrunde lagen. Von deutscher Seite aus war der Erste Weltkrieg in erster Linie die Folge des Versagens des deutschen Bürgertums, der sich bildenden deutschen Nation im Revolutionsjahr 1848 eine soziale Struktur zu geben, die zum mitteleuropäischen Freiheitsbewußtsein passen würde. In Deutschland führte das aufwachende nationale Bewußtsein zwar zur Bildung eines deutschen Nationalstaates, aber tatsächlich war dieser ein Groß-Preußen. Unter der Leitung Preußens übernahm das neue Deutschland das westliche politische und wirtschaftliche Denken und den westlichen Nationalismus. Deutschland löste sich, wie in der Wissenschaft, von der mitteleuropäischen Kultur und öffnete sich für die westliche Kultur.

Bei dem militärischen Wettlauf, der am Ende des 19. Jahrhunderts in Gang gekommen war, geriet das Deutsche Reich aufgrund der Bündnisse von England, Frankreich und Rußland in eine isolierte Position. Deutschland hatte sich von einer Kulturnation zu einem gefährlichen Rivalen für die anderen europäischen Mächte gewandelt. Es war zu einem Land ohne geistige Mission geworden. Durch interne Probleme des Vielvölkerstaats Österreich-Ungarn war Sprengstoff vorhanden für einen Konflikt, der den Weltkrieg entfesselte und schließlich zum Untergang dieses Staates führte.

Das Deutsche Reich selbst zerfiel im Zweiten Weltkrieg. Indem der Nationalsozialismus von der Unzufriedenheit, die über den aufgezwungenen Versailler Friedensvertrag herrschte, Mißbrauch machen konnte, wußte Adolf Hitler das deutsche Volk in den Bann des Traums von einem neuen Tausendjährigen Deutschen Reich zu bringen. Die Machtergreifung der Nationalsozialisten läßt sich so zwar historisch erklären, aber der dämonische Einschlag des Nationalsozialismus bleibt eines der Rätsel der modernen Geschichte. Von 1933 bis 1945 herrschte spirituelle Dunkelheit über Europa. Mitteleuropa wurde zu einem Tor in die Hölle. Das deutsche Volk geriet unter den Einfluß von finsteren Kräften und machte sich der Vernichtung des europäischen Judentums schuldig. Anstatt zu einem neuen Erwachen des Ich kam es zu einer Besessenheit, einer geistigen Umnachtung, in der die Verbindung mit dem eigenen Ich für viele verloren ging. Seit dieser Zeit ist Mitteleuropa als Kulturgebiet verschwunden. Europa wurde in Ost und West aufgeteilt, wobei die Grenze zwischen den Einflußsphären bis 1989 quer durch Deutschland verlief.

Es ist auffallend, daß die drei europäischen Bürgerkriege, die Mitteleuropa den Untergang gebracht haben, auf slawischem Gebiet entstanden sind. Der erste (1618–1648) begann in Böhmen, der zweite (1914–1918) in Bosnien-Herzegowina und der dritte (1939–1945) in Polen. Das ist ein klarer Hinweis, daß die Beziehung zwischen den Deutschen und den slawischen Völkern in Mitteleuropa schwer belastet ist. Politisch gesehen ist das richtig, zumal die slawischen Völker immer das Opfer der deutschen und österreichischen (und ungarischen) Machtpolitik waren.

Vom kulturellen Standpunkt aus läßt sich jedoch das Umgekehrte sagen. Es sind gerade die Polen, die Tschechen und die nichtslawischen Ungarn und die Slowenen gewesen, die versucht haben, dem mitteleuropäischen Kulturideal treu zu bleiben. Mitteleuropa hat hier als Kulturidee weitergelebt, nachdem die Deutschen das neue spirituelle Bewußtsein aus der Zeit um 1800 nicht mehr halten und ihm keinen sozialen Rahmen schaffen konnten.

6. Die russische Weisheitskultur

Die slawischen Völker Mitteleuropas (Polen, Tschechen, Slowaken, Slowenen und Kroaten) bilden sozusagen die Vorhut der slawischen Kultur, die sich über den ganzen Osten Europas erstreckt und über große Zukunftskräfte verfügt. Eine erste Manifestation dieser Kräfte leuchtete bereits im Leben der geistigen Führer dieser Völker auf.

Einer von ihnen war der tschechische Herzog Václav (Wenzel) (um 907–935), der ein Vorläufer eines neuen Königtums war. Die Legende erzählt, daß der deutsche König Heinrich I. ihn bei einer Versammlung seines Reichstags in Regensburg in Begleitung von zwei Engeln eintreten sah und darum seinen Platz an ihn abtrat. Wenzel war ein «Gralskönig», durch dessen persönliches Vorbild das Christentum in Böhmen Wurzeln schlagen konnte. Kaiser Karl IV. sah in seinem Ahnen Wenzel seine geistige Inspirationsquelle. Väterlicherseits war er ein Luxemburger, seine Mutter Elisabeth war die letzte Prinzessin aus der tschechischen Dynastie, zu der auch Wenzel gehörte. Der Kaiser war mit verschiedenen Strömungen des esoterischen Christentums verbunden. Seine Beziehung zur Gralsströmung kam in der Gralsburg Karlstein, die er von 1348 bis 1365 bei Prag bauen ließ, auf wunderschöne Weise zum Ausdruck.[50]

Die Legende vom Großinquisitor des russischen Schriftstellers Fjodor Dostojewski (1821–1881) macht auf besondere Weise deutlich, daß die slawische Kultur auf ein ganz neues Christentum wartet. Er ließ Christus zur Zeit der spanischen Inquisition wieder auf die Erde kommen und vom Großinquisitor verhaften. In einem nächtlichen Gespräch des Großinquisitors mit Christus entstand das Bild einer Kirche, die sich dafür entschieden hatte, die Menschen glüklich zu machen, indem sie ihnen die Freiheit abnahm. Dostojewski trat selbst aus voller Überzeugung für ein neues Christentum von Freiheit und Liebe ein. Die Auffassung vieler Russen (z. B. des großen Philosophen Wladimir Solowjow, 1853–1900) ist, daß die heutigen christlichen Strömungen erst unvollkommene Formen des Christentums sind, die in der Zukunft durch das Christentum des Heiligen Geistes verwandelt werden sollen, das mit dem Apostel Johannes verbunden sein wird.

Daß die slawischen Völker teilweise auf Rom und teilweise auf Konstantinopel ausgerichtet sind, hat historische Gründe. Als die griechischen Einflüsse im 9. Jahrhundert von Rom aus in den Osten zurückgedrängt wurden, entstand ein Konflikt zwischen Rom und Konstantinopel über die kirchliche Stellung der slawischen Völker. Es kam zu einer Spaltung, die die Russen, die Weißrussen, die Ukrainer und die Balkanvölker unter den religiös-orthodoxen Einfluß von Konstantinopel und die Polen, Tschechen, Slowaken, Slowenen, Kroaten und die nicht-slawischen Ungarn unter den Einfluß von Rom brachte. Dadurch wurde gleichzeitig die östliche Einflußsphäre der mitteleuropäischen Kultur bestimmt, die bis an das Gebiet der orthodoxen Kirche reichte.

In Rußland wurde das Christentum 988 im Gebiet von Kiew offiziell eingeführt. In Kiew gab es schon eine Kirche mit bulgarischen Priestern. Fürst Wladimir (reg.978–1015) hatte vorher verschiedene Religionen erforschen lassen. Für das byzantinische Christentum entschied er sich, weil seine Abgesandten während des Gottesdienstes in der Hagia Sophia (Kirche der heiligen Weisheit) in Konstantinopel so tief von der Pracht und Schönheit beeindruckt waren, daß sie nicht mehr wußten, ob sie im Himmel oder auf der Erde waren. Die Erfahrung von der Anwesenheit Gottes wurde durch die goldenen Mosaike, die Ikonenwände aber auch durch die byzantinische Liturgie hervorgerufen. In dieser Liturgie herrscht eine überpersönliche Atmosphäre, durch die der Gläubige in mystische Verzückung geraten kann.

Durch die Aufnahme Rußlands in den griechischen Kulturstrom, aber auch in den Strom des bulgarischen Bogomilentums, ist die russische Kultur nicht direkt vom Westen beeinflußt worden. Dadurch hat Rußland eine selbständige religiöse Entwicklung durchmachen können, die dazu geführt hat, daß sich dort ein «Gottesträger-Volk» (wie Dostojewski es nannte), ein «Christusvolk» (nach Rudolf Steiner), entwickeln konnte. Über die Art und Weise, wie dieses Volk sich mit den Impulsen des Christentum verband, hat der russische Schriftsteller Alexander Solschenizyn einmal gesagt, daß es das Christentum so tief und vollkommen in sich aufgenommen hat, daß man es kaum begreifen oder gar beschreiben kann. Das auf dem Land lebende Volk, so Solschenizyn, nannte sich nicht «Bauer», sondern *krestjanin*, was bedeutet: jemand, der das Kreuz trägt. Wie die russische Kultur ihr Kreuz getragen hat und dabei versuchte, das Geistige auf die Erde zu bringen, soll im folgenden weiter ausgearbeitet werden.

Die heilige russische Erde

In der slawischen Kultur sind wir in der Sphäre der Weiblichkeit. Der russische Bauer hatte ein besonderes Verhältnis zur Erde. Er spürte, daß seine Seele mit der Erde verbunden war, für ihn war sie Mutter Erde und zugleich auch Spiegel des Himmels. Die Erde gehörte ihr, und nicht ihm, dem Bauern. Der Boden sollte deshalb nicht verkäuflich sein. Durch das byzantinische Christentum wurde die Erde verchristlicht. Sie wurde zum Leib Christi. Der Bauer lebte mit seinem Heiligenkalender und fühlte sich von den Heiligen begleitet, die im Bauernjahr ihre wichtige, den Erntesegen unterstützende Funktion hatten.

Neben Mutter Erde erschien nun im Christentum ihre «Tochter», die Heilige Sophia.[51] Sie ist die himmlische Weisheit, die lebendige Seele der Natur und des Kosmos, wie sich der russische Mystiker und Philosoph Solowjow ausdrückte. Ihr sind die großen Kathedralen von Kiew und Nowgorod geweiht. Durch die Vorstellung, daß der Mensch im Laufe einer inneren Entwicklung in seiner Seele das reine Bild dieser himmlischen Weisheit schauen kann, bekam die Sophia-Gestalt auch eine menschliche Dimension. Die Sophia wurde damit das Symbol der geläuterten Seele, die mit der Weisheit verbunden ist.

Die Heilige Sophia ist eine der Gestalten, in der Maria im Osten verehrt wird. In Polen erscheint sie als Madonna, die, in der religiösen Erfahrung des Volkes, mit ihrem weißblauen Mantel Polen beschützt. Diese Madonna umhüllt die Seelen und schenkt ihnen geistige Kraft. Als Schwarze Madonna von Schestochowa (Tschenstochau) ist sie mit der Erde verbunden, doch dank ihrer Kraft kann der Mensch mit seinem Denken wieder die Sphäre der himmlischen Weisheit erreichen. Die polnische Erden-Madonna wird dann zur Heiligen Sophia. Auf eine ganz andere Weise ist die Gottesmutter, der Tradition nach, in der Ostsee als geographische Rune anwesend. Die Ostsee wird nämlich als eine knieende Maria-Gestalt gesehen, die ihre Hände beschützend über die baltisch-russische Erde hält.

Eine besondere Verehrung wurde Maria in der Handelsrepublik Nowgorod zuteil. Das ganze Handelsgebiet von Nowgorod zwischen Finnland und dem Ural war ihr als «Land der Heiligen Sophia» geweiht. Vom späten Mittelalter an bis heute gilt dieses unberührte Gebiet als das reine Rußland und als Quelle der geistigen Erneuerung. Die Stadt Nowgorod war das erste Handelszentrum der Waräger (Eidgenossen) aus Skandinavien, die, den alten Chroniken zufolge, auf die Bitte der russischen und finnischen Stämme im neunten Jahrhundert nach Rußland kamen, um Ordnung zu schaffen. Der erste Fürst wurde der Däne Rurik (gest. 879), der eine Dynastie begründete, die bis 1598 über Rußland regieren sollte.

Die Waräger brachten in die russische Kultur ein aktives und ordnendes Element, das mit den Kräften des Ich verbunden ist. Durch ihren Einfluß konnte in Rußland eine Gesellschaft entstehen, die auf dem Stammesverband basierte und nicht auf der Grundlage des Staatsprinzips, wie das im Westen durch das römische Recht der Fall war. In dieser

Situation entwickelte Nowgorod sich zu einer reichen, autonomen Handelsrepublik, die von einer Volksversammlung regiert wurde. Es hatte Verbindungen mit der Hanse und ein Hinterland, das ganz Nordrußland umfaßte. Es konnte seine Unabhängigkeit über drei Jahrhunderte lang bewahren, bis es 1478 vom Großfürsten von Moskau erobert wurde.

Der Kampf mit Asien

Im Laufe der Jahrhunderte sind immer wieder Völker asiatischer Herkunft durch Südrußland nach Europa gezogen. Das begann mit den Hunnen, später sind die Ungarn, die Bulgaren und andere Stämme gekommen. Im 13. Jahrhundert zogen die Mongolen unter der Führung von Dschingis Chan (1167–1227) aus, um Asien zu erobern. 1223 erschienen die mongolischen Reiter an der Grenze des russischen Reiches und erzielten ihren ersten Sieg auf europäischem Gebiet. Dieser Sturm aus den asiatischen Steppen kam 1241 beim westpolnischen Legnica (Liegnitz) zum Stillstand, als sich die Mongolen trotz ihres Sieges zurückzogen, um die Nachfolge ihres Groß-Chans zu regeln. Dieses Ereignis war für die weitere Entwicklung der europäischen Kultur von größter Bedeutung.

Die Mongolen zogen sich nach Rußland zurück, das ab 1245 zu ihrem Vasallenstaat wurde. Nur die Stadtrepubliken Nowgorod und Pskow wurden nicht unterworfen. Durch diese Besetzung wurde Rußland in eine asiatische Spiritualität und in einen asiatischen Kollektivismus getaucht, die in der russischen Kultur tiefe Spuren hinterlassen haben. In der mongolischen Horde, mit ihrer wilden männlichen Kraft, wurde die menschliche Persönlichkeit negiert und absoluter Gehorsam vor dem Anführer gefordert. Gewalttätigkeit, Grausamkeit und Mißachtung der menschlichen Würde sind seit der Zeit der Mongolenherrschaft kennzeichnend für die russische Verwaltung geworden. Während der Zeit des Mongolen-Tatarenjochs war

Rußland vom Westen abgeschlossen und erlebte die kulturelle Blüte, die die Polen, Tschechen, Slowaken, Ungarn, Slowenen und Kroaten in der Renaissance durchmachten, nicht mit. In dieser Periode wurde aber in den Wäldern und Klöstern von Nordrußland die Wiedergeburt Rußlands vorbereitet. Dort lebte der Individualismus und der Respekt vor der Persönlichkeit weiter und war mit einem mystisch-christlichen Leben verbunden, so wie es bei dem heiligen Sergej von Radonesch (gest. 1392) der Fall war. Ein Ausdruck dieser Wiedergeburt war die Blüte der Ikonenkunst. Die zentrale Figur ist hier der Mönch Andrej Rubljow (gest. 1430). Er war Zeuge des Leides, das die Mongolenzeit mit sich brachte und konnte es in ein Verlangen nach Brüderlichkeit und Gemeinschaft, die in der Ikone von der Heiligen Dreifaltigkeit ihren Ausdruck gefunden haben, verwandeln.[52] Die Ikone erscheint hier in ihrer wesentlichen Funktion: als Fenster zur geistigen Welt.

Nachdem Moskau sich 1480 von der mongolischen Gewaltherrschaft ganz befreit und ein neues russisches Reich aufgebaut hatte, lebte der Geist der mongolischen Führerschaft dennoch weiter in dem autokratischen Zarismus von Moskau, der als Erbe des Konflikts mit Asien betrachtet werden kann. Hinzu kam noch die Übernahme der byzantinischen Staatsidee. Das geschah, kurz nachdem Konstantinopel, die Hauptstadt des byzantinischen Reiches, 1453 von den Türken erobert wurde. Dadurch konnte Moskau der Rechtsnachfolger von Byzanz und das neue Zentrum der orthodoxen Kirche werden. Moskau verwandelte sich schon bald in einen neuen Ort des Terrors und der Unterdrückung, so daß es möglich wurde, daß Zar Iwan der Schreckliche (1530--1584) 1570 die freiheitsliebende Bevölkerung der Stadt Nowgorod fast ganz ausrotten ließ.

Demetrius

Nach dem Tode von Iwan dem Schrecklichen brach eine Zeit der Wirren an. In dem Machtkampf rief der Adlige Boris Godunow (1551–1605), der tatarischer Abstammung war, sich zum Zaren aus. 1591 hatte er bereits Dimitri, den Sohn Iwans, ermorden lassen.Jedoch behaupteten manche, daß Dimitri entkommen und in einem Kloster untergebracht war. Tatsächlich gab es in Polen jemand, der behauptete, dieser Demetrius, der Thronfolger und letzte Nachfahre von Rurik zu sein. Nach dem Tode Godunows zog er im Jahre 1605 als 21jähriger in Begleitung von Kosacken und eines polnischen Heeres in Moskau ein, um sich zum Zaren krönen zu lassen. Nach einem Jahr wurde er jedoch ermordet. Wenige Jahre später trat der erste Zar der Romanow-Dynastie dann seine Nachfolge an.

Diese kurze Periode gehört zu einer der rätselhaftesten aus der russischen Geschichte. Demetrius wird als ein flüchtiger Mönch aus einem russischen Kloster beschrieben, dem es gelang, den Reichstag in Polen davon zu überzeugen, daß er der echte Sohn von Iwan sei. Bei seinem Einzug in Moskau begrüßten die Russen ihn mit großer Begeisterung. Für sie war er ein von Gott Gesandter, der gegenüber dem mongolischen Einschlag von Godunow das westliche Element der Kultur der freien Persönlichkeit vertrat. Auch die Witwe von Iwan dem Schrecklichen erkannte diese charismatische Figur als ihren Sohn an. Es kamen jedoch noch andere Interessen hinzu. Demetrius war in Polen katholisch geworden und sollte in Moskau mit der Tochter eines polnischen Adligen in den Bund der Ehe treten. Das bedeutete, daß Rußland mit polnischer Hilfe in eine kirchliche Union mit Rom gebracht worden wäre. Große Teile Rußlands, die von den Polen erobert wurden, waren bereits zum Teil zum Katholizismus übergegangen und jetzt bestand die Gefahr, daß Polen mit Hilfe von Demetrius die Macht ganz übernehmen würde. Friedrich Schiller hat 1805 den Versuch unternommen, die Rätsel um die Person von Demetrius, der selbst von seiner adligen Abstammung überzeugt war, aufzuklären. Bis zu seinem Tode hat er an dem unvollendet gebliebenen Drama Demetrius gearbeitet.[53] Schiller stellt Demetrius als einen Menschen mit großen Qualitäten dar, der sich von Gott berufen fühlte, Rußland zu regieren. Im Bewußtsein dieser Vollmacht konnte er auch wirklich zu demjenigen werden, der er vorgab zu sein. So konnte er sich selbst berufen, um als Zar Rußland aus der Zeit der Wirren zu führen und einen neuen Kurs für das Land einzuschlagen. Für Schiller war er nicht der echte Demetrius, sondern jemand, dem vom Schicksal zugewiesen worden war, dessen Aufgabe zu übernehmen. Als er von seiner wahren Abstammung erfuhr und den Glauben an sich selbst verlor, brach er zusammen und mußte alle Teile seines Wesens wieder neu zusammenfügen, um derjenige zu werden, der er von Natur aus nicht war.

In den Fragmenten zu dem Drama zeigte Schiller dann, was innerlich mit Demetrius geschah. Seine Persönlichkeit spaltete sich, so daß seine ungeläuterte, düstere Seite zum Vorschein kam. Sein Denken, Fühlen und Wollen wurden nicht mehr von seinem Ich zusammengehalten. In dieser Situation suchte er die Witwe von Iwan zu überzeugen, ihn als ihren Sohn anzunehmen und ihr Schicksal mit dem seinen zu verbinden. Da sie zögerte und er auch anfing, die Machenschaften von Polen und der katholischen Konterreformation, die durch ihn an die Macht kommen wollten, zu durchschauen, wurde er ganz auf sich selbst zurückgeworfen. Bei einer Revolte kurz nach seiner Hochzeit wurde er grausam ermordet.

Die neuere historische Forschung zu der Gestalt des Demetrius läßt die Frage offen, ob Demetrius der echte Sohn des Zaren gewesen sei.[54] Er wird als ein selbstbewußter Mensch beschrieben, der versuchte, das autokratische politische System und das System der Leibeigenschaft zu reformieren. Des weiteren traf er Vorbereitungen für einen Feldzug, um Europa vor den Türken zu schützen. Er war jedoch ein Gefangener der polnischen und katholischen Interessen, von denen er sich zu befreien suchte. Seine größte Tragik liegt wohl darin, daß er, auf der Suche nach einer Sophia-Gestalt, an der seine Seele erwachen konnte, von jesuitischen Kreisen mit einer falschen Sophia-Gestalt, der Polin Marina Mnischek, verbunden wurde, durch die sich dunkle Kräfte seiner Seele bemächtigen konnten.

Um Demetrius als historische Figur zu begreifen, muß man sich bewußt machen, daß er in der Zeit der nach außen tretenden Rosenkreuzer-Bewegung lebte und daß möglicherweise deren Impulse anstelle der Impulse der Gegenreformation durch Demetrius ihren Eingang in die russische Kultur hätten finden können. Die geistigen Impulse der Rosenkreuzer sind später doch aus Mitteleuropa nach Rußland gekommen, besonders durch die Schriften des deutschen Philosophen Jakob Böhme, der die russische spirituelle Philosophie des 19. und 20. Jahrhunderts zutiefst beeinflußt hat.

Slawischer Messianismus

Als Ende des 18. Jahrhunderts in Mitteleuropa mit der Romantik eine Erneuerungsbewegung aufkam, begann das slawische nationale Bewußtsein zu erwachen (bei den Tschechen hatte das schon im frühen 15. Jahrhundert angefangen). Dafür ist in wesentlichem Maße Johann Gottfried Herder (1744–1803) verantwortlich, der sich als einer der ersten für die slawische Kultur interessierte.[55] Während seines Aufenthaltes in Lettland sprach er von der Kulturmüdigkeit des europäischen Zeitalters der Aufklärung und nannte Rußland das Zukunftsland des Menschen. Herder rechnete dabei mit der großen, alles aufnehmenden russische Seele. In seinen „ Ideen zur Philosophie der Geschichte der Menschheit" (1784–1791) beschrieb er die Russen als die zukünftigen Träger der höchsten Humanität, die Erlöser und Erneuerer der Menschheit. Er sammelte die Volkslieder der europäischen Völker und übersetzte sie in die deutsche Sprache. In der Sprache und Literatur der Völker erlebte Herder die Tätigkeit ihrer Volksgeister. Nach seinem Vorbild fingen tschechische, slowakische, serbische und russische Gelehrte an, die Lieder, Sagen und Märchen ihrer Völker zu sammeln.

Mit seinen Gedanken war Herder ein Vorläufer der slawischen Romantik, die bei den slawischen Völkern und den Ungarn nicht durch den aufkommenden Materialismus abgebrochen wurde, sondern bis ins 20. Jahrhundert weitergegangen ist. Durch die Musik von Frédérique Chopin (1810–1849), Bedrich Smetana (1824–1884), Antonin Dvorák (1841–1904), Franz Liszt (1811–1886), Béla Bartók (1881–1945), Igor Strawinski (1882–1971) und Pjotr Tschaikowski (1840–1893) und das literarische Werk von Alexander Puschkin (1799–1837), Fjodor Dostojewski und Leo Tolstoi (1828–1910) und vieler anderer hat Europa entdecken können, über welche Zukunftskräfte die noch junge slawische Kultur verfügt.

Spirituelle Motive spielen eine wichtige Rolle in dieser Kultur. Die slawische Kultur will die Welt retten, ihr die Seele zurückgeben, die sie in der Entwicklung der materialistischen Kultur verloren hat. Der slawische Künstler ist darum oft ein Prophet, ein Seher, der aus geistigen Offenbarungen heraus den Weg in eine andere Welt weisen will. Bei dem Höhenflug dieser Prophetien kann die Wirklichkeit jedoch leicht aus dem Blickfeld verlorengehen. Das ist sicher in Polen und Rußland der Fall gewesen, wo in der Literatur eine messianistische Strömung entstanden ist. In Böhmen hat es keine messianistische Philosophie gegeben, sondern eine Strömung, die seit den Tagen von Jan Hus bis zum modernen Dissidententum die Frage nach dem Gewissen und der Wahrheit gestellt hat.

Der polnische Messianismus ist, mehr als der russische, stark individualistisch und philosophisch gefärbt. Der polnische Dichter Adam Mickiewicz (1798–1855), der vorübergehend ein Messianist gewesen ist, sprach kurz nach 1830 über Polen als «den leidenden Christus der Völker», auserwählt, um die Menschheit zu retten. Dieses Leiden wurde durch die Tatsache verursacht, daß Polen im 19. Jahrhundert als Staat nicht mehr existierte und zwischen seinen Nachbarn aufgeteilt war. Im Messianismus kam daher das Bedürfnis nach nationaler Wiedergeburt zum Ausdruck. Er führte zu einer neuen spirituellen Philosophie, die den deutschen Idealismus konkretisieren wollte, z.B. bei August Cieszkowski (1814–1894).[56]

Auch in der russischen Kultur ist eine starke messianistische Strömung vorhanden gewesen. Fjodor Dostojewski war ein typischer Vertreter dieser Strömung. Er sprach über die Russen als «das Volk, das Gott trägt» und das die Aufgabe hat, das Reich Gottes auf Erden zu verwirklichen. Rußland muß die verlorene Harmonie der Kultur wieder herstellen. Das ist möglich, weil der Russe, Dostojewskis Auffassung nach, das Bild des Erlösers in sich trägt und er aus der Tiefe seines Leidens die Kraft dafür schöpft. Alles Leiden kann dennoch als Atmen des Christusgeistes in der menschlichen Seele erfahren werden. Die russische Seele wird in der Literatur als von Aufopferung und Hingabe erfüllt beschrieben. Sie strebt letztendlich nach dem Zustandekommen eines alles umfassenden Ganzen, nach der Einheit und Verbrüderung der Welt in Christus.

Dieses Bruderschaftsideal kam in der Auffassung von der Gesellschaft als einer christlichen Gemeinschaft (sobor) mit einer freien, dezentralisierten Ordnung, in der von niemandem Macht ausgeübt wird, zum Ausdruck. Für Dostojewski war die Herstellung einer solchen Ordnung der Inhalt der «Russischen Idee»: durch ein Wort der Versöhnung wird Rußland die Menschheit in Christus vereinigen. In seiner wunderbaren Rede über Alexander Puschkin am 8. Juni 1880 fand diese Idee ihre schönste Formulierung.[57] Auch bei dem Philosophen Wladimir Solowjow erschien die Gesellschaft als eine religiöse Gemeinschaft, die ein Abbild der göttlichen Dreifaltigkeit in ihrer dreigegliederten Struktur von Kirche (Kultur), Staat (Politisches System) und Gesellschaft (Ökonomie) ist. In dieser Gemeinschaft der Zukunft ist, nach Solowjow, Christus gleichsam das Blut, das alle sozialen Zusammenhänge durchströmt. Eine solche dreigeteilte Vision ist übrigens auch bei manchem polnischen Messianisten zu finden.

Solowjow war der Begründer einer Weisheitslehre (die Sophiologie), die von Sergej Bulgakow (1879–1944) und Pawel Florenski (1882–1937) weiterentwickelt worden ist. Sie ist der Keim einer zukünftigen Philosophie, die sich unmittelbar von der sich in der Menschenseele inkarnierenden Weisheit inspirieren läßt.[58]

Kennzeichnend für die slawische Philosophie ist, daß sie im konkreten Zusammenleben der Menschen und in ihrem Seelenleben die Ausgangspunkte sucht, um die Erde in ein Reich Gottes zu verwandeln. Auf diese Weise will sie das Spirituelle konkret und auf der Erde wirksam werden lassen.

Der Weg von der Erde in den Himmel wird in der russischen Kultur als die Pilgerfahrt zu der unsichtbaren Stadt Kitesch beschrieben. Diese Stadt ist der Legende nach 1239 von Gott vor der Verwüstung durch die Mongolen beschützt worden und im See Swetlojar versunken. Die Pilgerfahrt zur Gralsstadt Kitesch ist ein innerer Weg, auf dem der Mensch seine Seele läutert. Am Ende dieser Reise wird er aufgenommen in eine himmlische Stadt auf Erden, die das Bild von einer neuen sozialen Gemeinschaft der Brüderlichkeit ist, das in der Seele des russischen Menschen lebt und sich auf der Erde verwirklichen will. Dieses Bild ist mit der Bogomilentradition verbunden.[59]

Westlicher Materialismus

Die russische Kultur ist vor allem eine Kultur des Gefühls. Das Denken ist weniger entwickelt und die russische Kultur hat deshalb fast immer anderen Kulturen die formenden Ideen entnommen. Im 9. und 10. Jahrhundert schufen die Skandinavier neue ordnende Formen für das soziale Leben, und aus Konstantinopel wurde die neue christliche Lehre geholt. 1605 schien es für einen Moment, als würde sich in der Demetrius-Periode ein mitteleuropäischer Einfluß geltend machen. Zar Peter der Große (1672–1725) wandte sich ein Jahrhundert später dem Westen zu. Er ging bei holländischen Schiffsbauern und englischen Navigatoren in die Lehre und brachte westliches Denken nach Rußland. 1703 gründete er an der Ostsee die Stadt Sankt Petersburg als ein neues Nowgorod, als neue Hauptstadt für die zaristische Machtexpansion nach Westen. Durch dieses «Fenster nach Europa» strömte die westliche Kultur hinein. Dadurch entstand eine tiefe Kluft zwischen der Oberschicht und der breiten Unterschicht der russischen Gesellschaft. Alte russische Traditionen wurden verboten, die orthodoxe Kirche wurde unter die Aufsicht des Staates gestellt und die Ideen der französischen Aufklärung wurden von der neuen Intelligenz begeistert aufgenommen. Die wegen der Armut bereits vorhandenen starken sozialen Spannungen unter den Bauern nahmen durch dies alles noch zu.

Unter einer Vielzahl von gärenden und untereinander konkurrierenden Ideen bildete sich Ende des vorigen Jahrhunderts die sozialistische Widerstandsbewegung heraus, aus der später Lenin (1870–1924) und seine Bolschewisten hervorgingen. Die materialistische Ideenwelt dieser marxistischen Gruppe war westlichen Ursprungs, und als Lenin 1917 die Macht übernahm, wurde Rußland wiederum über Sankt Petersburg von westlichen Ideen reorganisiert. Ein gewaltsamer Industrialisierungsprozeß kam in Gang und vom westlichen Atheismus wurde der Kampf gegen das orthodoxe Christentum aufgenommen. Dadurch wurde Rußland von seiner christlichen Tradition abgeschnitten und es kam zu einer fast totalen Vernichtung der russischen Kultur mit ihren «weiblichen» Grundkräften. Der russische Sozialismus kann als ein Versuch betrachtet werden, das spirituelle Ideal der Brüderlichkeit auf westlich-materialistischer Basis in die Praxis umzusetzen. Er erkannte das menschliche Ich und sein geistiges Vermögen nicht an und führte so eine erzwungene Brüderlichkeit ein, die eine völlige Umkehrung des russischen Kulturideals war. Der Bruder wurde dabei zum proletarischen Kamerad. So entstand eine Zwangsherrschaft in der westlicher Materialismus gepaart war mit einer Gewalttätigkeit, die an die mongolische Despotie erinnerte. Der alte russische Bauernstand wurde vernichtet und an seine Stelle trat eine in Kolchosen zusammengefaßte manipulierbare Landarbeiterschaft.Während im Bolschewismus einerseits das Mongolentum wiederauf-erstand, zeigten sich im russischen Sozialismus auch pseudoreligiöse Züge. Man könnte sogar von einer Perversion der Sophia-Lehre, des russischen Messianismus und der Suche nach Kitesch sprechen. Der russische Kommunismus war eine Pseudo-Religion mit heiligen Büchern, die ein Paradies verhießen mit einem hierarchischen Priesterstand, mit eigenen Ritualen und einer unfehlbaren Auslegung der Lehre, einer vergöttlichen Trinität von Marx, Engels und Lenin und mit eigenen Vorstellungen von Gut und Böse in der Welt.

Kräfte der Zukunft

In der slawischen Kultur leben Urbilder von Mensch, Natur und Gesellschaft. Der Mensch wurde als Träger eines höheren Wesens, als Christusträger, die Natur als Mutter Erde und die Gesellschaft als eine brüderliche Gemeinschaft, in der die göttliche Dreieinigkeit zum Ausdruck kommen kann, gesehen. Diese Bilder haben ihren Ursprung im esoterischen Christentum.

Das Erleben des Paradieses in der östlichen Liturgie war für Rußland bei seiner Entscheidung für das byzantinische Christentum ausschlaggebend gewesen. Die Welt der Menschen kann so aus der Perspektive des Himmels betrachtet werden und von diesem himmlischen Bewußtsein aus steigen die Bilder von Mensch, Natur und Gesellschaft herunter auf die Erde, so daß diese vergeistigt werden kann. Die russische Kultur ist durch die byzantinische Lithurgie offen für religiöse Ekstase. In gewisser Weise schläft das Selbstbewußtsein der Russen noch, doch kann es im sozialen Leben erwachen. In vielen russischen Legenden kommt dies zum Ausdruck. Das Motiv „ dem Mitmenschen in seiner Not helfen" ist ein wesentliches christliches Element in der russischen Kultur.

Ein anderes christliches Motiv ist das Leiden. Mehr als jedes andere hat das russische Volk leiden müssen und wurde so zum Kreuzesträger unter den Völkern. Allein in 20. Jahrhundert haben ungefähr 100 Millionen Menschen seit der Begründung des Kommunismus durch den Terror Stalins und in den zwei Weltkriegen ihr Leben verloren. In der Erwartung der Russen wird aus all diesem unsagbaren Leid ein neues, christliches Rußland geboren, in dem alles Böse erlöst werden wird. Dieses Motiv kommt, wie das der Brüderlichkeit, aus der Bogomilentradition.

Durch ihr Teilhaben an der Kultur Mitteleuropas haben verschiedene slawische Völker wichtige kulturelle Entwicklungen, vor allem in den Perioden der Renaissance und der Romantik durchgemacht. Aber vor allem war die Periode der sowjetischen Besatzung nach dem Zweiten Weltkrieg wichtig für die Entwicklung eines neuen Bewußtseins. Darauf soll im folgenden Teil dieses Buches näher eingegangen werden. In diesen drei Perioden wurden die slawischen Vorstellungen von Mensch, Natur und Gesellschaft konkreter und bodenständiger als in der russischen Kultur. Hierin wurde das mitteleuropäische Streben nach Individualität sichtbar. Diese Aufhellung der slawischen Kulturbilder schaffte Anknüpfungspunkte für die russische Kulturphilosophie, wie beispielsweise die von Solowjow. Diese umfaßte das Gott-Mensch-Verhältnis , eine Lehre über die Sophia und ein dreigegliedertes Gesellschaftsbild. Diese Weisheitslehre hat sich noch nicht verwirklicht. Sie ist noch nicht inkarniert, aber sie enthält Zukunftskräfte, die konkrete Formen finden müssen, um wirksam zu werden. Seit Beginn des 19. Jahrhunderts schauen Russen voller Sehnsucht nach Mitteleuropa, in der Hoffnung von dort aus Hilfe für die Verwirklichung ihrer spirituellen Ideale zu bekommen. Dieses Hoffen auf eine geistige Verbindung mit Mitteleuropa lebt nach siebzig Jahren Sozialismus weiter.

7. Die Bildung der Seele Europas

Wenn man die Biographie Europas, sofern sie in der Entwicklung der Kultur sichtbar wird, betrachtet, so lassen sich die Entwicklungsprozesse in sechs Perioden von etwa sieben Jahrhunderten unterteilen. Auffallend ist, daß sich bestimmte Prozesse der ersten drei Perioden (der physischen Geburt Europas) in den letzten drei Perioden (der seelischen Geburt) wiederholen.

In der ersten Periode (21.–15. Jahrhundert v. Chr.) konzentrierte sich die Entwicklung der europäischen Kultur auf der Insel Kreta durch den starken Einfluß aus Asien und Ägypten.Griechische Stämme aus dem Norden nahmen das Land erst allmählich in Besitz.

In der zweiten Periode (14.–8. Jahrhundert v. Chr.) befreite sich Griechenland im Kampf um Troja von Asien. Es entstanden Stadtstaaten, die eigene Kulturen entwickelten.

In der dritten Periode (die letzten sieben Jahrhunderte vor Christus) bildete sich das griechische und das römische Selbstbewußtsein. Die griechische und später die römische Kultur gingen ihrem Höhepunkt und größter Expansion entgegen. Seit 776 v. Chr. wurden die olympischen Spiele abgehalten und um 750 wurde Rom gegründet. Die griechisch-römische Kulturepoche (747 v. Chr.–1413 n. Chr.) begann.

In der vierten Periode (die ersten sieben Jahrhunderte nach Christus) wurde Europa durch die germanischen und slawischen Völkerwanderungen neu geordnet. Die Römer und Griechen gaben ihr Erbe an die neuen Stammeskulturen Europas weiter. Das Weströmische Reich zerbrach 476, das Oströmische Reich erst 1453.

In der fünften Periode (8.–14. Jahrhundert) bildeten sich die Völker des neuen Europa. Karl der Große wurde zum «Vater Europas», sein Reich zum Kerngebiet der späteren Europäischen Union. Es entstanden drei Kulturgebiete. Im Süden und Westen wurden Impulse aus der arabischen Kultur aufgenommen, die Mitte setzte sich im besonderen mit dem Erbe Roms (Römisches Recht, römische Kirche) auseinander, im Osten wurde die byzantinische Kultur zur Erzieherin des russischen Volkes.

In der sechsten Periode (seit dem 15. Jahrhundert) hat sich in allen Völkern ein individuelles und ein nationales Selbstbewußtsein gebildet. Das Jahr 1413 ist nach Steiner der Anfang der modernen Kulturepoche. Die europäischen Völker haben um die Hegemonie in Europa gekämpft und die Welt kolonisiert. Die westeuropäische Kultur hat in Nordamerika die Grundlagen für eine materialistische Weltkultur geschaffen, die mitteleuropäische Kultur hat noch zu wenig innere Kraft entwickelt, um ihre Kulturideale zu verwirklichen und die osteuropäische Kultur hat sich in Nordasien ausgebreitet, ist aber noch nicht zum Selbstbewußtsein erwacht.

Aus einer zyklischen Geschichtsauffassung heraus könnte man vorhersagen, daß in der siebten Periode die europäische Kultur untergehen wird, wie die Mittelmeerkulturen in der vierten Periode untergingen. Große Völkerwanderungen nach Europa haben schon angefangen und es ist schon von einer neuen euro-amerikanischen Weltkultur die Rede, in die Westeuropa aufgenommen wird. Der deutsche Philosoph Oswald Spengler (1880–1936) hat schon 1918 vom «Untergang des Abendlandes» gesprochen und ihn für das 22. Jahrhundert vorausgesagt.

Die Zukunft ist jedoch offen für das bewußte menschliche Handeln. Seit Ende des Mittelalters haben viele ein Bewußtsein von der Aufgabe ihres Volkes innerhalb Europas entwickelt und Impulse gegeben, die für die ganze europäische Kultur, ja für die Weltkultur wichtig (gewesen) sind. Bei ihnen erwachte damit allmählich das europäische Selbstbewußtsein. Wenn dieser Prozeß sich fortsetzt, kann das geistige Europa geboren werden. Als einige frühe Vertreter dieses neuen Europas können aus der mitteleuropäischen Kultur genannt werden: Wolfram von Eschenbach, der «Gottesfreund vom Oberland», Kaiser Karl IV., Jan Hus, Christian Rosenkreuz, Wilhelm von Oranien, Rembrandt, J.G. Herder, Goethe, Schiller, Kaspar Hauser und Rudolf Steiner, aus der westlichen Kultur: Heinrich der Seefahrer, Jeanne d'Arc, William Shakespeare und der geheimnisvolle Graf von Saint-Germain, aus der Kultur des Mittelmeerraumes: Franz von Assisi, Dante und Raffael, aus der osteuropäischen Kultur: die Russen Michail Lomonossow, Fjodor Dostojewski, Wladimir Solowjow, und der Bulgare Peter Dunow, aus der nordeuropäischen Kultur: König Gustav Adolf und Dag Hammarskjöld.

Diese Europäer trugen das neue geistige Europa, das sich seiner kulturellen Aufgabe in der Welt bewußt ist, in sich. Europa steht vor der Wahl, ob es Teil einer wirtschaftlichen euro-amerikanischen Weltkultur sein wird oder als West- und Osteuropa umfassende Kulturgemeinschaft eine spirituelle Verantwortung für die Entwicklung der Welt übernehmen will. Eine lebendige europäische Kultur, die ein allgemeinmenschlich-kosmopolitisches Bewußtsein ausbildet, ist dafür notwendig.

Der deutsche Dichter Friedrich Hölderlin (1770–1843) hat Mitteleuropa das «heilige Herz der Völker» genannt. Ausgehend von diesem Motiv kann die Aufgabe der Mitte als die Verbindung der positiven Kräfte der Kulturen Europas verstanden werden. Ein Prozeß des gegenseitigen selbstlosen Austausches von Kulturschätzen (Ideen, Kunst, Literatur, Musik, Lieder, usw.), der den ganzen Kulturorganismus Europas am Leben hält, kann dafür die Grundlage schaffen. Darüber hinaus geht es um Begegnungen zwischen Menschen aus allen Ländern Europas und um das Entdecken der individuellen Seelenqualitäten, die in Begegnungen noch weiter ausgebildet werden können. Der Vergleich von Hölderlin hat natürlich seine Einschränkungen, aber er läßt sich auf fruchtbare Weise verwenden, um das Zusammenspiel der europäischen Kulturen und die Bildung der Seele Europas, die nur in einer harmonischen Begegnung der Kulturen stattfinden kann, zu beschreiben.

Dieses Zusammenspiel kann mit Hilfe einer Völkerpsychologie, die die Seelenqualitäten der einzelnen Völker miteinander vergleicht, noch weiter herausgearbeitet werden. Darüber sind sehr schöne Bücher geschrieben worden.[60] Ein genialer Vorläufer dieser Volksseelenkunde war der große Europäer Friedrich Schiller, der zwischen 1787 und 1805 sieben Dramen verfaßt hat, die wichtigen Vertretern der Völker Europas gewidmet waren: Don Carlos (Spanien), Wallenstein (Böhmen), Maria Stuart (Großbritannien), Die Jungfrau von Orleans (Frankreich), Die Braut von Messina (Italien), Wilhelm Tell (Schweiz), und Demetrius (Rußland). In der gleichen europäischen Gesinnung hat Johann Gottfried Herder seine „Stimmen der Völker in Liedern" (1807) herausgegeben.

Die südlichen Kulturgebiete Europas, wie Griechenland, Italien, Spanien, Portugal und auch der Balkan, sind vor allem Vertreter der Seelenqualitäten des sinnlichen Wahrnehmens. Diese werden in der lebendigen Reaktion auf die Außenwelt, in der Kunst und in ihren Schönheitsidealen sichtbar. Die französische Kultur vertritt mehr die Qualitäten des Gemüts und des rationalen Urteils. Fragen nach Wahrheit und rationaler Ordnung spielen hier eine große Rolle. Bei den Engländern überwiegt die Haltung des objektiven Beobachters der Welt um sich herum. Besonders die Außenwelt ist das Gebiet der Forschung, nicht so sehr die innere Welt der eigenen Persönlichkeit. In der deutschen Kultur ist die Entwicklung des Selbstbewußtseins das zentrale Thema: es geht hier um das Ich, das zur schöpferischen Aktivität kommen soll. Der Philosoph J.G. Fichte nannte das deutsche Volk das Ich-Volk. Daneben steht das russische Volk als das Christus-Volk, das noch einen langen Weg vor sich hat, bevor es ganz aus seiner christlichen Spiritualität heraus leben kann. Bei allen slawischen Völkern ist diese Spiritualität in verschiedenen Nuancen zu finden. Je weiter sie im Osten leben, desto später und unvollkommener sind bei ihnen ein Selbstbewußtsein und ein nationales Bewußtsein entstanden.

Bis zum 19. Jahrhundert vollzog sich die Bildung der Seele Europas auf der Grundlage der christlichen Kultur. Europa hat seine Identität durch das Christentum bekommen, es ist mit den Vorstellungen des Christentums aufgewachsen, so daß seine Kultur von christlichen Elementen durchzogen ist. Auch der moderne Humanismus ist ohne die christliche Tradition undenkbar. Das Christentum hat den seelischen Innenraum gebildet, in dem der menschliche Geist sich manifestieren konnte.

In den einzelnen Kulturgebieten haben sich verschiedene Aspekte des Christentums entwickelt. In der mitteleuropäischen Kultur, aber nicht nur dort, haben Menschen nach einer persönlichen Begegnung mit Christus in der eigenen Seele gesucht. Im Süden Europas ist ein dogmatisches Christentum entstanden, in dem der Geist des Römischen Reiches weiterlebt. Im Westen haben die Kelten Christus als den König der Natur erfahren, wodurch ein kosmisches Christentum die Basis werden konnte, und im Osten war die Erfahrung des Himmels in der Liturgie für den Übergang zum Christentum ausschlaggebend.

In dieser Differenzierung läßt sich eine doppelte Polarität erkennen: keltisches Christentum mit der Gralstradition im Westen gegenüber der russischen Orthodoxie mit der Weisheitstradition im Osten und römisches Christentum mit seiner Dogmatik im Süden gegenüber dem germanischen Christentum, das eine Ich-Begegnung mit dem Christus suchte, im Norden Europas. Im Kreuzpunkt, in der Mitte Europas, haben diese Strömungen einander begegnen können. Die wirkliche Begegnung mit dem östlichen Sophia-Christentum ist jedoch noch weitgehend eine Aufgabe der Zukunft.

Seit dem Mittelalter traten in der Polarität West-Ost bestimmte Einseitigkeiten auf. Die westliche Kultur hat die Neigung, im Umgang mit der materiellen Welt (in der Wirtschaft) und im Erforschen der Natur zum Gefangenen eines materialistischen Weltbildes zu werden, in dem Mensch, Natur und Gesellschaft zu Beherrschungsobjekten degradiert werden. Dabei werden destruktive Kräfte frei, die sich nicht ohne weiteres kontrollieren lassen. Dieser «männliche» Trieb wurde durch die Aufnahme der Impulse aus der arabischen Welt verstärkt. In der slawischen – und besonders in der russischen – Kultur wirkt ein «weibliches» Element. In Rußland blieb die Spiritualität im Kultus der orthodoxen Kirche und in Volksfrömmigkeit befangen, die den Menschen nur sehr wenig dazu anregen, bewußt mit der geistigen Welt umzugehen und sie auf der Erde wirksam werden zu lassen. Die Neigung zum Messianismus, der später auch in pervertierter Form im Bolschewismus auftrat, hängt wohl auch damit zusammen.

Die mitteleuropäische Kultur selbst ist kaum in der Lage gewesen, in dieser Polarität das Gleichgewicht zu finden und durch die Entwicklung eines neues Rechtslebens (aus dem germanischen Recht) zur Lösung der Probleme des Westens und des Ostens beizutragen. Sie mußte sich zuerst vom Erbe des Römischen Reiches befreien und neue soziale Strukturen für eine Gesellschaft freier Menschen entwickeln. Kräfte der Vergangenheit wollten von Rom aus die Seele Europas bilden und in einem dogmatischen und patriarchalischen Christentum gleichsam für immer «mumifizieren».

Dadurch sollte die Geburt des geistigen Europas verhindert werden. Die Aufgabe Mitteleuropas besteht dagegen darin, diese Kräfte zu überwinden und die Kräfte des Westens und des Ostens so miteinander zu verbinden, daß eine «männlich-weiblich» ausgeglichene Seele Europas entstehen und der Geist der Freiheit über Europa herrschen kann.

In Mitteleuropa sind auf dem Kreuzpunkt der vier Kulturströme neue Kulturimpulse entstanden, die über ganz Europa ausstrahlten und so im Laufe der Jahrhunderte zur

Bildung der Seele Europas beigetragen haben. Sie sollen hier zusammenfassend erwähnt werden: der Impuls zur Gründung von Freien Städten, die Verinnerlichung der Gralstradition bei Wolfram von Eschenbach und der Liedkultur bei Walther von der Vogelweide, die mitteleuropäische Mystik, die tschechische und deutsche Reformation der Kirche (Jan Hus und Martin Luther), die spirituelle Naturwissenschaft der Rosenkreuzer und von Goethe (der Goetheanismus), die Romantik und der Deutsche Idealismus mit ihrer spirituellen Anschauung vom Menschen und die Anthroposophie, die Rudolf Steiner am Anfang des 20. Jahrhunderts entwickelt hat.

Auf diese Weise hat sich in der mitteleuropäischen Kultur in verschieden Phasen ein Ideal entwickelt, in dem der Mensch als freie Persönlichkeit, die Natur als ein Buch, das auf spirituelle Weise gelesen werden kann, und die Gesellschaft als selbstverwaltete Gemeinschaft freier Menschen gesehen wird. In diesem Sinn ist das verinnerlichte Christentum immer die tragende Kraft im Konflikt mit der arabisch inspirierten Wissenschaft des Westens und der römischen Kirche gewesen.

Um 1800 konkretisierte sich das mitteleuropäische Kulturideal zum Bildungsideal der vielseitigen geistigen Entwicklung des Menschen. Bildung führt zur Geburt des Ichs. Ihr wurde im Zeitalter der Romantik der höchste Kulturwert beigemessen. Dieses Ideal der Bildung war das größte Geschenk Mitteleuropas an die europäische Kultur. Durch Bildung wollte der mitteleuropäische Mensch seine Seelenkräfte entfalten und seine geistige Potenz verwirklichen. Dieses Ideal stand in einem scharfen Gegensatz zum westlichen Bildungsideal des „gentleman", der gelernt hat, sich in der äußeren Welt anständig zu benehmen.

In der zweiten Hlfte des 19. Jahrhunderts hielt jedoch der Materialismus in Mitteleuropa Einzug und es begann, um mit Nietzsche zu sprechen, die «Exstirpation der deutschen Kultur zugunsten des Deutschen Reiches». Als diese zum totalen Untergang der mitteleuropäischen Kultur führte, wurde es deutlich, daß Deutschland seinen Auftrag verfehlt hatte und daß die ganze europäische Kultur krank geworden war. Anstatt dem Ganzen zu dienen, wollte Deutschland über ganz Europa herrschen. Die Dämonie der Macht sorgte für die Zerstörung der Mitte.

Nachdem dies geschehen war und der Eiserne Vorhang Europa in zwei Teile geteilt hatte, wurden sich viele Menschen bewußt, daß die mitteleuropäische Kultur für das Zusammenspiel der europäischen Kulturen unentbehrlich ist. Auf beiden Seiten des Eisernen Vorhangs, auf der Grenze zwischen Ost und West, erkannten die Erben der mitteleuropäischen Kultur, daß vor ihnen die Trümmer eines Kulturideals lagen, das noch lebensfähig war, aber neu formuliert und impulsiert werden mußte.

Die Keime, die in einer langen Kulturgeschichte geschaffen wurden, mußten, wie ein Weizenkorn, das stirbt, damit es Früchte tragen kann, durch den Tod hindurchgehen. Das war in Mitteleuropa nach dem 30-jährigen Krieg und in der zweiten Hälfte des 19. Jahrhunderts der Fall gewesen. Überall in Europa, aber besonders in Ländern wie Polen, Tschechien, der Slowakei, Ungarn und Slowenien ist nach dem Zweiten Weltkrieg in vielen Kreisen das mitteleuropäische Bewußtsein wieder erwacht. Durch die schweren Prüfungen, die Menschen in Mitteleuropa durchmachen mußten, sind in den achtziger Jahren neue geistige Kräfte erwacht.

Im folgenden Teil, der die Krise der europäischen Kultur im 20. Jahrhundert beschreibt, soll untersucht werden, wie die zentralen Motive der mitteleuropäischen Kultur als Grundlage für eine neue europäische Kultur wieder entdeckt worden sind. Damit ist die mitteleuropäische Kultur nicht mehr geographisch gebunden, sondern überall da zu finden, wo Menschen ein spirituelles Bewußtsein entwikkeln.

Teil II

Der Kampf um die Seele Europas

Rudolf Steiner (1861–1925), Begründer eines neuen allgemein-menschlichen Bildungsweges.

1. Licht in der Finsternis

Am Ende des 20. Jahrhunderts kann der Versuch gewagt werden, das Jahrhundert als Ganzes zu überblikken. Der große Unterschied zwischen den Generationen und den in ihnen lebenden Impulsen gibt einen ersten Eindruck.

Zu Beginn des Jahrhunderts war in Deutschland, aber auch anderswo, eine Jugendbewegung entstanden, die Zehntausende junger Menschen erfaßte. In ihnen lebte das Bedürfnis miteinander und im Einklang mit der Natur eine neue Welt aufzubauen. In Deutschland fiel diese Bewegung dem Nationalismus des Ersten Weltkrieges fast ganz zum Opfer. In der nächsten Generation trat dieser Nationalismus noch stärker hervor. Das starke Bedürfnis nach sozialer Gemeinschaft und einem Führer wurde ihr zum Verhängnis, als Hitler und die anderen europäischen Diktatoren an die Macht kamen. Die Generation nach dem Zweiten Weltkrieg hoffte auf eine Welt ohne Krieg und steckte all ihre Energie in den Wiederaufbau des verwüsteten Europas. Ihre hohen Ideale verflogen jedoch schnell mit dem Beginn des Kalten Krieges und der Angst vor der Atombombe. Der neue Wohlstand erledigte den Rest. Mitte der sechziger Jahre entstand wieder eine neue Jugendbewegung. Zuerst war sie eine Protestbewegung gegen Amerikas Vietnamkrieg, später suchte sie nach Alternativen. Themen wie Frieden, Umwelt und die Dritte Welt wurden zu Diskussionsinhalten. Von besonderer Bedeutung waren die sozialen Impulse dieser Generation. Gegen Ende der achtziger Jahre verlor sich aller Idealismus jedoch augenscheinlich im Karrieredenken und einer mehr pragmatischen Philosophie. Überdies zog die aufkommende Computertechnik die Jugend in ihren Bann.

Die Hoffnung auf ein neues Zeitalter des Lichts, die große Gruppen junger Menschen zu Beginn des 20. Jahrhunderts hatten, kam in einer breiten Erneuerungsbewegung zum Ausdruck. Die Anthroposophie, durch den Österreicher Rudolf Steiner (1861–1925) entwickelt und in die europäische Kultur hineingetragen, brachte großartige geistige Impulse. Steiner verband die Anthroposophie mit dem Wirken des Erzengels Michael, der nach okkulter Überlieferung seit 1879 wieder der Inspirator der Kulturentwicklung geworden ist.

Michael inspiriert das menschliche Denken zur Spiritualität. Das bedeutet, daß der Mensch in seinem Denken wieder zu tiefen geistigen Einsichten Zugang findet. Das intellektuelle Denken des Menschen, das ihn an die Materie bindet, weil es nur die Welt der Materie anerkennt, wird durch des Erzengels Wirken in ein spirituelles Denken verwandelt. Das Ich-aktive Denken kann dann zu einem-Licht werden, das die Finsternis des Materialismus durchbricht und Einsichten in die Wirklichkeit verschafft. Ein spirituelles Denken ist ein Denken mit den Kräften des Herzens, es ist lebendig, menschlich und moralisch, im Gegensatz zum abstrakten, kalten und amoralischen Denken der modernen Wissenschaft.

Die Anthroposophie ist vor allen Dingen ein Erkenntnisweg zur Erweiterung des Bewußtseins.Im 20.Jahrhundert sind aus den Quellen des esoterischen Christentums noch andere Wege für die seelische und geistige Entwicklung des Menschen eröffnet worden. Ich möchte hier auf die «Weiße Bruderschaft» des bulgarischen Geisteslehrers Peter Dunow (1864–1944) hinweisen, dessen Weg an die Geistesströmung der bulgarischen Bogomilen anknüpft, und auf die gnostische Schule des «Goldenen Rosenkreuzes» der Holländer Jan van Rijckenborgh (1896-1968) und Catharose de Petri (1902–1990).

Seit den sechziger Jahren des 20. Jahrhunderts haben auf der ganzen Welt mehr und mehr Menschen die Kraft ihres Ich entdeckt. Auf beiden Seiten des ehemaligen Eisernen Vorhangs haben sie sich in verschiedensten Gruppen (auch weltweit) u.a. für die Verteidigung der Menschenrechte und des geistigen Lebens, für die Natur, für den Frieden und für soziale Erneuerung eingesetzt. Dabei entdeckten sie allmählich, daß sie damit in den Traditionen der mitteleuropäischen Kultur standen. Obwohl Mitteleuropa geographisch verschwunden und seine Kultur in den zwei Weltkriegen untergegangen war, ist es im Bewußtsein vieler Europäer wieder auferstanden.

Zu den Erben dieser Kultur gehörten Menschenrechtsbewegungen wie Charta 77 in der Tschechoslowakei, Solidarnosc in Polen und die vielen Dissidentenkreise. Diese Bewegungen sind zum Teil nach 1989 wieder verschwunden, aber es gibt in ganz Europa Menschen, die versuchen, ihr Leben in solchem Bewußtsein zu gestalten.

Neben diesen europäischen Bewegungen ist in den sechziger Jahren die von Kalifornien ausgehende New Age-Bewegung aufgekommen. Sie beruht hauptsächlich auf asiatischer Spiritualität und will das zukünftige Zeitalter des Wassermanns (Aquarius) vorbereiten. Vom Ursprung her basiert diese Bewegung auf Meditationstechniken und – oft durch Drogen verursachter – Bewußtseinserweiterung. Die Begegnung mit der New Age-Kultur führt zu der Frage, wie sie sich zur mitteleuropäischen Kultur verhält.

Im 20.Jahrhundert hat der Kampf um die Seele Europas apokalyptische Züge bekommen. Er offenbart die Lebenskrise der europäischen Kultur und begleitet die geistige Geburt Europas. In einer Welt, die äußerlich immer mehr auf den Abgrund des Materialismus zugeht, werden die ersten Lichtpunkte des neuen spirituellen Europas sichtbar. Diese Lichtpunkte sind die Geburtsstätten des Geistes, die Zentren einer spirituellen Kultur der Zukunft. Im Folgenden sollen die Schritte, die im 20. Jahrhundert auf dem Wege zu diesem neuen Europa gemacht wurden, weiter beschrieben werden.

2. Die Hoffnung auf ein neues Europa

Die letzten zwanzig Jahre des 19. Jahrhunderts und der Beginn des 20. Jahrhunderts waren durch einen immer größeren Widerstand gegen die Werte der westlichen Kultur gekennzeichnet. Er konzentrierte sich im Deutschen Reich und in Österreich-Ungarn, war aber auch in Frankreich und Italien von Bedeutung. In Mitteleuropa war in den siebziger Jahren des 19. Jahrhunderts die zweite Industrielle Revolution in Gang gekommen und im Zusammenhang damit waren der westliche Liberalismus, Individualismus, Rationalismus und Materialismus stärker in die Kultur eingedrungen. Eine konservative Bewegung, die vor allem von der mitteleuropäischen Mittelklasse getragen wurde, leistete gegen diese Aspekte der modernen Kultur Widerstand.

Eine der Ursachen dieses Widerstands lag in der schnellen Industrialisierung Deutschlands, die ein Jahrhundert später als in England stattfand. In rasend schnellem Tempo wurde Deutschland zu einer urbanisierten, industriellen Nation, wodurch die Verbindung zur Vergangenheit abgeschnitten zu werden drohte. Während 1871 nur ein Drittel der Bevölkerung in den Städten wohnte, waren es 1914 bereits zwei Drittel. Inzwischen war die Bevölkerung auch von ca. 40 auf 70 Millionen angewachsen. Die konservative Reaktion auf diese Veränderungen war ein allgemeines Unbehagen. Die traditionellen Lebensformen und die Verbindung mit der Natur verschwanden und der Widerstand der Landbevölkerung gegen den Kapitalismus verstärkte sich. Ideengeschichtlich gesehen war der Konservatismus in den Werten der Romantik verwurzelt.

Neben dieser konservativen Unzufriedenheit mit der Welt des Fortschritts, der Wissenschaft und der Industrie, gab es auch seitens der Künstler und der Intellektuellen einen Widerstand gegen die Werte der Aufklärung und gegen deren Vertreter, das Bürgertum. Friedrich Nietzsche griff diese Werte an, um einem neuen Menschen, der seine eigenen Werte schafft, Raum zu geben. Diese Revolte war gerichtet gegen den neuen Glauben an die Allmacht der Wissenschaft und das damit zusammenhängende mechanistische Weltbild, gegen den Fortschrittsglauben und gegen die zentrale Rolle des Verstandes. Bei Nietzsche wurden Wille, Gefühl und künstlerisches Empfinden hervorgehoben.

Viele Europäer hatten mit den Werten des Materialismus des 19. Jahrhunderts gebrochen und wollten eine neue Welt entdecken. In der Malerei, der Literatur und der Bildhauerei kam dies in einer Vielzahl neuer Strömungen, wie dem Impressionismus, dem Expressionismus, der Neo-Romantik und dem Symbolismus zum Ausdruck. Künstler wie Auguste Renoir (1848–1919), Claude Monet (1840–1926), Vincent van Gogh (1853–1890), Christian Morgenstern (1871–1914), Gustav Meyrink (1868–1932), Andrej Belyj (1880–1934), August Strindberg (1849–1912) und Auguste Rodin (1840–1917) suchten den Zugang zu einer neuen Wirklichkeit. In der abstrakten Malerei versuchten Wassily Kandinsky (1866–1944), Paul Klee (1879–1940), Piet Mondriaan (1872–1944) und viele andere das Geistige in der Kunst zum Ausdruck zu bringen.

Auch die Jugend – vor allem die deutsche – kam in Bewegung. Es ist sehr interessant, daß gerade aus dem deutschen Mittelstand eine starke Jugendbewegung entstanden ist, die sich gegen die Bürgerlichkeit auflehnte. Junge Menschen zogen hinaus in die Natur, um zu lernen, wie man in Verbundenheit mit der Natur lebt. Volkslieder und Volkstänze wurden wieder entdeckt und man musizierte zusammen. Für diese jungen Menschen war das Wandern in der Natur oft ein erster Schritt zur Vertiefung in das eigene Innere und zur Entdeckung der eigenen Ideale.

In dieser Offenheit für das Geistige haben sich neue Weltanschauungen herausgebildet. Zum Teil sind sie auf die Erfahrungen der Jugendbewegung zurückzuführen. In Pädagogik und Psychologie wurden neue Wege eingeschlagen und neue Ideen für eine natürliche Lebensweise und Naturheilkunde entwickelt. Den Themen von Gemeinschaft und Solidarität wurde neue Aufmerksamkeit geschenkt. In einer Kultur, die von Wissenschaft und Technik überspült wurde, hofften junge Menschen auf eine geistige Kultur, in der der Mensch im Mittelpunkt stehen sollte. Zu Beginn des 20. Jahrhunderts war daher die große Frage, inwieweit die konservative Mittelklasse und die Arbeiterbewegung Mitteleuropas sich dieser neuen Kultur gegenüber öffnen würde.

Die Suche nach einem neuen geistigen Menschenbild

In der mitteleuropäischen Kultur war nach dem Niedergang des deutschen Idealismus noch eine kleine Gruppe von goetheanistischen Wissenschaftlern übriggeblieben, die in einer Zeit des aufkommenden Materialismus am Bild vom Menschen als geistigem Wesen festhielt.[61] Der Hauptstrom wurde jedoch vom naturwissenschaftlichen Denken bestimmt.

In der zweiten Hälfte des 19. Jahrhunderts wurde die westliche Naturwissenschaft auch in Mitteleuropa angewendet, um die menschliche Seele studieren zu können. Im Gegensatz zur Erforschung der Innenwelt des Menschen, die in der Romantik so zentral war, ging es nun um Experimente, die auf der Grundlage von sinnlich wahrnehmbaren Äußerungen der Seele ausgeführt wurden. Dabei kam man oft zu dem Ergebnis, daß die Seele nichts eigenständiges im Menschen, sondern leiblich und von materieller Art sei und daß es keine angeborenen Fähigkeiten und Ideen gäbe. Der wahre Grund dieser Konklusionen war, daß das Innere des Menschen nicht mit naturwissenschaftlichen Methoden untersucht werden konnte und folglich für die Wissenschaft nicht existierte. Der deutsche Philosoph Franz Brentano (1838–1917) wehrte sich gegen diese Gedanken. Er wollte gerade eine Wissenschaft der Seele entwickeln, die den Problemen des Seelenlebens gerecht werden sollte. Daran anknüpfend ist in den zwanziger Jahren in Deutschland eine philosophische Menschenkunde entstanden, die sich mit den Themen Geist und Freiheit auseinandersetzte. In Frankreich führte der Widerstand gegen die wissenschaftliche Erklärung des Seelenlebens ebenfalls zu der Erkenntnis, daß das Geistige im Menschen eine ganz eigene Welt darstellt. Dies ist vor allem dem Werk des Philosophen Henri Bergson (1859–1941) zu verdanken.

Neben dem vorbereitenden Werk von Brentano und Bergson basierte die neue Philosophie vom Menschen, die sich erst in Deutschland und später in Frankreich unter dem Namen des Personalismus präsentierte, auf einer neuen Erforschung des Unterschieds zwischen Mensch und Tier. In der Biologie war die mechanistische Betrachtungsweise des Lebens in eine Krise gekommen. Dadurch wurde es wieder möglich, über ein eigenständiges Lebensprinzip der Seele mit einer ihm eigenen Zweckmäßigkeit zu sprechen.

Ein Vertreter dieser vitalistischen Strömung, der estnische Biologe Jakob von Uexküll (1864–1945), wies 1909 auf den wichtigen Unterschied hin, der zwischen dem ganz an seine Umwelt gebundenen Tier und dem sich frei zur Welt verhaltenden Menschen besteht. Somit wird das Gebiet der Kultur und der geistigen Aktivität vom Menschen bestimmt. Der Philosoph Helmut Plessner (1892–1985) hat diesen Gedanken weiter ausgearbeitet. Seiner Meinung nach ist der Mensch nicht wie das Tier innerhalb der Selbstverständlichkeit seines Daseins fixiert. Er kann sich zu sich selbst in ein Verhältnis setzen und diese Fähigkeit zur Selbstdistanz erhebt ihn über die Natur und macht ihm zum Kulturwesen. Andere Biologen, wie Adolf Portmann (1897–1982) meinten, daß der Mensch sich nicht spezialisiert und sich, im Gegensatz zum Tier, alle seine Möglichkeiten zur Entwicklung offen gehalten hat.

Dieser Gedanke ist bereits im Werk des holländischen Anatomen Louis Bolk (1866–1930) zu finden.

In der Weltoffenheit des Menschen sah der Begründer des deutschen Personalismus, der Philosoph Max Scheler (1874–1928), die Grundlage für den Prozeß der Menschwerdung. Mit seinem Geist kann der Mensch sich von der Gebundenheit an die Umgebung lösen und seinen Trieben ein «Nein» entgegensetzen. Durch seinen Geist unterscheidet er sich grundlegend vom Tier. Von einer Person sprach Scheler, wenn der Geist im Menschen konkrete Formen annimmt, wenn der Mensch in seinem Handeln Werte realisiert. Mit dem Wesen der Person waren für ihn auch Verantwortlichkeit und Solidarität verknüpft. Als Person ist der Mensch weder ein isoliertes Individuum noch ein Massenmensch. Er kann nur in der Gemeinschaft wirklich Mensch sein.

Dadurch wurde der soziale Aspekt des Menschseins sichtbar, der auf ein neues Problem hinwies: das Auseinanderfallen der alten Gemeinschaften und das Aufgehen des Menschen in einer unpersönlichen, bürokratischen Gesellschaft. Das neue spirituelle Menschenbild, das sich seit dem Anfang des 20. Jahrhunderts herausbildete, umfaßte somit auch neue Vorstellungen von Gesellschaft und Gemeinschaft. Auf eine besondere Weise kam das im Ich-Du-Thema des jüdischen Philosophen Martin Buber (1878–1965) zum Ausdruck.

Die Auferstehung des Denkens

Diesem ersten Tasten nach einem neuen spirituellen Menschenbild – in einer Zeit, die vom Materialismus geprägt war – fehlte noch das Vertrauen in das Denken. Das Finden eines solchen Stützpunktes wurde dadurch untergraben, daß man der Fähigkeit des menschlichen Denkens, die Wirklichkeit zu durchdringen und entsprechende Erkenntnisse zu formulieren, mißtraute. Das hing vor allem mit der Entthronung des Denkens im 19.

Jahrhundert zusammen. Das Denken wurde nun als manipulierbarer Prozeß betrachtet, der von den Produktionsverhältnissen bestimmt wird (Marx), dem Willen und Instinkt (Nietzsche) oder der Sexualität (Freud) unterworfen ist. Andere wiederum, wie beispielsweise Scheler, sahen im Gefühl die zentrale Kraft.

Nach diesen Anschauungen ist das Denken nicht mehr das schöpferische Vermögen, das mit dem Fühlen und Wollen verbunden ist und das das Wesen der Dinge durchschaut, wie das in der Romantik und im Deutschen Idealismus der Fall war. Es wurde auf das berechnende, verstandesmäßige Vorgehen reduziert. Die moderne Wissenschaft, die in den vierziger Jahren des 19. Jahrhunderts anfing, leugnete außerdem den geistigen Ursprung von Mensch und Welt und machte den Determinismus zu ihrem Glauben. Die menschliche Existenz wurde seitdem von vielen materialistischen Kategorien abhängig gemacht, wie z.B. von Klassenkategorien (Marx und die Marxisten), natürlicher Selektion und Kampf ums Dasein (Darwin und die Sozialdarwinisten), genetischer Bestimmung (Genetiker), unbewußten Trieben (Freud), Rassenkampf und Verbindung mit Blut und Boden (Rassentheoretiker und Nationalisten).

Rudolf Steiner war der Meinung, daß der Durchbruch des Materialismus im 19. Jahrhundert und die weiteren Katastrophen am Anfang des 20. Jahrhunderts die Folgen eines geistigen Kampfes waren, der zwischen 1841 und 1879 stattgefunden und zum «Sturz der Geister der Finsternis» auf die Erde und in die Seelen der Menschen geführt hatte.[62] Im neuen Glauben der materialistischen Wissenschaft, daß der Mensch nur durch äußere Kräfte bestimmt wird, verbirgt sich nach Steiner zurückgebliebenes und pervertiertes alttestamentliches Denken, das die menschliche Freiheit und den menschlichen Geist verneint. Diese «Geister der Finsternis» sind besonders im Materialismus der Wissenschaft, im Darwinismus, im Marxismus und Bolschewismus, in den Geheimgesellschaften, im kolonialen Imperialismus, im Nationalismus, im Zionismus, im Nationalsozialismus, in rassistischen Bewegungen und in der Eugenik wirksam geworden.

Das Denken war um die Jahrhundertwende außerdem ganz der Erkenntnislehre des Aufklärungsphilosophen Immanuel Kant verhaftet. Er ging davon aus, daß sich der Mensch mit Hilfe eines festen Begriff-Apparates Kenntnisse von der Wirklichkeit erwirbt und daß er nicht in der Lage ist, die Wirklichkeit so wie sie ist zu erkennen. Die Wirklichkeit wird gleichsam wie durch eine Brille gesehen. Spätere Entwicklungen in der Erkenntnis- und Wissenschaftslehre haben gezeigt, daß man mit jeder Theorie eine andere Brille aufsetzt. So würde die Wirklichkeit letztendlich immer von unseren Vorstellungen und Interpretationen verformt werden. Unser Wissen würde dann nicht auf wahrer Erkenntnis beruhen, sondern auf Thesen, die von den Forschern in der Praxis verifiziert oder falsifiziert werden.[63] Die Wirklichkeit löst sich dann auf in Modelle, die wir von ihr konstruieren.

Die These der modernen Wissenschaftsphilosophie, daß unser Erkennen keine endgültige Sicherheit gibt und daß wir nicht ohne Brille die Wirklichkeit betrachten können, scheint nicht zuletzt mit bestimmten theologischen Traditionen, die von dem frühchristlichen Kirchenvater Augustinus beeinflußt sind, zusammenzuhängen. Besonders in der protestantischen Tradition nimmt man an, daß unser Denken durch den Sündenfall korrupt wurde und daß wir für wahre Erkenntnisse von Glaubensoffenbarungen abhängig sind. Wenn sich die Reformation dabei auf Paulus beruft, so ist das nicht berechtigt, denn Paulus ist gerade, so wie Albert Schweitzer (1875–1965) das in seinem Buch über die Mystik des Apostels Paulus beschrieb, der «Schutzheilige des Denkens im Christentum».[64] Paulus hat in seinem ersten Brief an die Korinther (13, 9-12) auf die Erlösung und Auferstehung des Denkens aus dem Sündenfall durch Christus hingewiesen. Er sprach davon, daß unser Erkennen noch Stückwerk ist, daß wir «in einem Spiegel alles in dunklen Konturen» sehen, aber daß wir zur wahren Erkenntnis gelangen werden, in der Erkennen und Erkanntwerden eines sind. Das Erkennen wird dann zur Kommunion mit dem Erkannten werden.

Rudolf Steiner hat darauf hingewiesen, daß bei Goethe bereits der Ansatz zu einem solchen Erkennen vorhanden war und daß er das intellektuelle Denken überwunden hatte.[65] Während wir nach Kant und der modernen materialistischen Wissenschaft nur aufgrund dessen, was sich in der Erfahrung unseren Sinnen darbietet, zu Erkenntnissen kommen, ging Goethe von der sinnlichen Wahrnehmung aus und kam zu einem «anschauenden Denken», mit dessen Hilfe man die Idee, die als geistiges, schaffendes Prinzip in der Wirklichkeit vorhanden ist, «mit Augen schauen» kann. In seinen Forschungen nach der Urpflanze hat er genau das getan und beschrieben.

Diesen Ansatz von Goethe hat Steiner in seinem philosophischen Werk fortgesetzt. Seiner Anschauung nach entsteht die volle Wirklichkeit erst dann, wenn wir Beobachtung und Denken miteinander verbinden, wenn wir in unserem Denken den Gegensatz zwischen uns und der Außenwelt überwinden und so zu wirklichen Erkenntnissen kommen. Während die Sinne uns nur die halbe Wirklichkeit zeigen und die Begriffe der Wissenschaft nur Namen für die Dinge sind, versuchte Steiner, dem Denken wieder zur ganzen Wirklichkeit Zugang zu verschaffen. Dafür ist der aktive Einsatz des Ich, das in der modernen Wissenschaft tatsächlich keine Rolle spielt, notwendig.

Durch die schöpferische Aktivität des menschlichen Ich kann das Denken zu einem Licht werden, mit dem die Finsternis einer nur an der Materie erfahrenen Wirklichkeit überwunden werden kann. Steiner sprach hier über die Vergeistigung des Denkens, die ermöglicht wird, wenn das Licht des Denkens mit der Wärme und dem Enthusiasmus des Herzens verbunden wird. Die materialistische Wissenschaft wird vom kalten, intellektuellen Kopf-Denken hervorgebracht. Damit kann nur die materielle Außenseite der Dinge erkannt werden. Um zu der geistigen «Innenseite» Zugang zu bekommen, muß unser Denken wieder lebendig und schöpferisch werden. Es muß ein Denken «mit dem Herzen», ein innerlich durchlebtes Denken werden, dem wir im Innern zustimmen können, weil unser Wahrheitsgefühl unsere Gedanken als wahr erlebt.Zu einem solchen Denken, das den Kampf gegen den Materialismus aufnimmt, will, nach Rudolf Steiner, der Erzengel Michael den Menschen seit 1879 inspirieren.

Dieses Denken mit dem Herzen geht auf eine alte Tradition zurück, mit der auch der schon erwähnte französische Philosoph Pascal verbunden war. Und in einem seiner Gedichte spricht Goethe aus: «Lerne denken mit dem Herzen und lerne fühlen mit dem Verstand.»

In seinem Buch «Die Philosophie der Freiheit» (1894) entwarf Steiner die Grundlinien eines neuen freien Menschenbildes.[68] Diese Freiheit bezieht sich sowohl auf das Verhältnis zur Wirklichkeit, die sich nur mit Hilfe der freien menschlichen Aktivität des Denkens erkennen läßt, als auch auf das moralische Handeln des Menschen. Dabei gilt, daß der freie Mensch kein Sklave seiner vorgeschriebenen Pflichten oder seiner eigenen Neigungen sein muß, sondern daß sein Handeln von seinen eigenen moralischen Intuitionen, seiner liebevollen Einsicht in das, was getan werden muß, bestimmt werden kann. Nur wenn der Mensch aus Liebe handelt, ist er frei, sagte Steiner. Für die Wissenschaft bedeutet dies, daß das Denken des Wissenschaftlers nicht von seinem moralischen Handeln getrennt werden kann. Die moderne Diskussion über die ethische Verantwortlichkeit des Wissenschaftlers hat zu derselben Schlußfolgerung geführt. Das Buch «Die Philosophie der Freiheit» ist ein Meilenstein in der Entwicklung des europäischen Denkens. Es befähigt den Menschen, aus den

Kräften seines Ich heraus in seinem Denken und seinem Willen die Freiheit zu erobern, von der bereits Paulus sprach. In der Welt des Alten Testaments galt, daß der Mensch dem Gesetz von Moses zu gehorchen hat. Später ergänzte Augustinus diese Vorstellung vom unfreien Willen durch die Vorstellung vom ebenfalls durch den Sündenfall korrupt gewordenen natürlichen Denken, das nur zur Wahrheit gelangen kann, wenn die Seele durch das göttliche Licht erleuchtet wird. In der mittelalterlichen arabischen Kultur wurde gleichfalls angenommen, daß das Denken und der Wille des Menschen ohnmächtig seien, weil das Bewußtsein vom freien Ich dort nicht vorhanden war. Die Reformation folgte der Lehre von Augustinus und kollidierte dabei mit dem modernen Freiheitsbewußtsein, das zu Beginn des 16. Jahrhunderts von Erasmus von Rotterdam verkörpert wurde. Auch die materialistische Wissenschaft bestätigt die Unfreiheit des Menschen.

Steiner hat diesen Konflikt um die Denk- und die Willensfreiheit gelöst, indem er im Denken den Weg zum Herzen gewiesen und im Willen Raum für die moralischen Intuitionen des Herzens geschaffen hat. Sein Buch ist ein Übungsbuch für die Entwicklung eines freien Denkens, das nicht an sinnliche Vorstellungen gebunden ist, und eines moralischen Willens, der von Begierden, Leidenschaften und Willkür frei ist.

Die Anthroposophie

Ausgehend von seiner Freiheitsphilosophie hat Rudolf Steiner seit dem Anfang des 20. Jahrhunderts am Aufbau einer neuen Geisteswissenschaft, die er als «Anthroposophie» bezeichnet hat, gearbeitet. Wörtlich bedeutet dies die «Weisheit vom Menschen», aber Steiner nannte es «das Bewußtsein vom Menschentum». Es ist das Bewußtsein der erneuernden Wirksamkeit Christi in der menschlichen Seele, der Natur, der sozialen Welt und der Geschichte. Die Anthroposophie ist nicht nur eine Bewußtseinsebene, sie ist nach Steiner auch ein geistiges Wesen, Sophia, das in der menschlichen Seele zur Wirksamkeit kommen möchte. Die Anthroposophie möchte, so sagte er einmal, die Seele der modernen Zivilisation sein, d.h. sie möchte als zeitgemäßes Bildungsprogramm das Bewußtsein des neuen geistigen Europas inspirieren.

Steiner beschrieb die Anthroposophie als einen Weg der Erkenntnis, der das Geistige im Menschen mit dem Geistigen in der Welt verbinden will. Indem er diesem Weg folgt, kann der Mensch als geistiges Wesen wieder in einem neuen spirituellen und wissenschaftlichen Weltbild seinen ihm gebührenden Platz bekommen. Die Anthroposophie baut auf das auf, was in der mitteleuropäischen Kultur in verschiedenen Schritten erreicht worden ist. Sie ist die reife Frucht einer langen Kulturentwicklung und der Keim zu einer neuen geistigen Kultur. Einflüsse aus dem Gedankengut von Aristoteles und Paulus, aus dem Gralsstrom und der Rosenkreuzerbewegung sind deutlich darin zu erkennen. Mit ihrem Schulungsweg zur Vergeistigung des Denkens erfüllt sie die Hoffnung auf ein spirituelles Bewußtsein, die um 1800 wachgeworden war. Es ist ein individueller Schulungsweg, auf dem bestimmte Fähigkeiten Schritt für Schritt übend erobert werden können.

Für einen materialistisch eingestellten Wissenschaftler ist das Prinzip der Anthroposophie schwer vorstellbar, zumal das westliche Kulturideal, das ihn in seinem Denken geprägt hat, wenig Raum für die Erfahrung des Geistigen in Mensch, Natur, Gesellschaft und Geschichte läßt. Daß der Mensch durch seine Erziehung und sein Erbgut bestimmt wird, daß in der Natur sich das Lebendige aus dem Toten entwickelt und daß die Kultur von gesellschaftlichen Faktoren bestimmt wird, ist für ihn ganz selbstverständlich, obwohl diese Thesen sehr fragwürdig sind. Auch für einen Gläubigen können hier Schranken sein, die mit dem Gedanken, daß das Geistige in den Offenbarungen der Heiligen Schrift oder in Dogmen definitiv festgehalten ist, zusammenhängen.

Das heißt nicht, daß das Wissen, das dem Menschen durch die Geisteswissenschaft zugänglich wird, auf Phantasie beruht. Steiner sagte ausdrücklich, daß das neue Denken an der Logik und der modernen Naturwissenschaft geschult werden muß. Diese Logik und ein klares Unterscheidungsvermögen sind die Voraussetzungen, um auch in der übersinnlichen Beobachtung exakt und objektiv wahrnehmen zu können. Dieser Schulungsweg ist umfassender als die Ausbildung des intellektuellen Denkens.

In dieser Schulung, die zugleich eine moralische ist, werden, nachdem das Denken, Fühlen und Wollen vom Ich des Menschen unter Kontrolle gebracht worden sind, neue Wahrnehmungsorgane entwickelt, um die innere und äußere Natur und deren Zusammenhang erkennen zu lernen. Auf diese Weise können Erfahrungen und Erkenntnisse des täglichen Lebens vertieft werden.

Auf Grund seines geistigen Vermögens war Steiner in der Lage, ausgehend von den Problemen und Fragen seiner Zeit, kulturerneuernde Impulse zu geben. Bei diesen Impulsen ging es immer darum, dem Menschen auf seinem Entwicklungsweg zu helfen. Dabei fällt auf, daß viele von Steiners erneuernden Ideen Ansätze anderer mitteleuropäischer Erneuerungsbewegungen in der Menschenkunde, der Pädagogik, der Medizin, der Architektur usw. enthielten oder parallel dazu verliefen, aber in wesentlichen Punkten weiter gingen, u.a. durch Schulungswege.

Weil Steiner seine Erkenntnisse auf ein geistiges Denken gründete, das an der modernen Naturwissenschaft geschult ist und auf den Ich-Kräften basiert, kann man sagen, daß er mit seiner Anthroposophie den spirituell-wissenschaftlichen Kern der mitteleuropäischen Erneuerungsbewegung zu Beginn dieses Jahrhunderts gebildet hat. In der Anthroposophie lag die Möglichkeit, die verschiedenen Sucher nach geistiger Erneuerung miteinander zu verbinden. Daß diese Integration nicht zustandekam, hat zweifelsohne zum weiteren Zusammenbruch der mitteleuropäischen Kultur nach 1933 beigetragen.

Zwischen 1902 und 1925 hat Steiner die Anthroposophie in Etappen von etwa sieben Jahren in die europäische Kultur hineingetragen.[67] In der ersten Phase hat Steiner die neue Geisteswissenschaft begündet durch die Entwicklun eines neuen christlichen Menschenbildes und eines neuen Entwicklungsweges zur praktischen Schulung der Seele. In der zweiten Periode schuf er neue Formen der Kunst: die Mysteriendramen, die Eurythmie als neue Bewegungskunst, neue musische und bildende Künste und den Ansatz zu einer organischen Architektur. In der dritten Phase ist die Antroposophie nach außen getreten. Ausgehend von den Fragen der Zeit hat Steiner die Idee der «Sozialen Dreigliederung» entwickelt, die im folgenden Abschnitt behandelt wird, und die Ansätze zu neuen Wissenschaften, die in der Waldorf-Pädagogik, der Heilpädagogik, der biologisch-dynamischen Landwirtschaft, der anthroposophischen Medizin und Pharmazeutik und in den spirituellen Naturwissenschaften eine erste Form bekommen haben. Durch die Aktivitäten, die daraus entstanden sind, ist die Anthroposophie bekannt geworden. In der letzten Phase hat Steiner an dem Aufbau einer neuen anthroposophischen Gesellschaft gearbeitet, in der für die Anthroposophen die Möglichkeit gegeben sein sollte, eine neue Kultur mitzu gestalten. Grundlage dieser Arbeit sollte das Einweihungsprinzip sein, das in den Mysterienstätten des Altertums das ganze Leben bestimmte und in dem Eingeweihte (Priester und Könige) die Führung innehatten. Durch ihre Einweihung (das Öffnen höherer Wahrnehmungsorgane, um mit der Welt der geistigen Mächte in Verbindung zu treten) empfingen sie die Inspirationen, die sie für die Erfüllung ihrer Aufgaben brauchten. In den Jahrhunderten vor Christi wurden die Einweihungsschulen mehr und mehr dekadent. Erst am Ende des Mittelalters wurden von Rosenkreuzern neue Einweihungswege entwickelt die dem modernen Bewußtsein entsprachen und die von Steiner weiterentwickelt wurden.

Die vierte Phase hat wegen des unerwarteten Todes von Steiner 1925 nur ein Jahr gedauert und war nicht ausreichend, um eine moderne und offene Gesellschaft mit neuen Schulungs- und Einweihungswegen aufzubauen. Die Anthroposophie war noch längst nicht ausgereift, sie wurde eher dogmatisiert. Zwischen den verschiedenen Gruppen kam es nach 1925 zu heftigen Konflikten, und bei der Spaltung im Jahre 1935 verlor die Gesellschaft ihre wirksame Kraft. Ab Ende der fünfziger Jahre wurden die Gegensätze überwunden, so daß die Anthroposophie wieder an der Kulturentwicklung teilnehmen konnte. Der Nationalsozialismus und der Materialismus der Nachkriegszeit hatten jedoch inzwischen ihr zerstörerisches Werk vollbracht und die anthroposophischen Initiativen konnten nicht mehr die kulturerneuernde Rolle einnehmen, die Steiner von ihnen erwartet hatte. Nach einem Jahrhundert ist der ursprüngliche Impuls der Anthroposophie in den offiziellen Strukturen weitgehend festgefahren oder verwässert und müßte neu gefaßt werden.

Neben seinem Einsatz für die Entwicklung der Anthroposophie hat Steiner, auf die Bitte einiger Pfarrer und Theologiestudenten hin, zur Begründung der «Christengemeinschaft» im Jahre 1922 wesentlich beigetragen. Das ist eine Bewegung, die unter anderem eine Erneuerung der christlichen Sakramente und der Theologie beinhaltet. Die Anthroposophie selber ist keine Religion, sondern eine Geisteswissenschaft. Eine sehr überraschende Darstellung hat Steiner in Bezug auf die Wiederkunft Christi und die Apokalypse gegeben. Er sagte voraus, daß 1933 ein Prozeß beginnen würde, der etwa 2500 Jahre dauern und in dem der Christus in der Sphäre der Lebenskräfte der Erde (im Bereich des «Ätherischen») für diejenigen, die ihn mit den Fähigkeiten eines neuen Hellsehens und eines ausgebildeten Gewissens wahrnehmen können, wieder sichtbar werden würde. Diese Wiederkunft Christi können, so sagte Steiner voraus, Menschen bemerken, die vom Christus getröstet werden und Rat und Hilfe bekommen.[68] Tatsächlich gibt es seitdem aus vielen Ländern Berichte von Erfahrungen, die auf solche Begegnungen mit Christus hinweisen.[69]

Steiner machte auch darauf aufmerksam, daß falsche Führer und Messiasgestalten im Vollzug der sogenannten «Ölberg-Apokalypse» oder «kleinen Apokalypse» (Markus 13, 19-32), die nach Steiner sich auf unsere Zeit beziehen, auftreten würden. In einem Kurs über die Apokalypse des Johannes sprach er am 20. September 1924 über das Jahr 1933: «Man würde im Sinne des Apokalyptikers sagen: Ehe denn der ätherische Christus von den Menschen in der richtigen Weise erfaßt werden kann, muß die Menschheit erst fertig werden mit der Begegnung des Tieres, das 1933 aufsteigt.»[70] Ohne Zweifel deutete Steiner hier auf Erscheinungen hin, die mit dem Nationalsozialismus zusammenhängen, aber auch mit anderen Phänomenen der Zeitgeschichte. Das wird uns im nächsten Kapitel noch beschäftigen.

Soziales Chaos

In der zweiten Hälfte des 19. Jahrhunderts zeichneten sich in Mitteleuropa verschiedene neue Probleme ab, die einer Lösung bedurften. Rudolf Steiner hat sich intensiv mit diesen Fragen befaßt, die sich als die deutsche, die slawische und die soziale Frage benennen lassen. Die erste Frage war entstanden, nachdem es dem deutschen Bürgertum nicht gelungen war, eine neue politische Struktur für die Gebiete des alten Deutschen Reiches zu bestimmen. Dadurch konnten die Gegensätze zwischen Preußen und Österreich dazu führen, daß ein neues Deutsches Reich ohne Österreich gebildet wurde. Formell war dieses Reich, das faktisch ein Groß-Preußen war, ein Bundesstaat von Fürstentümern, in der Praxis war es jedoch ein zentral regierter, bürokratischer Einheitsstaat. Mit der tausend Jahre alten föderalen Tradition der regionalen Selbstverwaltung und den selbstverwalteten gesellschaftlichen Institutionen, wie sie beispielsweise in den Freien Städten entstanden waren, wurde gebrochen. Das neue Deutschland ließ sich zu einem militärischen und wirtschaftlichen Wettlauf mit England und Frankreich verleiten und wurde so zu einem Rivalen, der ausgeschaltet werden mußte.

Die slawische Frage war vor allem ein österreichisches Problem. In das Königreich Österreich-Ungarn waren viele Nationalitäten aufgenommen worden, unter denen die Deutschen und die Ungarn eine bevorzugte Stellung hatten. In slawischen Gebieten (Südpolen, Böhmen und Kroatien) wurde der Ruf nach nationaler Selbstverwaltung immer lauter. Die slawische Frage wurde noch brennender, als das Kaiserreich sein Gebiet um Bosnien-Herzegowina erweitern wollte und dabei in Konflikt mit Serbien kam. Zu Beginn des Jahrhunderts wurde zwar erwogen, auch den Slawen eine bevorzugte Stellung einzuräumen, aber dieses Vorhaben wurde nicht rechtzeitig ausgeführt. Im Habsburgischen Reich widersetzten sich vor allem die Ungarn einer Lösung, die in der Tradition gelegen hätte: das Errichten einer mitteleuropäischen Föderation, in der zugunsten eines freien Verbandes der Zusammenarbeit von den verschiedenen Völkern alle hierarchisch-feudalen Strukturen aufgelöst worden wären. Die Industrialisierung Deutschlands hatte ein rechtloses Proletariat geschaffen, das sich in Gewerkschaften und politischen Gruppierungen organisierte, um seine Belange zu sichern. Das deutsche Bürgertum reagierte darauf feindlich und suchte bei konservativen Gruppen Schutz. Die Folge davon war, daß sich die besitzenden Klassen auf ein konservativ-nationalistisches Programm, das nicht zur Lösung der neuen sozialen Frage beitrug, festlegten. Nach der erfolgreichen Machtübernahme der Kommunisten in Rußland brachen 1918 dann auch in Deutschland Aufstände aus. In vielen Städten wurden Arbeiter- und Soldatenräte gebildet. Das geschah auch in anderen europäischen Ländern.

Die ersten zwei Fragen, die deutsche und die slawische, haben bei der Entstehung des Ersten Weltkrieges eine wesentliche Rolle gespielt. Als Folge des für Deutschland und Österreich-Ungarn ungünstigen Kriegsverlaufes wurde die Lösung dieser Fragen von den Gegnern, namentlich den Vereinigten Staaten, diktiert. Das «Friedensprogramm für Freiheit und Demokratie» des amerikanischen Präsidenten Woodrow Wilson (1856-1924) von 1917 zielte auf die Verwirklichung von westlichen Ideen, wie die parlamentarische Demokratie, und das Prinzip der nationalen Selbstbestimmung der Völker in Europa. Dieses Programm hat die Entwicklung zur Selbstverwaltung und zu föderativer Zusammenarbeit abgeschnitten und außerdem hat jedes neugebildete Land Minderheiten aller Nachbarvölker aufgebürdet bekommen, weil es im Osten Mitteleuropas ein starkes Nationalitätengemisch gab.

Rudolf Steiner sah in diesem amerikanischen Programm eine Inspiration der «Geister der Finsternis»: eine Bedrohung für die mitteleuropäische Kultur und einen Versuch, Mitteleuropa in die englisch-amerikanische Weltherrschaft aufzunehmen. Den westlichen Parlamentarismus empfand er als Mittel, um den westlichen Wirtschaftsimperialismus zur Geltung kommen zu lassen. Als Antwort verfaßte er 1917 ein Memorandum zur Dreigliederung des sozialen Lebens und ließ es einigen führenden Politikern zukommen. Es war als Ansatz zu einem mitteleuropäischen Friedensprogramm gemeint.[71]

Steiner ging es nicht um die Selbstbestimmung der Völker, sondern um die Befreiung des individuellen Menschen und um das Freisetzen seiner schöpferischen Kräfte. Die Struktur des sozialen Lebens müßte dementsprechend angepaßt werden, denn das Individuum ist von mitteleuropäischen Gesichtspunkten aus wichtiger als der Staat oder das Volk. Das könnte, Steiners Auffassung nach, realisiert werden, wenn im sozialen Leben ein Unterschied zwischen Kultur (Wissenschaft, Kunst, Religion, Bildungswesen, Rechtsprechung), Politik und Wirtschaft gemacht werden würde. Durch die Ich-bewußte Aktivität von individuell Betroffenen in ihren selbstverwalteten Institutionen könnten diese drei Gebiete sich autonom – jedes mit seinen eigenen regulativen Prinzipien (Freiheit, Gleichheit und Brüderlichkeit) – organisieren.[72]

Steiner hoffte, mit dieser mitteleuropäischen Alternative zum Programm von Wilson und zum Sozialismus von Lenin zur Lösung der drei hier genannten Fragen beitragen zu können. Weil die Politiker diese Ideen nicht aufgriffen, trat er 1919 damit nach außen in der Hoffnung, daß eine Volksbewegung entstehen würde, um sie zu realisieren. In einer weiteren praktischen Ausarbeitung knüpfte er an die Fragen von Unternehmern und Arbeitern nach neuen Organisationsformen, Arbeiterräten und einem vom Staat unabhängigen Bildungswesen an.

Der Zusammenbruch Mitteleuropas

Ab Ende des 19. Jahrhundert wurde «Mitteleuropa» die Bezeichnung für das deutsches Herrschaftsgebiet. Als erster sprach Rudolf Steiner zu Beginn des Ersten Weltkriegs über Mitteleuropa als ein Kulturgebiet, das sich durch ein Streben nach Individualität auszeichnet und in der Lage wäre, eine neue Geisteskultur hervorzubringen. In der Jugendbewegung zu Beginn dieses Jahrhunderts lebte die Hoffnung auf eine solche neue mitteleuropäische Kultur. Steiner war sich als einer der wenigen bewußt, daß so eine Kultur ihre eigenen sozialen Formen braucht, um sich frei entwickeln zu können und daß sie von der Vormundschaft von Staat und Wirtschaft frei sein mußte. Darin knüpfte Steiner an die historische Entwicklung der mitteleuropäischen Kultur mit ihren Freien Städten und selbstverwalteten Institutionen an.

In derselben Zeit wurde Mitteleuropa in einem Buch des

sozialen Reformers Friedrich Naumann aus dem Jahre 1915 als politisches Konzept dargestellt. Dieser schlug eine Konföderation der mitteleuropäischen Staaten vor, um die Mitte gegen den Osten und den Westen zu verteidigen. Naumann trat auf als ein Konservativer, der, vor allem in kulturellen Angelegenheiten, an der lokalen Autonomie festhalten wollte und seine Bedenken gegen die westlichen politischen und wirtschaftlichen Entwicklungsmodelle anmeldete. In diesem Konservativismus lag eine Abkehr von der individuellen Entwicklung verborgen, er wollte den Menschen in seinen sozialen Gruppen abschließen.

Die sozialistischen Reaktionen auf die Dreigliederungsbewegung Steiners waren gleichfalls abweisend. Die Gewerkschaften und linken Parteien wollten, anstelle der Befreiung des individuellen Menschen im Sinne Steiners, die Kontrolle über die Masse. Wegen dieser ganz anderen Ambitionen und des Widerstands der etablierten wirtschaftlichen und politischen Mächte strandete die Dreigliederungsbewegung.

Mitteleuropa fand nicht die geistige Kraft, um neue soziale Formen zu entwickeln. Dies führte zu einer weiteren Erstarrung des kulturellen Lebens. Die konservativen Strömungen gerieten nach dem Ersten Weltkrieg in nationalistisches Fahrwasser und auch innerhalb der Jugendbewegung wurde der Nationalismus dominierend. Weil der Boden für neue Ideen nicht vorhanden war, entstand in Mitteleuropa ein geistiges Vakuum, in dem sich ab 1917 überholte nationalistische und rassistische Ideen ausbreiten konnten, die Deutschland in einen neuen Krieg hineinzogen. Unter dem Motto «Du bist nichts, dein Volk ist alles» wurde das deutsche Volk vom Massenwahn des Nationalsozialismus mitgerissen, der in jeder Hinsicht das Gegenteil von dem erreichen wollte, wonach in der mitteleuropäischen Kultur gestrebt wurde. Das freie Denken wurde dem Willen und den Instinkten untergeordnet.

An die Stelle eines neuen spirituellen Europas trat das

nationalsozialistische Konzept eines «Neuen Europas», in dem geistige Finsternis herrschte und das Christentum vernichtet werden sollte. Mitteleuropa hatte seine politische Daseinsberechtigung verloren und das wurde nach dem Untergang des Dritten Reiches mit der Teilung Europas bekräftigt.

3. Der Abstieg in die «Unterwelt»

Seit Ende des 19. Jahrhunderts wird es immer deutlicher, daß die moderne Kultur eine ganz neue Wirklichkeit erschließt, die hier bereits als «Unterwelt» angedeutet worden ist. Im Kommunismus und Nationalsozialismus wurde diese «Unterwelt» auch im Äußeren sichtbar. Der Mensch schafft diese «Unterwelt» mit technischen Mitteln. Mit dieser «Unterwelt» ist zu gleicher Zeit eine grundlegend andere Auffassung vom Menschen, der Natur und dem sozialen Leben entstanden.

Der Abstieg in die «Unterwelt» läßt sich mit einigen Bildern veranschaulichen. Durch die materialistische Erziehung und Bildung wird der moderne Mensch immer mehr von seinen inneren Motivationen und seinen Idealen abgeschnitten. Seine Seele wird durch technische Mittel betäubt und zerstört. Dadurch wird er der Möglichkeit beraubt, aus seinen eigenen geistigen Idealen und aus den Kräften seines Ich heraus zu handeln und sein Leben zu gestalten. Stattdessen entsteht ein manipulierbarer Mensch, der in gewissem Sinne nie erwachsen wird.

In dem modernen Menschen wiederholt sich auf geistiger Ebene die Jugend des schon genannten Kaspar Hauser, der 1828 in Nürnberg aufgetaucht war und wegen seines jahrelangen Aufenthalts in einem niedrigen dunklen Raum nicht in der Lage gewesen war, normal gehen, sprechen und denken zu lernen. Seine Ermordung 1833 hatte das Ziel, die Kraft seines Ich auszuschalten.

Neben dieses Bild vom Aufwachsen des modernen Menschen in einer geistigen Finsternis läßt sich das Bild einer Natur stellen, die durch menschliches Handeln getötet wird. Die sterbenden Wälder und eine vergiftete, radioaktive Natur zeigen, wie wenig wir von einem verantwortungsvollen Umgang mit der Natur wissen. Neben ihr entsteht eine «Unternatur» genetisch manipulierbarer Viren, Bakterien, Pflanzen, Tiere und vielleicht sogar «geklonter» Menschen. In der modernen Gesellschaft wird es immer schwieriger, aus sozialen Impulsen heraus zu handeln und Gemeinschaften freier Menschen aufzubauen, weil das Handeln der Menschen immer mehr von außen beherrscht und korrigiert wird. Ihr Ich wird unwirksam gemacht. Daraus entsteht das Bild einer Gesellschaft, die ohne den aktiven Einsatz der einzelnen Menschen wie ein Termitenstaat organisiert ist.

Nicht nur in der Wissenschaft, sondern auch in der Philosophie, der Kunst und der Religion wird der Abstieg in die «Unterwelt» sichtbar. Die Philosophie des 20. Jahrhunderts geht ihren Weg in den Abgrund und kann kaum noch zur Erneuerung der Kultur beitragen. Die Entwicklung in der modernen Kunst zeigt den Zusammenbruch der alten Weltbilder. Es sind oft die Künstler, die am meisten darunter leiden und innerlich kämpfen, um Zugang zu einer höheren Welt zu bekommen. In der Religion schließlich ist Gott ein problematischer Begriff geworden, dessen Platz in der modernen Zeit immer mehr von materialistischen Statussymbolen, den Abgöttern unserer Zeit, eingenommen wird.

Im Lichte der Entwicklung des modernen Selbstbewußtseins erscheint der Weg in den Abgrund jedoch als eine wesentliche Stufe im Prozeß der Heilung der europäischen Kultur. Erst wenn die Schattenseiten der eigenen Entwicklung gesehen und akzeptiert werden, kann ein Heilungsprozeß in Gang kommen.

Die Begegnung mit dem «Doppelgänger»

Der Abstieg in die «Unterwelt», von dem hier verschiedene Aspekte untersucht werden sollen, hat seine eigene Dynamik. Eine Vorstufe wurde in der ersten Industriellen Revolution Ende des 18. Jahrhunderts sichtbar, als der englische Dichter William Blake über die «finsteren satanischen Fabriken» seiner Zeit sprach. Nach dem von Steiner beschriebenen «Sturz der Geister der Finsternis» auf die

Erde trat am Ende des 19. Jahrhunderts in der Zweiten Industriellen Revolution eine Beschleunigung der Entwicklungen ein. Grund dafür war vor allem die Verbindung von Wissenschaft und Technik im Produktionsprozeß.

Seit der Machtübernahme der Nationalsozialisten ist der Abstieg in die «Unterwelt» eine Höllenfahrt geworden. Es begann die Periode der «Kriegswissenschaft» (1933–1945), in der die Wissenschaft dämonische Züge annahm. Die Folge davon war, daß seit Kriegsende, in der Zeit der dritten Industriellen Revolution, die moderne Wissenschaft in wesentlichem Maße im Dienste der «Unterwelt» steht. Das wird schon aus der Tatsache ersichtlich, daß in den achtziger Jahren ungefähr die Hälfte der wissenschaftlichen Forschung in der Welt militärischen Zwecken diente.

In den esoterischen Traditionen findet man das Motiv des Abstieges in die Unterwelt in den Heldenepen über Gilgamesch und Odysseus, aber auch in der Höllenfahrt Christi nach seiner Kreuzigung und in der «Divina Commedia» von Dante. Auf seinem Weg durch die Hölle zum Purgatorium und zum Paradies stieg Dante durch die neun Schichten der Hölle bis zum Kern der Erde herab. Auch Steiner hat über die neun unterirdischen Schichten des Bösen gesprochen, die das Leben auf Erden beeinflussen, zum Beispiel, indem sie die unmoralischen Tätigkeiten der Menschen als Erdbeben, Vulkanausbrüche und Wetterkatastrophen zurückspiegeln.[73]

Der englische Erforscher der Sophia-Tradition, Robert Powell, vertritt die These, daß seit 1933 der Christus nicht nur «im Ätherischen» den Menschen beisteht, sondern auch seinen Weg durch die neun Erdschichten bis zur Mitte der Erde geht, um die ganze Erde in seinen Wirkensbereich aufzunehmen. Er stützt sich dabei auf Aufzeichnungen des russischen esoterischen Forschers Valentin Tomberg (1900–1973) von 1933, der auch andeutete, daß die Menschheit während der neuen Höllenfahrt Christi stufenweise mit ihrem eigenen Schatten (d.h. mit den negativen Kräften, die in ihr leben) konfrontiert wird.[74] Diese Vorstellung kann dazu beitragen, die verborgene Signatur unserer Zeit besser zu verstehen. Wir erleben dann im 20. Jahrhundert in Europa die Begegnung mit dem Schattenwesen oder dem «Doppelgänger» Europas auf jeder Stufe der Höllenfahrt in neuen Aspekten. Dieses Wesen hat sich gebildet aus den negativen Kräften, die von den Völkern und kollektiven Bewegungen ausgegangen sind. In der Geschichte Europas sind in Kriegen, in der Inquisition, in der Hexenverfolgung, im Sklavenhandel und der Ausbeutung der Kolonien, im Rassenwahn, Klassenkampf und Terror Wolken von Negativität entstanden, die als finstere Schatten über unserer Kultur hängen. Diese negativen Kräfte stammen aus den Seelen der individuellen Menschen selber. Bei jedem Aufbrechen einer neuen unterirdischen Schicht enthüllen sich also auch tiefere Schichten des menschlichen Inneren (der menschlichen «Unterwelt»).

Das würde bedeuten, daß parallel zur Höllenfahrt Christi auch eine Höllenfahrt der Menschheit stattfindet. Die Begegnung und die Auseinandersetzung mit dem «Doppelgänger» Europas gehören dann zu dem Weg der geistigen Geburt Europas, so wie die Begegnung mit dem persönlichen «Doppelgänger» auf dem Weg zur individuellen Geburt des Geistes stattfindet. Ohne das Durchlichten, Verwandeln und teilweise auch Fesseln der finsteren Kräfte dieses Wesens kann sich der Geist nicht verkörpern. Es sind Reinigings- und Läuterungsprozesse der menschlichen Seele. Eine Heilung Europas setzt voraus, daß auch die Schattenseiten der europäischen Kulturentwicklung integriert werden.

Wenn wir uns vorstellen können, daß sich mit menschlichen und kollektiven «Doppelgängern» geistige Mächte des Bösen verbinden können (auch ohne daß der Mensch sich dessen bewußt ist), kann die schon erwähnte Begegnung mit dem Tier aus dem Abgrund, die Steiner für das Jahr 1933 voraussagte, verständlich werden. Wir befinden uns dann mitten in der Apokalypse – was Enthüllung (der Kräfte des Guten und des Bösen) bedeutet. Das 12. und das 13. Kapitel der Apokalypse des Johannes sprechen über einen Drachen, der aus dem Himmel gestürzt wird und das Kind der kosmischen Jungfrau verschlingen will, über ein Tier aus dem Meere, dem der Drache seine Kraft überträgt, und über ein Tier aus der Erde, das mit der symbolischen Zahl 666 gekennzeichnet wird. Diese Bilder können auf mehreren Ebenen gedeutet werden. Sie beschreiben den Kampf um die Seele des Menschen und die drohende Verhärtung des Menschenwesens, die verhindert, daß der menschliche Geist geboren werden kann, aber auch den Kampf um die Geburt einer neuen spirituellen Kultur.[75] Steiner zufolge sind die negativen Impulse aus der Akademie von Gondischapur mit der Jahreszahl 666 und die Vernichtung des Templerordens mit der Wiederkehr dieser Zahl um 1332 (2 x 666) verbunden.

Um die Wiederkunft Christi im «Ätherischen» und die Erscheinung der Tiere aus dem Abgrund geht es nach Steiner in der heutigen kleinen Apokalypse. Er hat die Wirksamkeit des Tieres aus der Erde mit den Jahrzehnten um das Jahr 1998 (3 x 666) verbunden und weiter noch auf die Inkarnation des Satan in einem Menschen am Anfang des neuen Jahrtausends hingewiesen. Der russische Philosoph Wladimir Solowjow hatte schon 1900 in seiner «Kurzen Erzählung über den Antichrist» dessen Erscheinung als Wohltäter der Menschheit im 21. Jahrhundert und seinen Fall durch einen Aufstand der Juden vorausgesagt. Diese kleine Apokalypse des Bösen bildet den Hintergrund für die Apokalypse des Guten, in der der Christus sich in seiner Lichtgestalt allmählich der Menschheit enthüllen und Trost, Hilfe und Rat spenden wird.

Wenn wir wissen, daß die guten Mächte nur wirksam werden, wenn wir sie bewußt einladen und durch eigene Tätigkeit unterstützen, ist es klar, daß die Apokalypse des 20./21. Jahrhunderts eine Ich-bewußte Entscheidung des individuellen Menschen für das Gute erfordert. Nicht nur die äußere Welt, sondern auch die Seelenwelt des Menschen ist zum Kriegsschauplatz geworden. Doch nur die Kriege, die wir in der eignen Seele führen, haben einen Sinn.

Nach Powells Forschungen dauert jeder Durchgang Christi durch eine Sphäre der unterirdischen Hölle eine Jupiter-Umlaufsperiode (11 Jahre und 315 Tage). Er setzte die Ankunft Christi in der Sphäre der Erde auf den 25. April 1932 und das Ende seines Eintritts in die erste Erdenschicht auf die Osternacht des 1. April 1945, und konnte damit die weiteren Durchgänge berechnen. Seinen Durchgang durch die 9. Schicht würde der Christus dann zwischen 2028 und 2040 machen, und 2134 würde der Weg zurück abgeschlossen sein. Aus dieser neuen Passion ergibt sich für mich dieses Bild:

1833 – 1933: Karfreitag – Kreuzweg der Menschheit (Ermordung des Kaspar Hauser, Sturz der «Geister der Finsternis» auf die Erde; neue «Kreuzigung» Christi im Materialismus des 19. Jahrhunderts)
1933 – 2033: Karsamstag – Höllenfahrt der Menschheit (Nationalsozialismus, Terror Stalins, Angriffe auf die Menschlichkeit durch die Technik, kleine Apokalypse; Abstieg Christi in die unterirdischen Spärcn)
2033 – 2133: Ostern – Auferstehung der Menschheit (Aufstieg Christi)

Mit dem Eintreten in eine neue Schicht sind nach Powell immer bestimmte Widerstände verbunden, die auf der Erde durch bestimmte Ereignisse gespiegelt werden. Mit dem ersten Eintritt (1932/33) läßt sich Hitlers Aufstieg zur Macht verbinden, mit dem zweiten (1.4.1945) der Atom- Angriff auf Hiroschima und Nagasaki, mit dem dritten (10.2.1957) der Anfang der Raumfahrt, mit dem vierten (21.12.1968) die erste Reise zum Mond, mit dem fünften (1.11.1980) das Star Wars-Projekt und mit dem sechsten (11.9.1992) der Krieg in Bosnien. Weitere Eintritte sollen am 23.7.2004, 3.6.2016 und 14.4.2028 stattfinden. Die Menschheit erlebt bei ihrem Abstieg in die «Unterwelt» eine Konfrontation mit dem Bösen, die sich nach diesem Schema bei jedem Eintritt Christi in eine neue Schicht der Hölle weiter steigern wird. Diese Steigerung läßt sich nun an allen Kulturphänomenen beobachten. Die moderne Kultur zeigt die Höllenfahrt einer Menschheit, die mit sich selbst konfrontiert wird und mit ihren eigenen Unvollkommenheiten und ihrer Anfälligkeit für eine Dämonisierung fertig werden muß. Der moderne Mensch muß lernen, bewußt mit diesen aus den Tiefen des Unbewußten aufsteigenden Kräften umzugehen.

Tendenzen zu einer Verhärtung sind überall wahrzunehmen. Harte und mechanische Rhythmen sind in der Marschmusik und im Techno anzutreffen, die Drogenkultur bietet immer härtere und zerstörerische Drogen an (designer drugs), die Filmindustrie durchbricht auf den Gebieten von Sex und Gewalt immer weitere Tabus, die Kriege werden immer unmenschlicher. Politischer Protest ist teilweise totaler Terrorismus geworden, die Jugendkultur ist ihren Weg von den Hippies zu den Skinheads gegangen, die Manipulation des Bewußtseins verfeinert sich, die Wirtschaft nutzt den menschlichen Geist immer mehr aus.

Eine genaue Untersuchung der Zeitphänomene würde aufzeigen, wie sie mit jeder Jupiter-Periode (ca. 12 Jahre) neue Stufen durchlaufen und wie bestimmte Zeitkrankheiten auch mit dem Aufbrechen der Schichten der «Unterwelt» zusammenhängen. Aber zu diesem Bild der Höllenfahrt der modernen Menschheit gehört auch die Erfahrung, daß der Christus der Menschheit vorangeht und daß er als Helfer, Tröster und Ratgeber zur Verfügung steht. Auch sind Prozesse des Aufwachens und der Heilung zu verzeichnen, die für die Wiedergeburt der europäischen Kultur von entscheidender Bedeutung sind. Der Jupiter-

Rhythmus wird auch sichtbar in den folgenden Ereignissen, jeweils am Ende des Durchschreitens Christi einer unterirdischen Schicht, in denen der Zeitgeist wirken konnte: das Ende des 2. Weltkrieges (1944/45), der ungarische Aufstand (1956), der Prager Frühling und die Studentenbewegung (1968), die Geburt der Solidaritätsbewegung in Polen (1980), die Revolutionen in Mitteleuropa und der Sowjet-Union (1989 bis Ende 1991).

Menschen ohne Seele

Wie im ersten Teil dieses Buches bereits beschrieben wurde, kannte die mittelalterliche arabische Philosophie keinen abgeschlossenen Seelenraum, in dem sich das menschliche Ich entwickeln könnte. Die Seele war in diesem Menschenbild der Ort, wo einerseits die tierischen Begierden und Leidenschaften und andererseits die Eingebungen des unpersönlichen Geistes in Erscheinung traten. Die moderne westliche Wissenschaft kennt kein menschliches Ich, das als motivierende Kraft das Innenleben des Menschen aufbaut. Sie kennt nur die Außenseite des Menschen. So ist es nicht verwunderlich, daß der deutsche materialistische Philosoph Friedrich Albert Lange (1828–1875) noch einen Schritt weitergegangen ist und 1866 über eine «Psychologie ohne Seele» gesprochen hat, in der auf naturwissenschaftliche Weise nur das äußerlich wahrnehmbare Verhalten des Menschen untersucht werden sollte.

Seit Ende des 19. Jahrhunderts geht die moderne Wissenschaft davon aus, daß das Verhalten aus den Faktoren Erblichkeit und Umwelt heraus erklärt werden kann. In Kombination mit dem aus der französischen Aufklärung stammenden Modell des Menschen als Maschine kam in Amerika die Idee von einer Beherrschungstechnik auf, mit deren Hilfe individuelles und kollektives Verhalten manipuliert werden kann. Zwischen 1880 und 1920 schufen die Amerikaner J.B. Watson und G.H. Mead die Grundlagen für eine neue Verhaltenspsychologie, die auf der Basis von Tierversuchen Interventionstechniken entwickelte, um das Verhalten des Menschen zu beherrschen. Anders orientierte sich der Wiener Psychiater Sigmund Freud, der in derselben Periode an der Erkundung der dunklen Welt des Unbewußten arbeitete, in der seiner Meinung nach die Kräfte der Sexualität die Hauptrolle spielen. Mit seiner Psychoanalyse öffnete er den Weg zu einer Erklärung des menschlichen Verhaltens in Begriffen von sexuellen Trieben.

Eine viel breitere Skala unbewußter Kräfte wurde zwischen 1933 und 1945 im Nationalsozialismus freigesetzt. Mit neuen, aber auch uralten Techniken der Verhaltensmanipulation, wie etwa Einschüchterung, die Verwendung magischer Symbole (das Hakenkreuz), Aufmärsche, Massenzusammenkünfte und die Beeinflussung durch die Medien konnte eine kollektive Besessenheit hervorgerufen werden, in der die Menschen zu den grausamsten Taten fähig waren. Die Welt des Menschen wurde so zu einer «Unterwelt» dämonisch Besessener, die zu jeder Art von Handeln gebracht werden konnten. Es ist besonders auffallend, daß in dieser Periode die ersten regelmäßigen Fernsehsendungen von Berlin aus organisiert wurden. So wurde auch der große Wirkungskreis der Massenmedien direkt für propagandistische Zwecke genutzt.

Auch nach 1945 wurden die Massenmedien verwendet, um die Menschen in ihrem Verhalten zu manipulieren, aber diesmal auf eine subtilere Weise. Über die Reklame wird das Konsumverhalten sehr tief beeinflußt und wird der Mensch in ein materialistisches Paradies geführt, in dem alle Bedürfnisse befriedigt werden können. Durch Film, Fernsehen und Video wird der Mensch innerlich ausgehöhlt und hat er sich an eine Welt von Glanz und Erfolg, Gewalt, Sex und Horror gewöhnt. Die starke Wirkung eines Massenmediums wie des Fernsehens beruht auf der Tatsache, daß es den Menschen aus sich herauszieht und daß außerhalb seines Ich Vorstellungen in sein Unbewußtes aufgenommen werden, die sich nicht leicht daraus entfernen lassen. Entsprechende Forschungen haben gezeigt, daß der Bewußtseinszustand eines Fernsehzuschauers dem eines Schlafwandlers entspricht. Anstatt daß man durch eigene Aktivität innere Bilder aufbaut, strömen in einer Pseudomeditation illusionäre Bilder in die Seele. Das neue Phänomen der «virtuellen Realität» bringt den Menschen noch tiefer in eine künstliche Welt hinein.[76] Aus Japan ist bereits ein «virtuelles Haustier», das Tamagotschi («mein liebes Kücken») in die Kinderstuben eingezogen.

Nicht nur durch die Massenmedien wird die Seele beeinflußt. Im Zweiten Weltkrieg wurden Soldaten mit Amphetaminen (speed) kampfbereit gemacht und seitdem hat man experimentell erforscht, wie natürliche und technisch hergestellte Drogen auf das Bewußtsein einwirken.[77] Durch diese Formen von Beeinflussung verliert der Mensch die Verfügung über seine Seele und wird die Verbindung mit dem Ich geschwächt. Die Folge davon kann sein, daß eine innere Gespaltenheit auftritt und daß die Seelenfähigkeiten des Denkens, Fühlens und Wollens auseinanderfallen und nicht mehr durch das Ich verbunden werden können.

Dasselbe kann auch als Folge des anderen Extrems, der antiautoritären Erziehung auftreten. Der Mensch weiß dann nicht mehr, was er will, er läßt sich von seinen Instinkten, Trieben und Begierden leiten, er weiß auch nicht mehr, wie er mit seinen Gefühlen umgehen soll, er kann einer inneren Unruhe zum Opfer fallen, und sein Denken verliert seine Kreativität und seinen Bezug zum Menschen. Eine Folge der modernen Kultur ist, daß die Seelen der Jugendlichen, der empfindlichsten Gruppe in der modernen Gesellschaft zwischen der Ekstase des Disco-Tempels und der Drogen und der Programmierung des Denkens in der Schule zerrissen wird. Die Jugend bekommt keine moralisch-geistige Erziehung, die die Seele reifen läßt, sondern die Seele wird abgetötet, indem das kleine Kind der Video-und Fernseh-Gewalt ausgesetzt wird. Die «virtuelle» Gewalt wird auf der Straße zur grausamen Realität und ist die Ursache für die Brutalität bis hin zum Mord, den Kinder an Kindern begehen. Dazu kommt, daß Kinder durch das Fernsehen ihren Spieltrieb verlieren. Sie werden zu Zombies, die unbeweglich an den Bildschirm gefesselt sind und einen typischen «Fernsehblick» entwikkeln. Das Abnehmen ihrer inneren Beweglichkeit und geistigen Tätigkeit verursacht bei Kindern Störungen in der Entwicklung des Gehirns und letztendlich Gehirnschädigungen.

In den achtziger und neunziger Jahren wird die Erstarrung des Denkens, die junge Menschen ihrer kreativen Fähigkeiten beraubt, durch die vom Computer ausgehende Faszination verstärkt. Viele Kinder lassen sich zu früh mit dem Computer ein und werden dabei mit einem elektronischen Denkvermögen konfrontiert, das von Gefühl und Willen getrennt ist und das keine moralische Urteilskraft hat. Damit ist ein neues Modell zur Beschreibung des Menschen entstanden. Für viele Informatiker ist der Mensch auch wirklich eine Maschine, ein Wesen ohne Seele. Der Computerbildschirm schafft außerdem ein elektromagnetisches Feld, das das menschliche Bewußtsein beeinflußt und die innere, geistige Beweglichkeit abtötet. Mit der globalen Computervernetzung entsteht, wie mit den mobilen Telefongeräten, ein weltweites Feld mit einer geistigen Wirkung auf die Menschheit. Das schließt jedoch nicht aus, daß der Computer bei der Datenverarbeitung und in Situationen, in denen keine menschlichen Entscheidungen getroffen werden müssen, äußerst nutzbringend verwendet werden kann.[78]

Der alte Traum der arabischen Wissenschaft, den Menschen mechanisch zu definieren und zu begreifen, wird von einem materialistischen Weltbild gekrönt, in dem das freie Ich und die Seele ausgeschaltet und negiert werden. Dieses Menschenbild, das eigentlich ein Bild des «Untermenschlichen» ist, lädt zu einer immer größeren Beherrschung des menschlichen Verhaltens ein. Es lag und liegt der Propaganda der Nazis, den modernen westlichen Verhaltenspsychologien und den Versuchen, Sowjet-Dissidenten durch eine medizinisch-psychiatrische Behandlung auf andere Gedanken zu bringen, zugrunde. In allen Fällen wird hier die menschliche Seele immer mehr entmenschlicht und die Entwicklung des menschlichen «Doppelgängers» kräftig gefördert.

Der Nationalsozialismus hat gezeigt, daß durch die Manipulation des Menschen mit Hilfe der Technik nichtgeläuterte, dämonische Kräfte freigesetzt werden können, die stärker als das geschwächte menschliche Ich sind. Die Nachkriegs-Wissenschaft setzt durch allerlei Verhaltenstechniken gleichfalls vom Ich nicht kontrollierbare Kräfte frei, ohne dabei den Menschen zu befähigen, damit umzugehen. Das äußert sich unter anderem in innerer Schwäche und Leere, Angst und Nervosität, Formen der Sucht, Langeweile, Aggression und Kriminalität. In diesen Zuständen muß der moderne Mensch mit den Kräften der «Unterwelt» kämpfen, die in ihm selber in Erscheinung treten und die nur dann überwunden werden können, wenn er von seinem Ich aus eingreifen kann. Das Problem der persönlichen Entwicklung besteht dann vor allem darin, wie der Mensch diesen Kampf angehen kann. Vorläufig sieht es so aus, als ob Depression zur neuen Zeitkrankheit geworden ist. Außerdem sind Maßnahmen zur Drogen- und Suchtbekämpfung und zur Eindämmung der Kriminalität im wachsenden Maße notwendig geworden. Die Heilung der Seele wird das große Thema der Zukunft sein.

Ein alarmierendes Problem ist, daß führende Persönlichkeiten in der modernen Politik, Wirtschaft und Kultur Ichschwache, süchtige Menschen mit einer fragmentarischen Seele sind. Solche Menschen können von ihrer (für uns unsichtbaren) Umgebung, von Interessengruppen, aber auch von geistigen Wesen manipuliert werden, und sie sind für viele Formen von Besessenheit anfällig. Besonders in der Politik treten solche Gestalten immer häufiger auf, und es geht dabei nicht nur um Lenin, Stalin oder Hitler.

Die «Unternatur»

Magnetismus und Elektrizität sind schon lange bekannte Kräfte, aber ihre wissenschaftliche Erforschung ist erst im 18. Jahrhundert richtig in Gang gekommen. Damit wurden die ersten Schritte in die «Unternatur» gemacht, in eine Welt nichtsinnlich wahrnehmbarer Naturkräfte und durch technische Operationen geschaffener Teilchen. Im 19. Jahrhundert wurde das elektromagnetische Feld entdeckt und die elektromagnetische Theorie des Lichtes aufgestellt. Elektrizität wurde praktisch anwendbar, als der amerikanische Physiker Thomas A. Edison 1879 die Glühbirne erfand. Durch die Erfindung des Elektromotors und den schnellen Ausbau des Stromnetzes konnte die Elektrizität bald zu einem Produktionsfaktor werden.

Um 1900 wurde von verschiedenen Forschern die Radioaktivität entdeckt. Damit stand nun eine dritte Kraft aus der Unternatur der Wissenschaft und Industrie potentiell zur Verfügung. Die Naturwissenschaft stand jetzt im Zeichen der Manipulation der Materie. 1934 wurde in Frankreich zum ersten Mal künstliche Radioaktivität erzeugt, und 1938 wurde von den deutschen Wissenschaftlern Otto Hahn und H. Straßmann erstmalig eine künstliche Kernspaltung durchgeführt. Damit begann die Periode der Kriegswissenschaft, die das nukleare Zeitalter eingeleitet hat. Im nationalsozialistischen Deutschland wurde zuerst an der Herstellung einer Atombombe gearbeitet. Als Reaktion darauf wurden in den Vereinigten Staaten im Manhattanprojekt mehr als 300.000 Wissenschaftler und Techniker eingesetzt, um die erste amerikanische Atombombe herzustellen (ein Jahrhundert nach dem

Beginn des «Sturzes der Geister der Finsternis»). Ohne direkte militärische Notwendigkeit wurden im August 1945 zwei Bomben auf japanische Städte geworfen. Durch den Atombombenabwurf auf Hiroshima kamen über 250.000 Menschen ums Leben, in Nagasaki 25.000–75.000. Noch heute gibt es Todesfälle im Atombombenhospital. Damit hat das Zeitalter der nuklearen Abschreckung begonnen. Diese Abschreckung wurde durch die Anwendung der im Krieg entwickelten Raketentechnik verschärft. Ebenfalls aus der Kriegszeit stammte der erste Kernreaktor, der 1942 in Chicago in Betrieb genommen wurde.

Neben der Freisetzung tödlicher radioaktiver Kräfte hat die Kriegswissenschaft auch der Gen-Forschung zusätzliche Impulse gegeben. Den Nazi-Verbrechen gegen Gruppen aus der eigenen Bevölkerung waren übrigens die Ideen der amerikanischen Eugenik-Bewegung zu Beginn des 20. Jahrhunderts vorausgegangen, die auf die Zurückdrängung bestimmter Immigrantengruppen und auf die Sterilisation von Verbrechern, Schwachsinnigen und anderen ausgerichtet war. Diese Ideen sind in Amerika und anderswo auch in die Praxis umgesetzt worden, in bestimmten europäischen Ländern sogar noch nach dem Zweiten Weltkrieg.

Im Nationalsozialismus betrieb man – oft auf grausame Weise – Gen-Forschung. Die deutsche Wissenschaft wurde damit in den Dienst eines effizienten Tötens von Menschen gestellt. Die Gen-Forschung, die seit Kriegsende betrieben wird, basiert zum Teil auf denselben Argumenten, wie sie die nationalsozialistischen Forscher gebrauchten, nur verfügt man jetzt auch über die technischen Möglichkeiten für Gen-Manipulationen. Mit Hilfe dieser Manipulation kann eine Gegennatur neuer Viren-, Bakterien-, Pflanzen- und Tierarten und Menschen mit programmierten Eigenschaften geschaffen werden.

Im Hervorbringen der Unternatur spielt die Chemie eine immer wichtigere Rolle. Man hat zahllose neue chemische Stoffe entdeckt und hergestellt, von denen ein wesentlicher Teil krebserzeugend und umweltschädlich ist. Seit dem Ersten Weltkrieg beschäftigt man sich in der Chemie auch mit dem Produzieren von Giftgasen. Seit den dreißiger Jahren werden in zunehmendem Masse chemische Heilmittel hergestellt, die aggressiv auf den menschlichen Körper wirken, ohne den Menschen zu heilen. Auch gegen psychische Leiden und Störungen wurden nach dem Krieg immer neue chemische Mittel entwickelt und angewendet.

Kennzeichnend für die symptombekämpfenden Mittel gegen leibliche und seelische Krankheiten sind ihre zahlreichen Nebenwirkungen. Psychopharmaka betäuben und zerstören die Seele und schneiden den Menschen von seinem Ich ab. Bei der Einnahme der Anti-Baby-Pille werden durch die Hormongaben Leiblichkeit und Charakter der Frau verändert. Nach Behandlungen wie Bestrahlung oder Chemotherapie kann als Nebenwirkung auftreten, daß Menschen das Gefühl haben, daß sie nicht mehr in ihren Körper passen. Ihr Leib ist dann selber zu einem Stück «Unternatur», zu fremder und ihrer Lebenskrafte beraubter Materie geworden. Wahrscheinlich gilt das im allgemeinen für Therapien, die das menschliche Ich und das Bewußtsein ausschalten und direkt auf den Körper einwirken, so daß dieser damit in die «Unternatur» gezogen wird.

Die Kräfte der «Unternatur» werden von einem Denken hervorgerufen, das ohne geistige Erkenntnisse und häufig ohne moralisches Bewußtsein oder Verantwortlichkeitsgefühl arbeitet. Viele unserer großen Wissenschaftler, und nicht nur aus der Nazizeit, ähneln daher Figuren, die nicht wissen, was sie tun. Manchmal bekommen sie ihre Ideen, wenn sie müde sind oder mit ihren Gedanken nicht dabei sind. Sie verlieren dann den Zugriff auf ihr eigenes Denken, so daß dunkle Inspirationen hineinströmen können. So steigt die Menschheit weiter ab in die «Unternatur».

Von dieser «Unterwelt» aus wird die Welt des Lebendigen bedroht. Das geschieht nicht nur durch ein Stören des ökologischen Gleichgewichts und die Verschmutzung und Verstrahlung des Lebensraums, sondern auch durch die Schwächung der Lebenskräfte des Menschen (z.B. durch Radioaktivität) und des menschlichen Vermögens, den eigenen Leib gesund zu halten und als Instrument des Ich zu gebrauchen. Jetzt, wo die Probleme von Gesundheit und ökologischem Gleichgewicht in vielen Menschen leben, wird es deutlich, über wie wenig Kenntnisse wir verfügen, die zur Lösung dieser Probleme beitragen könnten.

Die Technokratie und die Weltwirtschaft

In jüngster Vergangenheit sind die ersten Ansätze zu einer beherrschbaren Gesellschaft in den Unterwerfungstechniken, die von manchen Aufklärungsdenkern entwikkelt worden sind, gegeben worden. In England fand man Beschreibungen dieser Techniken beispielsweise im «Panoptikum» von Jeremy Bentham, in Frankreich sowohl in den Entwürfen für die neuen Institutionen wie das Gefängnis, die psychiatrische Einrichtung und die Kaserne als auch in den Büchern über das Staatsinteresse, dem alles unterworfen werden mußte. Daraus ist eine Sozialwissenschaft entstanden, die als Antwort auf die großen industriellen und wirtschaftlichen Veränderungen der zweiten Hälfte des 18. Jahrhunderts betrachtet werden kann.

Als die industrielle Entwicklung in Europa und in den Vereinigten Staaten sich Ende des 19. Jahrhunderts beschleunigte, kam es innerhalb der Sozialwissenschaft zu zwei verschiedenen Reaktionen. In Europa wurden die Veränderungsprozesse auf ihre unerwünschten Folgen hin untersucht, während in Amerika erstmalig wissenschaftliche Organisationstechniken entwickelt wurden. Der deutsche Soziologe Max Weber (1864–1920) beschrieb zum Beispiel die Veränderungen vom Gesichtspunkt der Rationalisierung aus: die Beherrschung der Wirklichkeit durch die rationelle Berechnung der Mittel, die notwendig sind, um ein gegebenes Ziel zu verwirklichen. Die Folge davon ist, nach Weber, daß der Mensch unvermeidlich der Maschine und der bürokratischen Organisation unterworfen wird. Die amerikanische Antwort ist das «scientific management», das Studium der Betriebsführung und des optimalen Einsatzes des Arbeiters. Daraus sind das Fließbandsystem und die Techniken zur Anpassung des Menschen an die Zielsetzungen der Organisation entstanden. In der modernen Weltwirtschaft werden noch weitere Anpassungen verlangt.

Ab 1933 erstreckten sich die Beherrschungstechniken auch auf die Gesellschaft. In den Vereinigten Staaten, der Sowjetunion und im nationalsozialistischen Deutschlands nahm die Gesellschaft ungefähr zur gleichen Zeit die Züge einer Technokratie an. Darunter ist ein System zu verstehen, in dem der Mensch vom Staat als Objekt, als Ding behandelt wird. Der Übergang zur Technokratie im Jahre 1933 wurde durch die Einführung des New Deal und seiner Planungsmechanismen von Roosevelt, die Festsetzung des zweiten Fünfjahresplans von Stalin und die Machtergreifung Hitlers markiert. In allen Technokratien werden die Massenmedien als Beherrschungstechnik eingesetzt. In ihrer grausamen Variante muß die Technokratie sich außerdem mit Hilfe von Terror behaupten, in ihrer gemilderten Form macht sie von dem alten römischen Machtinstrument, von «Brot und Spielen», Gebrauch. In beiden Fällen wird das Individuum dazu benützt, die Macht des Staates zu vergrößern.

In Utopien wie «Brave New World» von Aldous Huxley (1894–1963) und «1984» von George Orwell (1903–1950) wurden die Technokratien als Schreckbilder beschrieben. Die heutigen Technokratien arbeiten allerdings viel subtiler, indem sie den Menschen in ein Netz sozialer Techniken einkapseln und ihn in modernen Institutionen, in denen die sozialen Verhältnisse technisch reguliert werden, gefangenhalten. Diese komplexe Regulation wird durch einige Erfindungen der Kriegswissenschaft, wie etwa die Systemtheorie und die darin aufgenommenen Prinzipien der Kybernetik und der Spieltheorie, ermöglicht. Humanistisch inspirierte Techniken aus der Organisationssoziologie und Arbeitspsychologie zur Regulierung zwischenmenschlicher Beziehungen schließen daran an.

Die technische Regulierung der sozialen Verhältnisse schaltet das Ich des Menschen aus und zieht das Soziale in das Gebiet des «Untersozialen». Dabei werden unbewußte, nicht vom Ich kontrollierte Kräfte frei, die manipulierbar sind. Die Heerführer haben damit ihre Kriege geführt, aber in allen hierarchischen Verhältnissen können diese Kräfte mobilisiert werden. Wie grausam Menschen in einem organisierten Zusammenhang sein können, haben die berüchtigten Experimente des amerikanischen Wissenschaftlers Stanley Milgram aus den fünfziger Jahren gezeigt, in denen die Versuchspersonen dazu bereit waren, den Mitmenschen immer stärkere Elektroschocks zuzufügen.

Die negativen Kräfte, die jedes Individuum in sich hat, können durch eine geeignete Manipulation von Gruppen und Organisationen, ja sogar von Völkern um ein Vielfaches vergrößert werden und sich z.B. in Aggression gegen bestimmte soziale Gruppen, Gewalt in Fußballstadien, organisierter Kriminalität, Nationalismus, Fundamentalismus und Terrorismus äußern. In der großen Politik werden ganze Völker für bestimmte Ziele gebraucht, wie die Kriminalisierung von großen Gruppen der Bevölkerung in Rußland (1917), Deutschland (1933), Serbien und Bosnien (1991), der Sowjet-Union (1991), Albanien und Kosovo usw. deutlich macht. Es sind Formen von kollektiver Besessenheit durch Gruppengeister und Doppelgängerkräfte, die durch entsprechende Techniken der modernen Sozialpsychologie der «Unterwelt» hervorgerufen werden können. Gerade in unserer Zeit der Individualisierung hat der Rückfall in Gruppenbildungen katastrophale Folgen für die seelische Gesundheit des Menschen, wie jede Form von Nationalismus und Fundamentalismus zeigt.

Eine besondere Bedeutung haben die Veränderungen in der Wirtschaft für die Verbindung des Menschen mit seinem Ich. Die Produktionsziele werden in der Weltwirtschaft immer höher gesteckt. Die Konzerne organisieren die Produktion dort, wo sie am billigsten ist und die Nationalökonomien müssen anpassen. Damit gerät der rechtliche Schutz des Faktors Arbeit in Gefahr. Offene Konkurrenz mit der amerikanischen und ostasiatischen Wirtschaft wird dahin führen, daß die Kosten der sozialen Sicherheit in Europa niedriger werden müssen und immer mehr geleistet werden muß. Der Arbeitsdruck wird höher, die menschlichen Fähigkeiten werden mehr ausgenutzt, der Mitarbeiter schneller verbraucht und abgeschoben. Die Selektion der Mitarbeiter, und besonders der Manager, richtet sich immer mehr nach Qualitäten wie uneingeschränkter Leistungswille und Kampfbereitschaft, blitzschneller Urteilskraft, Durchsetzungsvermögen und Rücksichtslosigkeit. Wirtschaft ist Krieg, es müssen Märkte erobert werden und dafür braucht man Menschen, die sich voll und agressiv einsetzen können. Es geht hier nicht um Ich-bewußtes Denken und Handeln, sondern um instinktive Tätigkeiten, die aus dem Gebiet des «Untermenschlichen», des «Doppelgängers» kommen. Erst in letzter Zeit hat man bemerkt, daß man in den Organisationen auch «emotionale Intelligenz» braucht, weil sonst das soziale Leben ein offener Krieg wird.[79]

Zu diesem Bild der neuen Weltwirtschaft des Neo-Liberalismus gehört auch die Tatsache, daß die geistigen Fähigkeiten des Menschen «human capital» geworden sind. Der menschliche Geist, so wie die ganze Kultur, soll der Wirtschaft dienen. Der Mensch wird vollständig zu einem « homo oeconomicus», er muß lernen, in sich selbst zu investieren – d.h. die Fähigkeiten zu entwickeln, mit denen er gutes Geld verdienen kann. Dieses Prinzip bedeutet das Ende des freien Geisteslebens und der Kultur im allgemeinen. Es ist die kapitalistische Transformation einer Praxis aus der Sowjetunion, daß der Mensch sich nur so entwickeln durfte, wie es der staatlichen Wirtschaft nützlich war.

Diese neue und allumfassende Verwirtschaftlichung der Gesellschaft führt zu dem, was ich die Bildung einer «Unterwirtschaft» nennen möchte, in der das menschliche Bewußtsein ausgeschaltet wird. Wirtschaft bedeutet nicht mehr, daß Menschen auf bewußte Weise ihre Fähigkeiten für einander einsetzen, damit sie die Bedürfnisse anderer befriedigen, sondern die totale Konkurrenz zwischen den Menschen, ein Krieg, in dem jeder seine eigenen Interessen vertritt und sich selbst gegen Arbeitslosigkeit, Krankheit und mögliche andere Katastrophen absichert.

Ein Teil dieser neuen Wirtschaft ist die moderne Geldwirtschaft, die keine Beziehung zu Waren und dem menschlichen Bewußtsein mehr hat. Etwa 90% von allen finanziellen Transaktionen sollen spekulativ sein. Dieses Spekulationsgeld kreist in Mengen von Tausenden Milliarden Dollar 24 Stunden pro Tag frei um die Erde, durch Computerprogramme gesteuert. Es blitzt dorthin, wo der größte Profit erzeugt werden kann, egal ob es Währungsspekulationen oder «Derivaten-Geschäfte» sind.

Im sozialen Leben entsteht so die Situation, daß sich der moderne Mensch aus den traditionellen Gemeinschaften löst und immer mehr auf sich selbst gestellt ist, aber gleichzeitig wird er in gesellschaftliche Beziehungen, in denen eine totalitäre Macht über ihn ausgeübt wird, eingekapselt. Das kann sich sowohl auf der Ebene des gesellschaftlichen Lebens abspielen, auf der der Staat alle Beziehungen regelt und dadurch das Individuum vernichten kann, als auch auf der Ebene der Organisationen, in denen das menschliche Verhalten mittels sozialer Techniken reguliert wird. In der Wirtschaft wird der Mensch zu einem egoistischen Vertreter der eigenen Interessen gemacht. Auf der individuellen und der sozialen Ebene werden die Menschen so von außen und ihren unbewußten Kräften und Bedürfnissen bestimmt und beherrscht, anstatt daß sie sich in Freiheit aus ihrem eigenen Ich heraus bestimmen. Die negativen Kräfte, die dabei frei werden, haben im Menschen selbst ihren Ursprung und müssen dort überwunden werden.

Deshalb sind echte menschliche Begegnungen, die Bildung neuer, nicht technisch regulierter Gemeinschaften und der Umgang mit negativen sozialen Kräften neue Aufgaben auf dem Gebiet der sozialen Entwicklung. Wenn wir hier keine neuen sozialen Fähigkeiten erwerben, droht eine totale Diktatur, die im Namen einer «neuen Weltordnung» gegründet werden wird und wofür das bolschewistische Experiment nur ein Versuch war.

Die Verfinsterung des Denkens

Der Desintegrationsprozeß der modernen Philosophie und ihre Transformation in Wissenschaftsphilosophie oder Sprachanalyse begleiten den Abstieg des Menschen in die «Unterwelt» unmittelbar. Das Denken des Menschen ist kein Licht mehr, so wie man das zur Zeit der Aufklärung noch meinte, und das Vertrauen der Aufklärungsphilosophen in die Suprematie des Verstandes ist innerhalb von zwei Jahrhunderten verschwunden. Seit Mitte des 19. Jahrhunderts wird das Denken jedenfalls von anderen Kräften, wie Gefühl, Wille, den Instinkten oder den Produktionsverhältnissen geleitet. Friedrich Nietzsche stellte dabei die Wahrheit als Äußerung des Willens zur Macht in Frage, und als «Philosoph mit dem Hammer» predigte er den totalen Nihilismus, die Auflösung aller Werte und Normen. Das Denken ist hier nicht mehr imstande, Werte zu rechtfertigen. Es verliert seine Verbindung zur geistigen Welt der Werte und Normen. Der verlorene Zugang des Denkens zu der geistigen Dimension der Wirklichkeit hat direkte Folgen für die Wissenschaft. Alle Aussagen über Werte und Normen, über den Menschen und seine Bestimmung, über den Sinn des Lebens gehören dadurch in den Bereich außerhalb der Wissenschaft. Die moderne Wissenschaft beschäftigt sich nur noch mit dem, was sinnlich wahrnehmbar ist oder sinnlich wahrnehmbar gemacht werden kann. Da sie die ganze Wirklichkeit nicht mehr sehen kann, beschäftigt sie sich nur mit Teilgebieten der Wirklichkeit. Daran schließt sich seit Beginn des 20. Jahrhunderts eine wissenschaftlich gewordene Philosophie an, die Aussagen auf ihre Gültigkeit und Bedeutung hin untersuchen will. In dieser Philosophie erscheint die Wirklichkeit als ein bruchstückhaftes Produkt der wissenschaftlichen Theorien und nicht als eine integrale Welt, die auf das Ich des Menschen bezogen ist.

In der Nazizeit wurde die Verfinsterung des Denkens auf zwei ganz verschiedene Weisen deutlich. Martin Heidegger (1889–1976) sprach 1933 über «die innere Wahrheit und Größe des Nationalsozialismus», die in «der Begegnung der Technik mit dem Menschen der neuen Zeit» vor ihm lagen.[80] Nach dem Krieg mußte Heidegger konstatieren, daß die moderne Technik die Natur herausfordert und daß auch der Mensch von einer Macht, die im Wesen der Technik offenbar wird und die er selber nicht beherrscht, herausgefordert wird. Heidegger verlangte von der Philosophie nicht mehr, als daß diese Tatsache eingesehen werden würde. Damit war die Philosophie für ihn an ihren Endpunkt gekommen, denn das philosophische Denken bot keine Möglichkeit mehr, die Grundzüge des technischen Zeitalters im Denken zu erfahren.Heideggers Philosophie kapitulierte so vor der Macht der Technik.

Die marxistisch geschulten Philosophen Max Horkheimer (1895–1973) und Theodor Adorno (1903–1969) orientierten sich an anderen Richtlinien. Sie konstatierten, daß das Denken der Aufklärung in einen Zustand der Verfinsterung gekommen war. Im Nationalsozialismus, aber auch in der modernen Wissenschaft ist das Denken zu einem Instrument der Macht geworden. Die gesamte Wirklichkeit wird den Gesetzen des Denkens unterworfen, das damit zu einer «Beherrschungslogik» geworden ist und das aus der Zeit der Aufklärung stammende Versprechen von der Emanzipation des Menschen nicht mehr wahr machen kann.[81]

Vor allem die französische Philosophie der achtziger Jahre wollte mit den Prätentionen des Aufklärungsdenkens definitiv abrechnen. Der französische Philosoph Michel Foucault hat ein anonymes Denken introduziert, in dem das denkende Subjekt aufgehoben ist: das «Ich denke» ist, nach Foucault, eine Illusion, die das «man denkt» verbirgt. Das heutige postmoderne Denken verfolgt diese Linie weiter. Die Folge davon ist, daß in dieser Philosophie jede Bedeutung und jede Sinngebung für den Menschen verloren gehen. Das beruht auf der Vorstellung, daß es unmöglich ist, dem Wissen eine feste Grundlage zu geben und daß der Mensch keine Möglichkeit hat, Kriterien für die Wahrheit seiner Urteile zu finden. Gerade das war jedoch das Anliegen des Deutschen Idealismus: im Selbstbewußtsein des Menschen, in seinem Ich eine solche Grundlage zu finden. Des weiteren können, nach Meinung des postmodernen Denkers François Lyotard, alle rationalen Programme zur Weltverbesserung, wie zum Beispiel der Marxismus, abgeschrieben werden, weil sie doch von der Annahme, daß das Denken das soziale Handeln lenken kann, ausgehen. Verschiedene französische Philosophen sind so zu der Feststellung gekommen, daß der Anspruch dieses Denkens auf das Monopol der Wahrheit und auf das Recht, die Wirklichkeit nach eigenem Gutdünken umformen zu können, letztendlich zum stalinistischen Terror geführt hat.

Lyotard hat dabei eine interessante Parallele zu dem Aufkommen der Informationsgesellschaft gezogen.[82] Der Abschied von den Prätentionen der Aufklärung hängt seiner Meinung nach mit der Tatsache zusammen, daß es in der modernen Gesellschaft nicht mehr um Wahrheit und Moralität, sondern um Beschlußfassung und Information geht. Wissen wird zu Information, und die Problematik von Wahrheit und Ethik wird von der Frage, wie sich technische Informationen sammeln und verwenden lassen, losgekoppelt. In dieser neuen Gesellschaft verändert sich der Charakter des Denkens grundlegend. Anstatt daß das Denken Einblick in die Wirklichkeit verschafft, wird es zum Manipulierer von Information und zum «Rechner», wie Heidegger es nannte. Das Denken kann dabei keinen Beitrag mehr zur Erneuerung der Kultur leisten.

Auf ihrem Weg in den Abgrund der «Unterwelt» geht von der Philosophie selber eine destruktive, nihilistische Kraft aus. Sie konfrontiert uns mit dem Nichts und untergräbt das Vertrauen in das Denken, so daß es dem Menschen fast unmöglich wird, von seinem Ich aus die Wirklichkeit zu ordnen. Die postmoderne Philosophie, aber auch die Sprachanalyse und der Neopositivismus mißtrauen dem Vermögen des Denkens, ein Verhältnis zur Wirklichkeit zu finden und tragen somit zu einer Lähmung des Ich bei.

Die «Unterwelt» als Mysterienstätte

Auf ihrem Abstieg in die «Unterwelt» gerät die europäische Kultur in eine Entwicklung, die zum Untergang und zum Tod der Kultur führt. Der individuelle Mensch wird von seinen inneren Motivationen abgeschnitten, so daß sein Ich nicht aktiv werden kann. Der Mensch verursacht das Sterben und die radioaktive Verseuchung der Natur; seinen eigenen Leib macht unbrauchbar als Instrument für sein Ich. Er schafft eine Gesellschaft, in der das Soziale nicht mehr von den Menschen, die einander in ihren Nöten beistehen, sondern durch technische Regulationen geschaffen wird. In dieser Kultur ist es nicht mehr der Ichbewußte, sondern der in verschiedenen Abstufungen desintegrierte oder besessene Mensch, der einen Weg in den Abgrund geht, ohne daß er mit seinem Denkvermögen übersehen kann, wo der Weg hinführt.

In dieser Situation wird der Mensch ganz auf sich selbst zurückgeworfen. Die heutige Philosophie, Religion oder Kunst können ihm kaum helfen. Das moderne, veräußerlichte Christentum kann den «Abgöttern» des Materialismus kein Gegengewicht bieten und läßt den inneren Menschen außer acht. Die moderne Kunst stellt auf künstlerische Weise den Weg in die «Unterwelt» dar, indem sie das Auseinanderfallen des Wirklichkeitsbildes zeigt. In seinem Inneren macht ein wirklicher Künstler auch – oft ganz bewußt – den Abstieg in den Abgrund, die Höllenfahrt durch, bevor er in der Lage ist, eine neue Wirklichkeit zu schaffen.

Was diese Künstler erfahren, machen auch viele andere Menschen durch. In der «Unterwelt» werden sie geprüft und auf ihre inneren Kräfte hin angesprochen. In einer Konfrontation mit den destruktiven Kräften der «Unterwelt», die in der modernen Kultur des 20. Jahrhunderts überall zutage treten, muß der Mensch die tiefsten Kräfte seines Ich erschließen, um aufrecht zu bleiben und nicht überwältigt zu werden. Dadurch kann ein Weg der bewußten inneren Entwicklung gegangen werden, aber die meisten Menschen machen diese Erfahrungen – wie auch die Begegnung mit ihrem eigenen «Doppelgänger». Die Folge davon ist eine starke innere Unruhe und das Suchen nach Fluchtwegen wie Aggression, Alkoholismus oder der Gebrauch von Drogen. Auch viele psychische Störungen, wie etwa Depressionen, Psychosen und Schizophrenie können die Folge sein.

Das Christentum kennt den Abstieg Christi in die «Unterwelt» als die Höllenfahrt und den Sieg über die Mächte der «Unterwelt» als seine Auferstehung. Jeder Mensch kann in seinem eigenen Leben auf seine Weise etwas Derartiges erfahren. Früher konnten Auserwählte in den Mysterien-Einweihungen die Kräfte ihrer unsterblichen Individualität erfahren. Diese Einweihungen waren bestimmte Schritte auf einem Weg der innerlichen Entwikklung, die von den Priestern der Mysterientempel begleitet wurden. Jetzt ist die soziale Welt selber zu einer Mysterienstätte geworden. Der Mensch kann seine Erfahrungen mit Hilfe seines Ich verarbeiten und so einen Weg der inneren Entwicklung gehen, der ihn befähigt, mit den Kräften der «Unterwelt» umzugehen. Auf diese Weise kann durch die Auferstehung des Ich der Tod der Kultur überwunden werden.

In der Kunst des 20. Jahrhunderts ist auf verschiedene Weisen der Mysteriencharakter der modernen Zeit dargestellt worden. Dies findet man bereits im Werk des österreichischen Schriftstellers Gustav Meyrink, in den Mysteriendramen von Rudolf Steiner, bei Joseph Beuys (1921–1986) und dem russischen Filmregisseur Andrej Tarkowski (1932–1986). Die Filme von Tarkowski sind ein gutes Beispiel für eine neue sakrale Kunst, in der der Film zu einem Mysterienspiel wird, das den Kampf in der Seele des modernen Menschen darstellt. Ein gutes Beispiel dafür ist der Film «Stalker» von 1979, wo einige Menschen eine gefährliche Reise zu einem geheimnisvollen Raum machen, in dem ihre tiefsten Wünsche erfüllt werden, aber am Ende doch vor dem Betreten dieses Raumes zurückschrecken.

Tarkowski, der in der russischen Tradition der Suche nach geistigen Werten steht, aber auch von Novalis und später auch von Steiner beeinflußt wurde, appellierte an den Menschen, dem Geistigen gegenüber dem Materiellen den Vorrang zu geben. Nur durch das Bringen von Opfern im Namen der Liebe und das Gehen eines Leidensweges kann der moderne Mensch, nach Tarkowski, die Welt vor dem Untergang retten. Er glaubte, daß das Individuum über Auferstehungskräfte verfügt, um sich aus der geistigen Krise, in die es geraten ist, zu erheben.[83]

Damit ist die Frage nach der Überwindung der Krise und der Rettung der Welt formuliert. Seit den sechziger Jahren ist man in Mitteleuropa immer eindringlicher danach gefragt worden, und damit war eine Basis für die

Auferstehung der europäischen Kultur geschaffen.

4.Die Wiederentdeckung Mitteleuropas

Eines der wichtigsten Ereignisse aus der zweiten Hälfte des 20. Jahrhunderts war die Wiederentdeckung der mitteleuropäischen Kultur. Dadurch konnte in dem bis 1989 geteilten Europa wieder das Bewußtsein einer neuen Mitte, eines geistigen Raumes zwischen Ost und West, entstehen, wo alte Kulturideale neu geboren werden können und von woher Europa neue geistige Impulse bekommen kann. Diese neuen Impulse sind oft gar nicht aus Deutschland, sondern aus seiner Peripherie gekommen, besonders aus den mitteleuropäischen Dissidentenkreisen. Man könnte den Eindruck gewinnen, als ob der deutsche Volksgeist auch aus den Nachbarvölkern wirkte. Aber es gab auch inspirierte Deutsche, wie z.B. Willy Brandt (1913–1992), der mit seiner Ostpolitik das Vertrauen der Ostmitteleuropäer und Russen wiedergewonnen und damit die Aufhebung der Teilung Europas vorbereitet hat.

Dem Thema Mitteleuropa wurde zunächst in der östlichen Hälfte Mitteleuropas, in Polen, der Tschechoslowakei und Ungarn Aufmerksamkeit geschenkt. Die Aufnahme dieser Länder in die Einflußsphäre der Sowjetunion hatte ihre Bewohner von ihren kulturellen Verbindungen mit ihrer Vergangenheit und mit dem Westen Europas abgeschnitten und sie einem völlig fremden Kulturgebiet einverleibt. Es dauerte mehrere Jahre, bis sie aus ihrer Betäubung erwachten und zu der Erkenntnis kamen, daß ihre tieferen Gedanken und Ideale in der alten mitteleuropäischen Kultur verwurzelt waren und daß sie in einem besetzten Mitteleuropa unter der Herrschaftsform des alten «asiatischen Despotismus», wie Karl Marx das genannt hatte, lebten.

Nach ihrer Auffassung gehörten Westdeutschland und die Schweiz nicht mehr zu Mitteleuropa, weil diese in die westliche Welt vollständig aufgenommen waren. Eine Ausnahme wurde noch für das neutrale Österreich gemacht. Aber nicht jeder Westeuropäer war mit dieser «Amerikanisierung» Europas zufrieden. Seit den sechziger Jahren haben sich viele von der westlichen Kultur distanziert. Man hat das oft Antiamerikanismus genannt, aber es war auch ein Versuch, wieder an die Werte der eigenen europäischen Kultur anzuschließen. Das lebte besonders in der Studenten- und in anderen Protestbewegungen, die sich seitdem in allen europäischen Ländern unter den jungen Menschen ausgebreitet haben. Dieser Protest hat später zur Entstehung von Bürgerinitiativen geführt, die für Ziele wie Demokratisierung der Gesellschaft, Hilfe für die Dritte Welt, Friedensförderung, Umweltschutz, Schulreformen und geistige und soziale Erneuerung eintraten.

Im Laufe der Jahre entdeckten westliche Gruppen, daß Menschen im Osten sich aus ähnlicher Inspiration heraus mit den gleichen Problemen beschäftigen. Erst später konnten diese Inspirationen mit der Kultur Mitteleuropas verbunden werden. Diese Kultur ist tatsächlich die geistige Quelle der Menschenrechtsbewegung, der Ökobewegung, der Friedensbewegung und der Bewegung für eine moderne Spiritualität.

Das Mitteleuropa, das auf diese Weise wiederentdeckt wurde, ist nicht mehr das Kulturgebiet vom Anfang des 20. Jahrhunderts, in dem auch jüdische Intellektuelle und Künstler eine wichtige Rolle spielten. Das neue Mitteleuropa ist ein geistiges Gebiet, ein «Königreich des Geistes», wie man in Prag sagte, das nicht mehr geographisch bestimmt ist. Die mitteleuropäische Kultur lebt wieder auf als eine Bewußtseinsstufe des modernen Menschen, der versucht, aus den Kräften seines Ich heraus zu leben.

Diese bewußte Lebensführung, die in Mitteleuropa mit seiner Ich-Kultur vorbereitet wurde, ist im Westen Europas eine Errungenschaft der sechziger Jahre. Aber auch im Osten Europas und in anderen Kontinenten hat sich die Ich-

Kraft im menschlichen Bewußtsein seitdem verstärkt. Die mitteleuropäische Kultur vertritt die allgemein-menschlichen Qualitäten auf der Ebene des Ich-Bewußtseins und hat die moderne Kultur des spirituellen Bewußtseins grundlegend vorbereitet.

Die Vertreter dieser neuen Kultur bewirken, wo sie auch leben, die geistige Wiedergeburt Mitteleuropas. Es geht ihnen um die menschliche Freiheit und Selbstverwirklichung, um die Rettung der Natur und die Pflege der menschlichen Gesundheit und um eine Gesellschaft freier Bürger. Dabei müssen sie sich überall mit den Widerständen der etablierten Ordnung auseinandersetzen.

Das geistige Mitteleuropa, das im Bewußtsein der Menschen auflebt, ist der Anfang einer neuen, im Werden begriffenen,gesamteuropäischen Kultur. Ob sie sich verwirklichen wird, hängt von den Kräften ihrer Vertreter ab. Die Wende von 1989 brachte zwar die politische und wirtschaftliche Befreiung Mitteleuropas, aber die erwartete geistige und kulturelle Wiedergeburt kam noch nicht oder wurde verhindert. Erst später wurde deutlich, daß diese Befreiung auch von anderen Kräften vorbereitet worden ist und zwar seit 1982 insbesondere von den Amerikanern und der katholischen Kirche.[84] Man darf jedoch hoffen, daß die Bewußtseinskräfte, die bei der Wende in Mitteleuropa freigeworden sind, die unvollendete Revolution weiterführen werden.

In diesem Kapitel soll das Erscheinen dieser neuen Kultur dokumentiert werden. Dabei wird zugleich auch der Kern eines neuen europäischen Kulturideals sichtbar, in dem die alten mitteleuropäischen Ideale neu formuliert werden können.

Die menschliche Freiheit

Durch die Anwendung von ausgefeilten und subtilen Manipulationstechniken wird der Freiraum des modernen Menschen immer kleiner. In der Verhaltenslehre und der

Pädagogik wird sogar die Auffassung vertreten, daß der Mensch kein innerliches, autonomes Zentrum hat, aus dem er in Freiheit sein Leben und sein Verhalten bestimmt. In der mitteleuropäischen Kultur wurde dieses Zentrum das Ich genannt. Um dieses Ich geht es, wenn über die Selbstbestimmung des Menschen geredet wird.

Das Erwachen des Ich geschah im Westen auf eine andere Weise als im Osten Europas. Seit den sechziger Jahren hat der Ruf nach Demokratisierung und Mitbestimmung im Westen eine Emanzipationsbewegung in Gang gebracht, in der verschiedene gesellschaftliche Gruppen das Recht zur Mitbestimmung über ihre eigene Situation gefordert haben. Diese Bewegung ist zum Teil versandet, unter anderem, weil man zwar die Menschen mit entscheiden ließ, in Wirklichkeit aber nicht die Macht aus den Händen gab.

Eng verbunden mit dieser Emanzipationswelle war das Verlangen nach Unabhängigkeit und Autonomie. In den modernen Organisationen und Behandlungssystemen kommt dem Menschen eine passive Rolle zu. Es wird über ihn entschieden. Er wird unterrichtet, psychiatrisch oder medizinisch von spezialisierten Sachverständigen behandelt, ohne daß er selbst bestimmen kann, was er will oder was gut für ihn ist.

Dieser Verlust an Autonomie ist besonders von Wissenschaftlern die aus Mitteleuropa stammen, wie Ivan Illich, Fritz Schumacher und André Gorz untersucht worden, aber auch von anderen, die von mitteleuropäischen Gesichtspunkten aus Wissenschaft betreiben, wie z.B. der französische Philosoph Jacques Ellul.[85] Was sie motiviert, ist das Verlangen, dem Menschen zu helfen, das Subjekt des eigenen Daseins zu sein, d.h. nicht mehr als Objekt durch Kräfte von außen beherrscht zu werden, sondern selbst das Heft in die Hand zu nehmen und ein freier, kreativer Mensch zu werden. Das ist auch die Intention von verschiedenen mitteleuropäischen pädagogischen Strömungen (wie der Waldorf-Pädagogik und der Jena-Plan-Pädagogik) und von Künstlern, etwa dem Deutschen Joseph Beuys, der die Grundidee «Jeder Mensch ist ein Künstler» verbreitete und mit seiner Idee der «sozialen Plastik» das soziale Element in das Künstlertum einbezog.[86]

Diese Freiheit ist nicht unbedingt das, was in der angelsächsischen Kultur darunter verstanden wird, nämlich das Verfügen über einen eigenen Raum, in den andere nicht eingreifen dürfen. Freiheit im mitteleuropäischen Sinn bedeutet, die eigene Lebensaufgabe zu verwirklichen, das Ich zur Aktivität zu bringen und der inneren Stimme zu folgen. Wo dies nicht geschieht, bleibt das Streben nach Freiheit nur das Verlangen nach einem ungestörten, angenehmen Leben, dem «american way of life». Aus seiner inneren Freiheitserfahrung heraus kann der Mensch ein Schöpfer seines eigenen Lebens und seiner eigenen moralischen Werte werden, wie es der deutsch-israelische Psychologe Erich Neumann (1905–1960) und – bereits Ende des 19. Jahrhunderts – Rudolf Steiner beschrieben haben.[87]

Die Autonomie des Menschen verlangt einen Schutz in der Form von Menschenrechten, die den Menschen als Individuum vor Einschränkungen seiner inneren Entwicklung, vor Verhaltensmanipulation und vor jeder Verletzung seiner Privatsphäre, besonders durch die Obrigkeit, schützen. Diese individuellen Rechte des Menschen sind eine Errungenschaft der letzten Jahrhunderte und sie gelten nicht nur als Garantie für die eigene Freiheit, sondern auch für die der Mitmenschen.

Im Osten Europas wurde seit den siebziger Jahren ein großer Nachdruck auf die Menschenrechte gelegt. Dies geschah hauptsächlich unter Berufung auf die Menschenrechtsartikel der Schlußakte der Konferenz für Sicherheit und Zusammenarbeit in Europa (KSZE) von Helsinki (1975). So berief sich die tschechische Dissidentengruppe Charta 77 auf Rechte wie freie Meinungsäußerung, Versammlungs- und Organisationsfreiheit, sowie die Freiheit der Presse. Diesem Rechtsbewußtsein lagen in Mitteleuropa christlich-humanistische und humanistisch-marxistische Menschenbilder zugrunde. In Jugoslawien wurde in den sechziger Jahren ein erster Versuch gemacht, eine neo-marxistische Auffassung vom freien Menschen zu formulieren. Die Philosophen des Praxis-Kreises definierten den Menschen als ein Wesen, das zu einer ganz besonderen Art des Handelns imstande ist: zum freien, schöpferischen, zielgerichteten und rationellen Handeln. Darin kann der Mensch seine Möglichkeiten verwirklichen und trotz vielerlei Beschränkungen als autonomes Subjekt sich selber und seine Umgebung umformen und gestalten.[88]

In dieser neo-marxistischen Auffassung und ebenso in christlichen Anschauungen der Menschen im Osten Europas wurde auf die moralische Integrität des Menschen hingewiesen. Diese moralische Komponente im Denken über den Menschen spielte in oppositionellen Kreisen in der slawischen Welt und in der DDR eine ganz wichtige Rolle. Sie resultierte aus der stark ethisch-personalistisch geprägten Orientierung der christlichen und humanistischen Intelligenz im Osten. Das moralische und soziale Denken des tschechischen Philosophen und Staatsmannes Thomas Masaryk (1850–1937) war dafür ein inspirierendes Beispiel. Dies gilt auch für seinen Landsmann, den Philosophen Jan Patocka (1907–1977), den geistigen Vater der Charta 77-Bewegung. In der DDR gab es eine protestantische Sozialethik, die als besondere Variante der Theologie der Befreiung entstanden ist.

Bei der menschlichen Freiheit geht es um geistige Werte. So sprach der 1984 ermordete polnische Priester Jerzy Popieluszko in seinen Predigten immer wieder über die Wahrheit und die Menschenwürde und über die Solidarität als Einheit der Herzen. Die Überwindung des Bösen durch das Tun des Guten stand für ihn im Mittelpunkt. Lech Walesa, der Vorsitzende der Gewerkschaft «Solidarität» und spätere polnische Staatspräsident, konnte in dieser Art über die Wiedergeburt des Individuums als Voraussetzung für die Erneuerung der Gesellschaft sprechen. Václav Havel, der tschechische Dissident und spätere Staatspräsident seines Landes, plädierte für die Wiederherstellung moralischer Werte als Voraussetzung für eine moralische Reorganisation der Gesellschaft. Das «Leben in der Wahrheit» ist für ihn das Befolgen der Stimme des eigenen Gewissens und ein Kampf für die wesentlichen Ziele des Lebens: Menschenwürde, moralische Integrität, freie Entfaltung der Existenz und das Entwickeln der menschlichen Identität. Die Wiederherstellung dieser Identität, die als Folge der Manipulation des Menschen durch die anonyme Macht der Bürokratie zu zerfallen droht, war für ihn eine moralische und spirituelle Angelegenheit, in der der Mensch mit den Lügen brach, die das Regime auferlegte.[89]

Das «Leben in der Wahrheit» hat laut Havel seinen eigentlichen Ausgangspunkt in der Bezogenheit auf die anderen. Der Mensch trägt für den Mitmenschen und für die Gesellschaft Verantwortung. Diese sozial ausgerichtete Ethik zeigte den Einfluß des Denkens des aus Litauen stammenden Philosophen Emmanuel Lévinas (1906–1995), in dessen Ethik der vom Antlitz des Mitmenschen ausgehende Appell die zentrale Rolle spielt. Das Interesse an den Schriften von Philosophen wie Lévinas und Buber zeigt, wie sehr jüdische Denker die moderne Entwicklung der europäischen Kultur beeinflußt haben.

Die Sorge um die Natur und die menschliche Gesundheit

Von der modernen Wissenschaft wird eine totale Herrschaft über die Schöpfung ausgeübt. Das ist nur möglich, weil die Natur nicht mehr als heilig und beseelt betrachtet, sondern zu einem Forschungs- und Beherrschungsobjekt gemacht wurde. Diese Haltung ist am Ende des Mittelalters entstanden und hat innerhalb der Kulturentwicklung das biblische Bild des Menschen als Verwalter der Schöpfung in das Bild des Beherrschers und Manipulators der Natur umgekehrt.

Die christliche Tradition enthält jedoch Anknüpfungspunkte für eine verantwortungsvolle Umgangsweise mit der Natur. 1967 hat der amerikanische Historiker Lynn White auf Franz von Assisi hingewiesen, der in der Natur überall Brüder und Schwestern sah und die Harmonie zwischen Mensche und Natur predigte. Er betrachtete Franziskus als einen Schutzheiligen der Ökologie. 1972 wurde Benedictus von Nursia, der Begründer des europäischen Klosterwesens, von dem ökologischen Philosophen René Dubos als derjenige bezeichnet, der dem Verwalteramt, das die europäischen Mönche bei der Kultivierung der Natur ausgeübt haben, einen festen Rahmen gab. Eine derartige Verbundenheit mit der Natur war auch für die irischen Mönche kennzeichnend.

In der mitteleuropäischen Kultur stand die Naturwissenschaft im Zeichen des Lesens im «Buche der Natur», d.h. des Durchschauens der Wirkung der schöpferischen Kräfte in der Natur, um auf dieser Grundlage Heilmittel bereiten zu können. In dem Maße, wie die Natur für den Menschen schwieriger durchschaubar wurde, verlor diese Wissenschaft ihr Fundament; und so mußte man später in der noch wenig verfolgten goetheanistischen Spur versuchen, die Naturprozesse neu zu ergründen. Die moderne Naturwissenschaft ist jedoch ganz anders ausgerichtet. Sie folgt dem Rat Francis Bacons, die Natur «auf die Folter zu spannen», um sie zur Preisgabe ihrer Geheimnisse zu zwingen. Diese Haltung der Natur gegenüber hat durch die Isolierung von Teilproblemen und durch das Zerbrechen der Ganzheit der Schöpfung eine Unmenge von Problemen verursacht: man braucht nur an Umweltverschmutzung,

Radioaktivität und Gen-Manipulation zu denken. In dem Moment, in dem die Vergiftung der äußeren Natur sichtbar wird, bemerkt der Mensch, daß auch die Natur, die er mit sich trägt, sein eigener Körper, gefährdet ist. Dadurch wird das Suchen nach alternativen Heilmethoden und der moderne Gesundheitskult stark stimuliert. Wo die menschliche Gesundheit bewußt gepflegt wird, verlieren die Ernährungsindustrie, die Bio-Industrie, die Pharma-Industrie und die chemische Industrie die Möglichkeit, die Welt des Lebens zu zerstören.

Noch gibt es keine klare Antwort auf diese Problematik, geschweige denn, daß ein zeitgemäßer europäischer spiritueller Umgang mit der Natur entwickelt worden wäre. Die west- und osteuropäische Umweltbewegung und die Theologie haben jedoch die ersten Ansätze dazu gegeben. Die ersten Alarmsignale sind übrigens aus dem Westen gekommen, wie das Buch «Silent Spring» von Rachel Carson (1962) und der erste Bericht des «Club of Rome» von 1972. Erst später ist in Europa entdeckt worden, wie weit die ökologische Zerstörung und der Angriff auf die menschliche Gesundheit schon fortgeschritten sind. Eigentlich wurden die Europäer erst durch das Reaktorunglück in Tschernobyl am 26. April 1986 wachgerüttelt, um dann schnell wieder von sogenannten Sachkundigen eingeschläfert zu werden.

Das Erwerben von Einsichten in die Naturprozesse ist eine wichtige Voraussetzung, um die Macht der «Sachverständigen» zu brechen und eine andere Haltung der Natur und dem eigenen Körper gegenüber zu entwickeln. Ein erstes Beispiel einer mitteleuropäischen Erweiterung der modernen Naturwissenschaft findet man in der anthroposophisch orientierten Landwirtschaft und Medizin. Hierin werden die spirituellen Aspekte von Wachstum und Heilung beachtet und es wird die Verantwortung für die Natur und die eigene Gesundheit dem Menschen zurükkgegeben.[90] Gemäß der Geisteswissenschaft von Rudolf

Steiner kann der Mensch am Aufbau einer neuen Erde mitarbeiten, die durch den liebevollen Umgang mit der Natur eine Welt der Liebe werden soll.

Aus diesem Gesichtspunkt heraus ist ein moralisches Handeln möglich, in dem der Mensch ein neues Verhältnis zu seinen Mitgeschöpfen aufbauen kann. Eine solche neue Spiritualität kann an das slawische Bild der Natur als «Mutter Erde» anschließen. Wie der Mensch aus den Kräften seines Ich heraus seinen Körper in Harmonie bringen kann, so kann er auch mit seiner Hingabe und Pflege der Natur zu einer harmonischen Verwaltung der Erde, die gleichsam der Leib der Menschheit ist, beitragen. Diese christliche Spiritualität hat ihren ersten Niederschlag in der anthroposophischen Naturwissenschaft und in Schriften über ein ökologisches Christentum gefunden.

Die Gesellschaft von freien Bürgern

Der Aufschwung der Technokratie in den dreißiger Jahren des 20. Jahrhunderts hat eine Situation geschaffen, in der die zwischenmenschlichen Beziehungen immer mehr technisch reguliert werden. Im Westen Europas, wo dank des länger währenden Schutzes der Bürgerrechte eine Sphäre freier Aktivität entstanden war, stellte die Macht der Technokratie keine totale Bedrohung für die Freiheit der Bürger dar wie im Osten Europas, wo sich eine derartige Sphäre noch kaum gebildet hatte. In der liberalen Tradition wird diese Sphäre, die außerhalb des Staatsbereichs liegt, die «bürgerliche (oder zivile) Gesellschaft» genannt. Sie umfaßt die Privatsphäre der Familie, den sozialen und öffentlichen Bereich der Vereinigungs-, Versammlungs- und Pressefreiheit und schließlich die Sphäre der Wirtschaft.

Mit der wachsenden Macht der Staatsbürokratie ist in den westlichen Ländern der Einfluß der Bürger in Verwaltungsangelegenheiten kleiner geworden. Das heißt nicht, daß sie sich weniger frei fühlen, denn die bestehenden Kontrollinstanzen wie das Parlament sind unberührt geblieben und jedermann hat die Freiheit, sich zusammen mit anderen für bestimmte Ziele einzusetzen. In der Praxis sind die Bürger der westlichen Gesellschaften jedoch kaum in der Lage, das gefestigte Staatsinteresse anzutasten und fundamentale soziale Veränderungen durchzusetzen. Der Spielraum der bürgerlichen Gesellschaft des Westens wird außerdem durch die Verflechtung der Staatsmacht mit der Macht der großen internationalen Unternehmen, die den Markt beherrschen und die menschlichen Bedürfnisse manipulieren, immer verkleinert. Der Widerstand gegen die technische Beherrschung der Gesellschaft hat im Westen vielerlei Formen angenommen. Er richtete sich z.B. in den siebziger und achtziger Jahren auch gegen die modernen, vom Staat geschützten Institutionen wie die Psychiatrie, die Armee (Wehrdienstverweigerung), gegen den staatlichen Unterricht (Bewegung für Unterrichtsfreiheit) sowie gegen die repräsentative Demokratie (Bewegungen für unmittelbare Demokratie).

Sofern dieser Widerstand gegen den Staat nach der Bildung einer neuen und stärkeren bürgerlichen Gesellschaft strebte, traten auch einige wichtige Merkmale dieser Gesellschaft in Erscheinung wie Selbstorganisation, autonome Assoziationen von Menschen und alternative Formen öffentlicher Kommunikation. Zu bestimmten Zeitpunkten der modernen Geschichte sind sie schon in neuen Formen des politischen Handelns verwirklicht worden. Die jüdische Philosophin Hannah Arendt (1906–1975) hat in dieser Hinsicht besonders auf die Anfangszeit der amerikanischen, französischen und russischen Revolution und den ungarischen Aufstand von 1956 hingewiesen.[91] Das galt auch für die Reformperiode in der Tschechoslowakei 1968 und in Polen 1980/81.

In den Ländern hinter dem ehemaligen Eisernen Vorhang bedeutete die Einführung des Sozialismus einen noch stärkeren Angriff auf die autonome Fähigkeit der Menschen, miteinander das soziale Leben zu gestalten, als der Aufstieg der westlichen Technokratie. Im Westen konnten sich noch viele gesellschaftliche Gruppen halten, die im Osten der Kontrolle des Staates unterstellt wurden. Dies bedeutete praktisch die Aufhebung der bürgerlichen Gesellschaft, so daß die vorher freien Bürger zu rechtlosen Privatpersonen degradiert wurden, die als einzelne Menschen von den Behörden terrorisiert wurden. Seither haben sie jedoch nach Möglichkeiten gesucht, um ihre eigenen, selbstverwalteten Organisationen aufzubauen. Mit diesem Ziel trafen sich Freundeskreise, bildeten sich Räte oder Gesprächsgruppen am runden Tisch, wo sich jeder beteiligen und niemand Macht über den anderen ausüben konnte.

In Jugoslawien hat die Kommunistische Partei nach einem Konflikt mit Stalin 1953 selbst Arbeiterräte eingeführt, und seit 1974 war das Land eine selbstverwaltete Gesellschaft, in der die Funktionen des Staates von Räten (der Produzenten und der Bürger) übernommen wurden. In der Praxis funktionierte diese Selbstverwaltung jedoch kaum. Einerseits, weil sie von der Kommunistischen Partei kontrolliert wurde, andererseits, weil mit den geschaffenen Strukturen eine effektive politische und wirtschaftliche Verwaltung nicht möglich war.

Auf ganz andere Weise haben sich 1956 in Ungarn und 1968 in der Tschechoslowakei spontan Arbeiterräte gebildet, was natürlich von kurzer Dauer war. Später sind in den siebziger Jahren in der Tschechoslowakei trotz der Repression kleine Gruppen entstanden, die untereinander durch die vielen Prüfungen verbunden waren, die sie um ihrer Ideale willen, «in der Wahrheit» zu leben, gemeinsam durchlebt haben. Havel sah in diesen Gruppen das Vorbild einer neuen selbstverwalteten Bürgergesellschaft. In allen Ländern des Ostens sind solche Kreise, die sich für Menschenrechte, Frieden und Umweltschutz einsetzten, entstanden.

In der Tschechoslowakei, Ungarn und in Polen erinnerten diese Kreise an die Bruderschaften, die dort im 15. und 16. Jahrhundert entstanden waren und in der Unterdrükkung ihren Glauben lebendig halten mußten. Das galt besonders für die Basisgemeinden, die Pater György Bulanyi in Ungarn aufgebaut hat. Der Autor György Konrád hat dort mit seinem literarischen Werk ebenfalls eine sehr wichtige Rolle gespielt.[92]

In Polen haben sich die Menschen dank der großen Autonomie der Kirche viel leichter in informellen Gruppen zusammenschließen können. Die Entstehung der autonomen polnischen Gewerkschaft «Solidarität» hat dabei für einen Kristallisationsprozeß gesorgt, durch den eine Gesellschaft im Untergrund aufgebaut wurde, in der sich das kulturelle Leben außerhalb der staatlichen Organisationen abspielte und ein Netz gegenseitiger Hilfe besonders für die Opfer des Regimes entstand.

«Solidarität» wollte weiter gehen, als nur das Recht auf eine freie Gewerkschaft zu fordern. Sie wollte eine vom Staat unabhängige, sich selbst verwaltende Wirtschaft aufbauen, die sich zu einer Wirtschaft der Brüderlichkeit entwickeln könne, wie Walesa das einmal umschrieben hat. Hier zeigte sich die spirituelle Dimension der Erneuerungsbewegung: es ging um den Aufbau gesellschaftlicher Strukturen, in denen die Autonomie und Würde des Individuums zu ihrem Recht kommen konnten und den Menschen befähigten, für seine Mitmenschen zu arbeiten.

Die DDR hat eine eigene Dissidentengeschichte. In den sechziger und siebziger Jahren hat es eine revisionistische Opposition von Marxisten wie Robert Havemann und Rudolph Bahro gegeben. Ende der sechziger Jahre kamen im Umfeld der evangelischen Kirche verschiedene Bewegungen auf, die von regimekritischen Pfarrern, aber nicht von der kirchlichen Hierarchie unterstützt wurden. Mitte der achziger Jahre entstand daraus die «Demokratiebewegung», die nicht unmittelbar darauf aus war, das Regime zu stürzen, sondern es zu einer Demokratisierung zu führen.[93]

In der Umbruchzeit von 1989 entstanden in der DDR und in der Tschechoslowakei Bürgerforen und Runde Tische, wo das unterdrückte Rechtsbewußtsein bei vielen Bürgern wieder aufleben konnte. Diese politischen Foren konnten sich nicht halten und zerfielen in politische Parteien. In der DDR geschah das auch unter Druck der westdeutschen Parteien, die klare, manipulierbare Strukturen haben wollten, da sie bemerkt hatten, daß die demokratische Opposition nicht ohne weiteres das BRD-Modell übernehmen wollte.

Es ist bemerkenswert, daß aus den Erfahrungen mit dem Sozialismus und der Allmacht des Staates bei einigen Menschen wiederum das Bestreben nach einer funktionellen Dreigliederung der Gesellschaft in den Bereichen Kultur, Rechtsleben und Wirtschaft geboren wurde, die gegen Ende des Ersten Weltkriegs von Rudolf Steiner als Versuch zur Erneuerung der Gesellschaft vorgeschlagen wurde. In seinem Buch «Der vormundschaftliche Staat» hat der ostdeutsche Rechtsanwalt Rolf Henrich diesen Impuls neu dargestellt.[94]

Im Osten war auch das Verlangen nach einer Konsumgesellschaft stärker geworden. Es war selbstverständlich, daß die wirtschaftlich ausgebeuteten Menschen ihre Bedürfnisse in einer «freien» Wirtschaft befriedigen wollten. Auch der menschliche Egoismus muß sich ausleben können, bevor man zu dem Bewußtsein kommt, daß er begrenzt werden muß, um anderen Menschen nicht zu schaden. Aber auch hier haben viele eine Wirtschaft erwartet, die die Solidarität zwischen den Menschen, die im Osten noch existierte, erhalten würde. Die Zukunft wird zeigen, ob sich in Mitteleuropa die sozialen Impulse wieder verstärken können.

Spirituelles Denken und moralisches Handeln

Die Bewußtwerdung der Werte, die mit der individuellen Freiheit, der Rettung der Natur, der Pflege der Gesundheit und der gesellschaftlichen Freiheit verbunden sind, fand in einer Situation der Ohnmacht statt. Diese Ohnmacht wurde im Westen Europas durch eine stark auf das Materielle gerichtete amerikanische Kultur, im Osten durch den erstarrenden Einfluß der Befehlswirtschaft des Sozialismus verursacht. Im verlorengegangenen Mittelgebiet versuchten Menschen neue Kräfte zu erschließen für ein eigenes Selbstbewußtsein und für geistige Werte. Seit den sechziger Jahren ist deutlich geworden, was diese neuen Kräfte sind: ein spirituelles Denken, das Einblick in die Situation verschafft, moralische Intuitionen, welche dem Handeln die Richtung geben und soziale Impulse, aus denen heraus sich die Menschen zu neuen Gemeinschaften zusammenschließen können.

Durch die Entwicklung eines spirituellen Denkens bekommt der Mensch Einblicke in die Wirklichkeit, die keinen theoretischen Charakter haben. Spirituelle Gedanken sind bildhaft und lebendig. Sie sind mit dem Herzen und mit dem moralischen Handeln verbunden. Aber vor allem sind sie befreiend. Wer wirklich versucht, seine Gedanken zu ordnen, sich über seine Lage Klarheit zu verschaffen und die normalen Denkschablonen und Ideologien zu durchbrechen, der wird ein innerlich freier Mensch.

Bei der Eroberung der inneren Freiheit ist ein erster Einblick entstanden in die Manipulationen der Erziehung, im Unterricht und im täglichen Leben, die den Menschen seiner Ideale, seiner Rechte und seiner Autonomie berauben. Die Sorge um die Natur und die Pflege der menschlichen Gesundheit haben einen ersten Einblick in die Prozesse der Umweltvergiftung und in die Bedrohung der menschlichen Gesundheit ermöglicht. Es wurde deutlich, daß der Mensch selbst ein Teil der Natur ist und daß er mit seinem Geist seinen körperlichen Zustand beeinflussen kann. In sozialen Bewegungen ist schließlich der Einblick in die Vernichtung des Sozialen durch die technische Regulation der gesellschaftlichen Verhältnisse gewachsen.

Diese Einblicke oder Einsichten können mit moralischen Intuitionen verbunden werden, d.h. mit neuen Motiven, um zu einem freien und moralischen Handeln zu kommen, das seinen Ursprung im Ich des Menschen hat. Freie moralische Entscheidungen sind eine Angelegenheit von einzelnen Menschen. Meistens handeln wir aus traditionellen moralischen Vorstellungen heraus, aber es gibt Situationen, wo sie nicht mehr ausreichen und uns unfrei machen. Im Osten Europas konnte man den moralischen Fragen gegenüber nicht gleichgültig bleiben. Die Verlogenheit der Regime forderte die Menschen heraus, zu bestimmen, inwieweit sie diese unterstützen wollten oder nicht. Die moralischen Intuitionen, die im Osten von Europa entstanden sind, kamen aus einer tief verwurzelten Spiritualität, aus tiefem Leiden und aus einer tiefen Erniedrigung heraus.

Im Ringen nach einer freien Menschwerdung sind im Osten moralische Überzeugungen formuliert worden, die besagen, daß der Mensch versuchen kann, «in der Wahrheit» zu leben, daß es Ziele gibt, die der Mühe wert sind, daß man für sie leidet und daß das Böse nur überwunden wird, indem man das Gute tut.

In der Pflege der Natur müssen wir noch moralischer handeln und spezifische Intuitionen entwickeln. Die ersten Ansätze sind schon da. Der Arzt und Theologe Albert Schweitzer hat als einer der ersten die Ehrfurcht vor dem Leben in den Mittelpunkt gestellt. In den achtziger Jahren hat die Sorge um die Integrität der Schöpfung immer mehr die Aufmerksamkeit auf sich gezogen, besonders weil der Weltkirchenrat die Themen Gerechtigkeit, Frieden und Integrität der Schöpfung miteinander in Beziehung gebracht hat. Immer mehr Menschen sehen ein, daß sie sowohl für die Erde als auch für die eigene Gesundheit Verantwortung tragen. Der Mensch selber kann an einer neuen Erde bauen, indem er liebevoll mit der Natur umgeht, sagte Rudolf Steiner.

In den Versuchen, neue gesellschaftliche Initiativen und Bewegungen aufzubauen, haben viele entdeckt, wie schwierig es ist, zusammenzuarbeiten und Gemeinschaften zu bilden. Wir müssen noch lernen, aus einem moralischen und sozialen Bewußtsein heraus miteinander umzugehen. Wie Ideale die Menschen verbinden können hat die polnische Gewerkschaft «Solidarität» gezeigt, die von moralischen Prinzipien wie Gewaltlosigkeit und solidarisches Handeln ausgegangen ist.

Nach der Wende von 1989 sieht man in allen Ländern Mitteleuropas Menschen mit den seelischen Krankheiten, die das Leben im Sozialismus verursacht hat. Viele sind innerlich noch die gleichen geblieben und brauchen einen langen Heilungsweg. Für die Ostdeutschland hat der Psychotherapeut Hans-Joachim Maaz in einem sehr umstrittenen Buch einen «Gefühlsstau» festgestellt,[95] in anderen Ländern liegen die psychischen Probleme wieder anders.

In jedem Land hat es sehr viele moralisch integere Menschen gegeben, die für ihre Integrität manchmal einen hohen gesellschaftlichen Preis zahlen mußten. Auf der anderen Seite gab es Menschen, die gezwungen waren, andere zu bespitzeln, oder sich selbst dafür entschieden haben, um Vorteile zu bekommen. Und dazwischen lag ein breites Spektrum von Menschen, die versucht haben zu überleben, einige in Passivität und Faulheit, andere, indem sie ihre Interessen durch kleine Intrigen und Diebstähle des sozialen Eigentums durchgesetzt haben. Eine kleine Gruppe von Menschen hat hinter der Fassade der Partei Macht und Geld gesucht und setzt das jetzt ohne das Parteibuch fort, weil sie die richtigen Verbindungen hat.

Neues Licht über Europa

In den achtziger Jahren wurde eine neue Diskussion über Mitteleuropa entfacht. Dieser gingen eine Untersuchung der deutschen Historikerin Renate Riemeck 1965 über den Untergang Mitteleuropas[71] und das Plädoyer des polnischen Philosophen Leszek Kolakowski von 1977 für das Zustandekommen eines machtfreien Kulturgebietes Mitteleuropa voraus. In seiner Rede beim Empfang des Friedenspreises des Deutschen Buchhandels 1977 sagte Kolakowski: «Ich halte den Begriff Mitteleuropa als eines kulturell zusammengehörigen Gebietes gar nicht für veraltet. Ich wage zu glauben, daß die Herstellung eines solchen dominationsfreien Bereiches sowohl möglich als auch wünschenswert ist, und mehr noch: daß sie für das Geschick Europas entscheidend sein kann.» Sein Argument hierfür war, daß die Völker im Osten Mitteleuropas mit Gewalt der fremden Kultur des Sowjetblocks einverleibt wurden und daß, solange dies der Fall wäre, dieses Gebiet eine potentielle Gefahrenquelle und ein Konfliktherd bleiben würde.

Im politischen Rahmen sind Vorschläge für eine neutrale Zone in Mitteleuropa gemacht worden. Die ersten Pläne dazu stammten bereits, wie der Plan des polnischen Ministers Adam Rapacki, aus dem Jahr 1958. In den achtziger Jahren sind von den Friedensbewegungen wieder andere Versionen als Schritte zu einer Lösung des Ost-West-Konflikts formuliert worden.

Der tschechische Schriftsteller Milan Kundera stellte 1984 diesem leeren Begriff von Mitteleuropa seine Auffassung der vom Westen vergessenen mitteleuropäischen Kultur gegenüber.[96] Er faßte darin in Worte, was schon längere Zeit in den verschiedenen Ländern Mitteleuropas gelebt hatte. Seitdem stand diese neue Orientierung auf Mitteleuropa in Polen, der Tschechoslowakei, Ungarn, Slowenien und Kroatien, Österreich und der Bundesrepublik zur Diskussion. Mit ihr begann eine erneute Suche nach der Einheit der europäischen Kultur.

Auf beiden Seiten des ehemaligen Eisernen Vorhangs haben Menschen eingesehen, daß die Zukunft Europas von der Fähigkeit abhängt, im Anschluß an die eigene kulturelle Tradition neue Wege zu finden. Die mitteleuropäische Tradition bietet wichtige Anknüpfungspunkte für die Überbrückung des Zwiespaltes in Europa und für die Erneuerung der europäischen Kultur.

Wie in diesem Kapitel geschildert wurde, ist im Kampf um die Seele Europas ein neues spirituelles, moralisches, ökologisches und soziales Bewußtsein entstanden, das die Grundlage eines neuen gesamteuropäischen Kulturideals bildet. Die mitteleuropäische geistige Tradition hat in dem neuen spirituellen Bewußtsein, das praktisch tätig sein möchte, seine Fortsetzung gefunden. Das «Lesen im Buch der Natur» wird jetzt im neuen ökologischen Bewußtsein praktisch geübt. Die mitteleuropäische soziale Tradition lebt in den europäischen sozialen Initiativen und den Projekten der Gemeinschaftsbildung weiter.

Zu der Neuformulierung der mitteleuropäischen Ideale und ihrer Konkretisierung in einer neuen europäischen Praxis hat die Anthroposophie am Anfang des 20. Jahrhunderts wesentlich beigetragen. Rudolf Steiner wollte geistige Impulse in die soziale Praxis hineintragen. Dafür hat er das Bild einer dreigegliederten Gesellschaft entwickelt, was damals nicht verstanden wurde, aber nun, in den sozialen Katastrophen des 20. Jahrhunderts, aus der praktischen Erfahrung der Dissidenten und der Alternativbewegung heraus als notwendig anerkannt wird. Die Soziale Dreigliederung gibt das Bild eines Geisteslebens, in dem Freiheit herrschen kann, eines Rechtslebens, in dem Gleichheit Grundprinzip sein kann, und einer Wirtschaft, in der die Brüderlichkeit praktiziert wird. Als Kontinent hat Europa eine Dreigliederung von Wirtschaft, Rechtstradition und Geistesleben entwickelt. Im Westen zeigt sich die wirtschaftliche Tüchtigkeit, die Mitte und Osten lernen sollen, die aber verbunden werden müßte mit der Praxis der Brüderlichkeit. In Mittel- und Nordeuropa lebt das Rechtsleben, das in den Freien Städten, den Schweizer

Kantonen und im freien Norden schon Jahrhunderte lang praktiziert wurde. Im Osten wächst der Keim eines neuen Geisteslebens, in dem die Menschen wieder aus spirituellen Inspirationen denken und handeln. Die Integration dieser Dreigliederung auf der europäischen Ebene wird die soziale Grundlage für die neue europäische Kultur schaffen.

Die Verwirklichung dieser Kultur wird vor allem davon abhängen, ob das Freiheitsbewußtsein, das seit den sechziger Jahren entstanden ist, neue Gesellschaftsstrukturen aufbauen kann und ob das auflebende geistige Bewußtsein ein neues Bildungsideal formulieren kann, das seelische Entwicklungswege anbietet, die der modernen Menschheit bei der Begegnung mit ihrem «Doppelgänger» wirklich helfen.

5. Die New-Age-Kultur

Der Untergang der mitteleuropäischen Kultur in der ersten Hälfte des 20. Jahrhunderts hat ein Vakuum geschaffen, das Kräfte außerhalb von Europa angezogen hat. Am meisten fällt hier die große Verschiedenheit der asiatischen spirituellen Strömungen auf, die seit den sechziger Jahren sowohl in den westlichen als auch in den östlichen Teil Europas Eingang gefunden haben. Die in diesen Strömungen erlebte Spiritualität entspringt dem Bewußtsein, daß der Mensch mit allem, was ihn umgibt, verbunden ist. Ihr Ausgangspunkt liegt in einem Streben nach Universalität, nach dem Allumfassenden. Hier besteht ein deutliches Spannungsverhältnis zu dem mitteleuropäischen Drang nach Individualität, nach individueller Menschwerdung.

Der Aufnahme der asiatischen Spiritualität folgte schon bald das Aufkommen der modernen westlichen Informationstechnologie. Das ist die zweite Kraft, mit der das spirituelle Vakuum gefüllt wurde. Eine Begegnung dieser beiden Kräfte, der asiatischen (aber auch der dort heimischen amerikanischen und afrikanischen) Spiritualität und der westlichen materialistischen Wissenschaft hat in Kalifornien stattgefunden, wo nach dem Zweiten Weltkrieg die Basis für die New Age-Kultur geschaffen wurde.

Diese Kultur wurde als eine Kultur der Liebe und Brüderlichkeit, die vom Sternzeichen des Wassermanns (Aquarius) inspiriert wird, vorgestellt. Nach bestimmten astrologischen Berechnungen soll dieses Zeitalter um das Jahr 2375 anfangen. Anthroposophischen Forschungen zufolge wird die Kultur des Wassermanns jedoch erst 3573 beginnen und ihr Zentrum im slawischen Osten Europas haben. Kalifornien ist das Zentrum der heutigen New Age-Kultur, die schon in ihrer ersten Form als Hippie-Bewegung ihren Weg nach Europa gefunden und anschließend sich in viele Gruppierungen aufgefächert hat. Im folgenden soll versucht werden, einige charakteristische Tendenzen, die sich in der Vielfalt der New Age-Bewegungen erkennen lassen, zu beschreiben.

Das Interesse für Asien ist nicht eine Sache der letzten Jahrzehnte. Schon zur Zeit der Kreuzzüge strömten, vor allem durch die von der spanisch-arabischen Kultur ausgehende Bezauberung und durch das Zutun des deutschen Kaisers Friedrich II., arabische Einflüsse nach Europa. In der Aufklärung öffnete sich die europäische Kultur den asiatischen Einflüssen. Ende des 18. Jahrhunderts ist ein Beginn der Erschließung der asiatischen Literatur und Philosophie zu verzeichnen, z.B. durch die Philosophen Friedrich Schlegel (1772–1829) und Arthur Schopenhauer (1788–1860) und dem amerikanischen Dichter Ralph Waldo Emerson. Des weiteren wurde in der zweiten Hälfte des 19. Jahrhunderts, namentlich von der Unitarischen Kirche, das Verständnis für die universellen Wahrheiten der asiatischen Religionen wachgerufen. Als Anlauf zu einer universellen Weltreligion wurde 1893 in Chicago in Amerika ein Weltparlament der Konfessionen organisiert, das den Weg für eine Missionierung des Westens durch den Hinduismus freimachte. Dadurch wurden günstige Ausgangsbedingungen für die Theosophische Gesellschaft und die Christian Science-Bewegung, die 1875 und 1879 gegründet worden waren, geschaffen. Neben diesen asiatischen Einflüssen haben seit der Mitte des 19. Jahrhunderts spiritistische Séancen, in denen man mit der Welt der Toten in Verbindung treten konnte, dazu beigetragen, daß die Dogmen des wissenschaftlichen Materialismus in Frage gestellt wurden.

Seit Anfang des 20. Jahrhunderts haben asiatische Strömungen in Amerika und Europa bewußt missioniert. Neben Lehrern aus Indien haben sich auch die aus der islamischen Welt stammenden Sufi- und Bahai-Bewegungen präsentiert. Nach dem Zweiten Weltkrieg folgten japanische Zenmeister, tibetanische geistliche Lehrer und Meister der japanischen, chinesischen und indischen Techniken der Körperbeherrschung und Gesundheitsverbesserung. Besonders Ende der sechziger Jahre gab es einen großen Zustrom an asiatischen Lehrern, die jeweils eigene Zentren begründeten, wie etwa die Bhagwan-Bewegung, die Transzendentale Meditation und die Moonsekte.

Diese Lehrer aus Asien konnten auf den von der Theosophie und von einer ganzen Reihe von westlichen Vorläufern der New Age-Bewegung geschaffenen Grundlagen aufbauen. Helena Blawatzki (1831–1891), die Begründerin der Theosophischen Gesellschaft, könnte man die «Großmutter» der New Age-Bewegung nennen. Die anderen sind alle zwischen 1875 und 1900 geboren und haben erst in der New Age-Kultur größere Bekanntheit erworben. Zu ihnen sind u.a. die Psychiater Carl Gustav Jung (1875–1961) aus der Schweiz und Roberto Assagioli (1888–1974) aus Italien, die okkulten Lehrer Gurdjieff (1873–1949) aus Georgien und Pjotr D. Uspensky (1878–1947) aus Rußland, der englische Magier Aleister Crowley (1875–1947), der deutsche Schriftsteller Hermann Hesse (1877–1962), die amerikanische Theosophin und Medium Alice Bailey (1880–1949), der französische Evolutionsforscher Pierre Teilhard de Chardin (1880–1955) und der aus Österreich stammende Psychiater Wilhelm Reich (1897–1957) zu zählen.

In den fünfziger Jahren introduzierten die Amerikaner Alan Watts und Timothy Leary den Gebrauch von den Drogen wie LSD und Meskalin bei einem nach neuen Erfahrungen suchenden Publikum. Diese Suche nach geistigen Erfahrungen war eine der Grundlagen der neuen «Gegenkultur», die in den sechziger Jahren von Kalifornien ausging und die westliche Welt eroberte. Zu dieser Kultur gehörten auf der einen Seite der politische Protest gegen die etablierte Ordnung und auf der anderen Seite der geistige Protest gegen den Materialismus, der auch zur Wiederentdeckung von alten Praktiken der Heilung, Meditation und Einweihung führte. Als Beispiel können hier die populären Bücher des amerikanischen Anthropologen Carlos Castaneda dienen.[97] Durch die psychedelischen Mittel wurde die Aufmerksamkeit auf die Erforschung der Erweiterung des menschlichen Bewußtseins gelenkt, was erst in der humanistischen und später in der Transpersonalen Psychologie aufgegriffen wurde. Mit dem Erscheinen des Buches «Das Tao der Physik» 1975 von Fritjof Capra wurde die Brücke von der New Age-Kultur zur modernen Naturwissenschaft geschlagen.[98] Kurz darauf wurde der Anschluß an neue Strömungen in der Organisationswissenschaft gefunden. Die Verbindung der New Age-Kultur mit der Wissenschaft gab dieser Bewegung einen ganz anderen Charakter. Dadurch verschob sich der Akzent von der religiösen Erfahrung auf eine neue, holistische Wissenschaft, die hier näher beschrieben werden soll.

Die Suche nach einem höheren Bewußtsein

Der Mensch ist von alters her mit anderen Bewußtseinszuständen als dem normalen Tagesbewußtsein vertraut. Die Psychologie des 20. Jahrhunderts unterscheidet in diesem Zusammenhang zwischen dem Bewußten und dem Unbewußten. Freud hat als erster das Unbewußte systematisch erforscht und es als ein großes Reservoir von sexuellen Impulsen, die durch die Entwicklung des Ego und des Gewissens in Schach gehalten werden müssen, beschrieben. Durch seinen Schüler Jung wurde außer diesem individuellen Unbewußten ein kollektives Unbewußtes unterschieden, das die Ursymbole, die Archetypen der Menschheit umfaßt, wie z.B. den Helden, den alten Weisen, die Hexe und das göttliche Kind, die sich in der individuellen Seele manifestieren können. Einer dieser Archetypen ist das Selbst, das die Integration der totalen Persönlichkeit, von dem Bewußten und dem Unbewußten symbolisiert und das vom alltäglichen bewußten Ego des Menschen unterschieden werden muß. Jung betrachtete es als eine Aufgabe der zweiten Lebenshälfte, diese Integration zustandezubringen und über den Individuationsprozeß das Selbst zu gebären. Dieses Bild der Seele ist von Assagioli, der neben einem persönlichen und einem kollektiven Unbewußten auch ein höheres Unbewußtes oder Überbewußtes unterschied, noch weiter differenziert worden. In diesem Überbewußten kann das höhere oder transpersonale Selbst bewußt gemacht werden. Gegenüber dieser spirituellen Betrachtung des Selbst stand der biologische Ansatz des amerikanischen Psychologen Abraham Maslow (1908–1970), der zu den Begründern der humanistischen Psychologie gehörte. Das Selbst war für ihn das biologisch fundierte, Instinkt-Wesen des Menschen, das den natürlichen Drang zum Wachstum, zur Verwirklichung seiner Möglichkeiten in sich trägt. In diesem kreativen Prozeß des Wachstums, den Maslow als Selbstverwirklichung bezeichnete, kann der Mensch seine psychische Gesundheit und seine Menschlichkeit realisieren. Hierin spielen bestimmte, das gewöhnliche Bewußtsein übersteigende Erfahrungen eine Rolle. Maslow nannte sie «Gipfelerfahrungen», Erfahrungen der Ekstase und Verzückung, des Friedens und der Einheit des Selbst mit dem Kosmos.[99]

Die Erforschung dieses kosmischen Bewußtseins hat zu der Entwicklung der Transpersonalen Psychologie geführt, die in den siebziger Jahren besonders in Kalifornien wesentlichen Anklang gefunden hat. Darin wird eine Integration der westlichen Humanwissenschaft und östlicher Systeme der Bewußtseinsentwicklung angestrebt. Auf diesem Gebiet sind besonders die Werke des tschechisch-amerikanischen Psychiaters Stanislav Grof und der amerikanischen Psychologen Charles Tart und Robert Ornstein bekannt geworden.[100] Zu den transpersonalen Erfahrungen, die untersucht werden, gehören Erfahrungen, in denen Menschen die Begrenzungen von Raum und

Zeit überschreiten oder Erlebnisse, bei denen alte mythologische Bilder aufsteigen, sowie die sogenannten parapsychologischen Erscheinungen.

In der New Age-Kultur wird über das höhere Selbst in Begriffen, die hauptsächlich den asiatischen Religionen entlehnt sind, gesprochen. Von der Gipfelerfahrung wird z.B. geschrieben, daß der Unterschied zwischen dem Ich und dem Nicht-Ich kurz aufgehoben wird und daß der Mensch im All aufgeht. Im höheren Bewußtsein, in dem das höhere Selbst als göttlich erlebt werden kann, erfährt der Mensch seine Vereinigung mit demjenigen, was im Hinduismus das «Brahman» genannt wird, was die Taoisten als das «Tao» und die Buddhisten als das «Dharmakaya» bezeichnen. Anknüpfend an Teilhard de Chardin sprechen manche von einem Weltengehirn, der Noosphäre, in die das individuelle Bewußtsein aufgenommen wird. Mit auffallender Leichtigkeit werden so die Traditionen der verschiedenen Weltreligionen in eine neue Anschauung von einem universellen Bewußtsein aufgenommen, das zwar unter verschiedenen Namen bekannt ist, aber letztendlich das Ziel aller menschlichen Entwicklung ist. Diese Verschmelzung der Traditionen zu einer universellen Religion, die bereits im vorigen Jahrhundert beabsichtigt war, wurde besonders von der Schule von Alice Bailey, die in der New Age-Bewegung eine wichtige Rolle spielt, vorbereitet. Der Begründer dieser Weltreligion soll der neue Weltlehrer Maitreya sein. Seit 1977 prophezeit der schottische Kunstmaler Benjamin Creme das Kommen dieses Lehrers, der von Christen, Hindus und Buddhisten erwartet wird und der die Menschheit zu einem neuen planetarischen Bewußtsein führen soll. Creme sagte, er spreche im Namen Maitreyas des Christus, der 1982 in die Öffentlichkeit treten würde. Später machte er bekannt, daß dies sich verzögert habe. 1988 soll er in Nairobi in Kenia erschienen sein.

Um die Transformation des Bewußtseins zu erreichen,

werden innerhalb der New Age-Kultur viele Wege beschritten. Es sind vor allem Techniken, um den Menschen zu lösen und Blockaden zu durchbrechen, um ihn in gewissem Maße aus sich heraus, in einen Zustand der Ekstase oder Verzückung zu bringen. Inzwischen gibt es eine breite Skala dieser Psychotechniken der Selbstaufgabe, die nicht nur bei den geistigen Lehrern der New Age-Bewegung, sondern auch in den New Age-Wissenschaften zu finden sind. Als Weg zu einer Gipfelerfahrung empfahl Maslow bereits den Gebrauch von Betäubungsmitteln, wie LSD und Psilocybin, und Meditation. Am einfachsten waren jedoch seiner Meinung nach die Wege der Sexualität, der Musik und des Tanzes. Das sind alte Techniken, die in vielen Kulturen außerhalb von Europa bekannt sind. In den siebziger Jahren sind außerdem viele neue Techniken zum psychischen Wachstum und zur persönlichen Entwicklung aufgekommen. Zum Teil sind sie auch auf die Verbesserung der Körperfunktionen ausgerichtet, aber daneben gibt es z.B. auch Techniken wie «biofeedback», mit dem die Gehirnwellen reguliert werden können und Techniken, um hellsehend zu werden oder das Gedächtnis zu verbessern. Eine neue technische Hilfe leistet die «mindmachine», die die zur Meditation gehörenden Wellen selber im Gehirn produziert.

Durch neue Erkenntnisse über die Funktionen der beiden Gehirnhälften ist es möglich, das Aufgehen des Menschen in einem höheren Bewußtsein besser zu verstehen. Es hat sich gezeigt, daß in der linken Gehirnhälfte die mehr logische, kausale und analytische und in der rechten Gehirnhälfte die bildhaftere, intuitivere und holistischere Form des Denkens stattfindet. Die Psychotechniken scheinen dann auch darauf ausgerichtet zu sein, die Vorherrschaft des logischen Denkens zu durchbrechen und eine Integration beider Denkarten zustandezubringen. Indem der Zugang zur rechten Gehirnhälfte geöffnet wird, sind Einheitserfahrungen möglich, in denen sich das menschliche Bewußtsein erweitern und die Wirklichkeit auf eine neue Weise erfahren werden kann. Die mit den beiden Gehirnhälften verbundenen Bewußtseinszustände werden innerhalb der New Age-Kultur mit dem Gegensatz zwischem dem «Männlichen» und dem «Weiblichen» in Beziehung gesetzt. Die Überwindung dieses Gegensatzes auf der Bewußtseinsebene kann ein erster Schritt zu dem sein, was in der spirituellen Tradition die «Androgynie», das Wieder-Eins-Werden von Mann und Frau genannt wird.

Die All-Einheit in der Natur

Der Gegensatz zwischen der asiatischen Mystik und der westlichen Wissenschaft spiegelt den Kontrast zwischen dem intuitiven und dem rationalen Denken. In der modernen europäischen Kultur hat man das Rationale gegen das Nicht-Rationale und den Menschen gegen die Welt abgegrenzt. Dies ist in dem gängigen wissenschaftlichen Weltbild, das auf die Ideen von Descartes und Newton zurückgeht, festgelegt. Auf der Grundlage des scharfen Unterschieds, den Descartes zwischen dem Subjekt und den Objekten in der Welt macht, konnte der Naturwissenschaftler Newton eine mechanistische Vorstellung vom Weltall konzipieren, mit der der Mensch keine innerliche Verbindung hat und wo er als geistiges Wesen nicht mehr hineinpaßt. Innerhalb der Naturwissenschaft sind auf die Mechanik Newtons inzwischen neue Vorstellungen gefolgt, die aus der Relativitätstheorie von Einstein und aus der Quantenphysik hervorgegangen sind. Mit diesen Vorstellungen haben die Naturwissenschaftler versucht, ein neues Weltbild zu schaffen.

In 20. Jahrhundert haben Naturwissenschaftler, wie der Däne Niels Bohr (1885–1962), der Österreicher Erwin Schrödinger (1887–1961) und der Amerikaner Robert Oppenheimer (1904–1967), auf Übereinstimmungen zwischen der Mystik und der Quantenphysik gewiesen, ohne daß sie das jedoch veranlaßt hat, das naturwissenschaftliche Weltbild zu überprüfen. Der moderne Physiker Fritjof Capra macht diesen Schritt. Er geht von einer auffallenden Parallelität zwischen der neuen Physik und der Mystik aus, die darin bestehen soll, daß sie beide zu einer Einsicht in die wesentliche Einheit aller Dinge führen. Capra weist darauf hin, daß der Naturwissenschaftler kein isolierter Beobachter oder Zuschauer der Prozesse, die er erforscht, ist, sondern ein aktiver Teilnehmer, von dessen Rolle es abhängt, wie einem die Objekte der Natur erscheinen. 1926 hatte der Physiker Werner Heisenberg (1901–1976) bereits angemerkt, daß man den Ort und die Schnelligkeit eines Teilchens nicht zur gleichen Zeit exakt feststellen kann und daß folglich das Meßverhalten des Forschers bestimmend ist.

Diese Partizipation des Forschers beim Forschungsprozeß wird durchaus so beschrieben, daß das menschliche Bewußtsein einen Teil des Experiments ausmacht. Das ist eine seltsame Vorstellung von den Dingen. Faktisch geht es um rein mechanische Operationen, die der Mensch ausführt, um etwas zu messen.

In der Quantenphysik sind nicht nur Position und Bewegung scheinbar gegensätzliche Erscheinungen, die auf subatomarer Ebene vereinbar erscheinen. Dasselbe gilt z.B. auch für Wellen und Teilchen. Daraus entstand das dynamische Bild einer Wirklichkeit von Teilchen, die in einer andauernden Variation von Energiemustern entstehen und wieder zerstört werden. Capra hat 1975 in «Tao der Physik» diesen kosmischen Tanz der Energie mit dem Tanz der Hindu-Gottheit Schiva, die den endlosen Prozeß von Leben, Tod und Wiedergeburt symbolisiert, verglichen. Das Universum wird als ein dynamisches Gewebe wechselseitig zusammenhängender Ereignisse gesehen, und so ist ein Bild entstanden, das bestimmte Übereinstimmungen mit den mystischen Anschauungen von der Wirklichkeit aus dem Osten aufweist. Capra geht nicht soweit, daß er sein übrigens höchst umstrittenes Bild von der subatomaren

Wirklichkeit als identisch mit der letztendlichen Wirklichkeit des Mystikers betrachtet. Andere tun das schon. Die Parallele, die Capra in Umrissen beschrieben hat, ist von der New Age-Bewegung begierig aufgenommen worden und hat auch andere Naturwissenschaftler inspiriert.

1983 ging Capra in seinem zweiten Buch einen Schritt weiter.[101] Darin entwarf er ein neues ökologisches Weltbild, dessen Kern durch das Systemdenken gebildet wird. Die Grundgedanken der Systemtheorie stammen aus den vierziger Jahren und gehen auf den aus Österreich stammenden Ludwig von Bertalanffy (1901–1972) zurück. Ihre erste konkrete Form haben sie in der Kybernetik (der Lehre der sich selber regulierenden Systeme) bekommen, später wurden sie in verschiedenen Wissenschaften von Wissenschaftlern wie Gregory Bateson (1904–1980), Ilya Prigogine und Francisco Varela konkret ausgearbeitet. In der Systemtheorie steht das Konzept der Selbstorganisation im Mittelpunkt. Dieses Konzept ist auf alle Wissenschaften von Mensch, Natur und Gesellschaft anwendbar.

Die Systemtheorie beschreibt die Natur nicht mehr als mechanisches, sondern als ein offenes, dynamisches und lebendiges System, das autonom ist und sich selbst organisiert. Das System steht mit seiner Umgebung in Wechselwirkung und tauscht darin Energie und Materie aus. Prinzipielle Eigenschaften dieses Systems sind Selbsterneuerung und Selbsttranszendenz, wobei neue Strukturen entstehen. Dieses Bild der Natur als harmonisches Gewebe, das immer wieder sein Gleichgewicht herstellt, kann auf die Erde als Ganzes, wie das der Amerikaner James Lovelock mit seiner Gaia-Hypothese getan hat,[102] und auf Subsysteme auf allerlei Ebenen, die alle ein eigenes Maß an Autonomie besitzen, angewendet werden. Die Teile des Systems stehen in einem Verhältnis der gegenseitigen Abhängigkeit, und zusammen sind sie mehr als ihre jeweilige Einzelsumme. Das ist das holistische Prinzip. In dem System zirkulieren außerdem Informationen, die es braucht, um sich selbst zu organisieren.

In der Nachfolge von Bateson nennt Capra diese Information «Geist». Dadurch wird es möglich, Eigenschaften des menschlichen Geistes mit dem Prinzip der Selbstorganisation der Natur zu verbinden. Geist ist eine Systemeigenschaft, mit der Begriffe wie Lernen, Denken und Erinnerung verbunden werden können. Informationsverarbeitung findet in jedem System statt und darum kann allen Geist zugeschrieben werden. An Stelle einer spezifisch menschlichen Eigenschaft wird Geist so eine allgemeine Eigenschaft der ganzen Natur. Das scheint mit den östlichen Traditionen, nach denen die Natur von einem universellen Geist durchzogen ist, übereinzustimmen, aber nicht mit der mitteleuropäischen Anschauung eines sich selbst bewußt werdenden Geistes. Capra kann Gott so auch als einheitsschaffende Kraft, die innerhalb des Kosmos wirksam ist, beschreiben. Er ist der Geist des Universums und nichts weniger als die sich selber organisierende Dynamik des ganzen Kosmos. Auch Prigogine äußert sich in vergleichbarer Weise über die Annäherung zwischen westlichem und östlichem Denken, wenn er über eine neue Synthese spricht, in der sich die westliche Naturwissenschaft mit der chinesischen Tradition verbindet, in der die Auffassung von einer spontan sich selbst organisierenden Welt im Mittelpunkt steht.[103]

Dieses Bild einer sich selbst organisierenden Welt hat wichtige Folgen für die Erforschung des Entstehens des Lebens und für die Instandhaltung der ökologischen Systeme und der menschlichen Gesundheit. Hier liegt die Basis für viele New Age-Wissenschaften und Techniken zur Erhaltung von Natur und Gesundheit. Der englische Biologe Rupert Sheldrake hat einen wichtigen Versuch gemacht, eine neue Betrachtungsweise von der Entstehung von Strukturen zu formulieren. Seiner Hypothese nach ist in jeder stofflichen Struktur ein «morphogenetisches» Feld vorhanden, das Informationen über die Struktur enthält und einen formenden Einfluß auf die Entstehung von genau denselben Strukturen – seien das nun Kristalle oder lebendige Organismen – ausübt.[104] Auch in der Ökologie und der Umweltphilosophie werden neue Ideen entwickelt in denen die Einheit von Mensch und Natur wieder neu durchdacht wird. Darin wird unterstrichen, daß der Mensch in seinem Umgang mit der Natur das selbstorganisierende Vermögen der Natur intakt lassen muß. Auf dem Gebiet der menschlichen Gesundheit schließlich werden Techniken entwickelt, die das Ziel haben, die Energiesysteme des menschlichen Körpers wieder ins Gleichgewicht zu bringen und in die Lage zu versetzen, sich selbst zu regulieren. Dabei läßt sich an die chinesischen Akupunktur-Techniken, Aikido, Tai Chi, Reiki, autogenes Training, Bioenergetik, Bodywork, die sogenannte Aura- und Chakra-Heilung und indianische Heiltechniken denken.

Die Transformation von Organisationen zu Netzwerken

Außer auf der Erfahrung eines höheren Bewußtseins und der Verbundenheit des Menschen mit der Natur basiert die New Age-Kultur auch auf dem Erlebnis der fundamentalen Einheit der Menschheit. Dieser Einheit eine praktische Form zu geben, ruft jedoch eine Menge neuer Probleme hervor, die nicht einfach aus einem meditativen Bewußtsein heraus zu lösen sind. Das Zusammenleben von Menschen in einer Zeit des zunehmenden Individualismus bringt Spannungen mit sich, die in den traditionellen Gemeinschaften nicht vorhanden sind und die in der New Age-Kultur gelöst werden müssen.

In dieser Kultur lebt das Bewußtsein, daß neue Organisationsformen geschaffen werden müssen. Die amerikanische Journalistin Marilyn Ferguson hat als solche neuen Formen die Netzwerke beschrieben.[105] Menschen verbinden sich miteinander in Gruppen, die bestimmte Erneuerungen anstreben. Da jeder in mehrere Netzwerke integriert ist, kann er leicht mit anderen Erneuerern in Kontakt kommen.

Ferguson sah darin das Modell für eine neue soziale Ordnung, in der die Menschen sich aus einer spirituellen Motivation heraus miteinander verbinden.

Ein Teil dieser Spiritualität wird von neuen, ganzheitlichen Werten, die als postmaterialistisch bezeichnet werden, gebildet. Das sind die Werte einer materiell gesättigten Gesellschaft, die einer Lebenshaltung Raum schafft, in der Fragen der Sinngebung, der innerlichen Entwicklun und Autonomie, der menschenwürdigen Arbeit und der Qualität des Lebens in den Mittelpunkt rücken.

Von diesen neuen Wertvorstellungen ausgehend hat man zahllose kulturelle Aktivitäten unternommen, die in Instituten, Begegnungszentren und Gemeinschaften, wie Esalen in Kalifornien, Findhorn in Schottland und Auroville in Indien, eine Gestalt bekommen haben. In den New Age-Gemeinschaften sind neue Umgangsformen entwickelt worden, in denen nach neuen Arten der Beschlußfassung, der Selbstverwaltung und nach anderen Formen der Leitung gesucht wird. In Projekten der ökonomischen Erneuerung sind Kleinbetriebe, kooperative Produktion, die Verwendung von angepaßter Technologie, Umweltfreundlichkeit und das Ideal, ehrlich Geschäfte zu machen und der Gemeinschaft nützlich zu sein, wichtige Themen geworden. Sehr wichtige Anstöße dazu hat das Buch «Small is beautiful» von dem aus Deutschland stammenden Ökonomen Fritz Schumacher (1911–1977) gegeben.[106] Diese Neuorientierungen in Kultur, sozialem Umgang und Wirtschaft bilden grundlegende Ansätze für eine neue soziale Ordnung.

Mit den vielen New Age-Netzwerken ist ein Anfang zum Aufbau einer neuen Gesellschaft gemacht. An der Basis ist dies jedoch viel einfacher als in den bestehenden Organisationen und Strukturen oder von der Führungsschicht aus. Das Netzwerk ist eine alternative Organisationsform. Ferguson hat es als ein offenes System beschrieben, das fortwährend in Bewegung ist. Es wird keine unkontrollierte Macht über die Menschen ausgeübt, Zusammenarbeit und gegenseitige Hilfe stehen im Mittelpunkt. Die Transformation der bestehenden Organisationen mit ihren hierarchischen Strukturen und ihrer traditionellen Führung zu Netzwerken stellt eine große Herausforderung für eine neue Organisationswissenschaft dar.

Eine New Age-Wissenschaft wie «Organisations-Transformation» steht noch am Anfang ihrer Entwicklung.[107] Es sind erste Versuche unternommen worden, ein neues Bild von Organisationen aufzubauen und Techniken zum optimalen Funktionieren der Menschen in der Organisation zu entwickeln. Von den bekannten New Age-Gesichtspunkten aus wird die Organisation als ein Energiefeld betrachtet, in dem Menschen enorme Leistungen vollbringen können, wenn ihre Energie gebündelt wird. Diese Energiebündelung kommt nicht zustande, indem von außen Veränderungen diktiert werden, sondern indem man die Menschen auf ihre schöpferische Aktivität und ihre Verantwortlichkeit hin anspricht, sie stimuliert, an der Verwirklichung der eigenen Möglichkeiten zu arbeiten und inspirierende Anschauungen entwickelt, mit denen sie sich verbinden können.

In solchen Organisationen kann die Führung nicht mehr autoritär und hierarchisch sein. Der Leiter sollte jemand sein, der Einblick vermittelt, der die Energie des Systems am Strömen erhält und der für die Harmonie in der Organisation sorgt. Das Bild des Stroms stammt aus dem chinesischen Taoismus, wo es für die Harmonie mit der natürlichen Ordnung steht. Organisations-Berater aus New Age-Kreisen haben konstatiert, daß moderne Organisationen in den Menschen dämonische Kräfte freisetzen können, die häufig durch Autoritätsverhältnisse und Vorschriften unter Kontrolle gehalten werden oder mit finanziellen Belohnungen abgekauft werden. Sie plädieren stattdessen dafür, daß der Leiter die Organisation in Harmonie bringt, indem er der Liebe in Form von Verständnis, Sorge und Interesse für die Menschen einen Platz einräumt und auch indem er Gruppenmeditationen abhält, in denen sich die Menschen geistig miteinander verbinden. Die Gruppenmeditation kann eine wichtige Technik sein, um den Einsatz der Menschen und ihre innere Motivation zu erhöhen. Auch auf andere Weise kann «Organisations-Transformation» die Menschen stimulieren, sich mit der Organisation verbunden zu fühlen und Spitzenleistungen zu vollbringen. Dabei handelt es sich um Techniken, die die Organisationen inspirierender machen, die das Wohlbefinden der Menschen und ihre persönliche Transformation fördern und die Spitzenleistungs-Netzwerke aufbauen, in denen nach den Prinzipien der Synergie die Energie und das Wissen vom Menschen optimal verwendet werden können, um die gegebenen Zielsetzungen zu verwirklichen.

So wie in den Organisationen das Bewußtsein von der Verbundenheit der Menschen untereinander wachsen kann, so ist das auch in der gesamten Gesellschaft möglich. Für viele liegt darum in der New Age-Kultur der Ansatz zu einer Transformation der Gesellschaft als Ganzes. In Amerika knüpft das an die bereits bestehenden Netzwerke der Menschen an, die sich für soziale Veränderungen und für Formen der unmittelbaren Demokratie einsetzen. Auch Friedens- und Umweltschutzgruppen können nach diesem Netzwerk-Prinzip organisiert werden. Innerhalb des politischen Systems bilden sie eine Bewegung, die in die bestehende politische Führung wenig Vertrauen hat und danach strebt, diese Strukturen auf lange Sicht umzuformen.

Die New Age-Wissenschaften

In der New Age-Kultur ist ein neuer Typ von Wissenschaft aufgekommen, in dem an der Ausführung der hier skizzierten Kulturprogramme gearbeitet wird. In neuen Humanwissenschaften geht es um die Verbindung des Menschen mit dem höheren Bewußtsein und mit seinen verborgenen Möglichkeiten. In neuen Naturwissenschaften steht die Ausarbeitung der Idee, daß die Welt ein großes selbstorganisierendes System ist, in das auch der Mensch aufgenommen ist, im Mittelpunkt. Und in neuen Sozialwissenschaften wird versucht, selbstorganisierende Systeme, Netzwerke, zu bilden, in denen die Menschen mit ihrer Energie, ihrem Wissen und der Technik optimal umgehen können. All diesen Wissenschaften liegt ein neues Wissenschaftsmodell, ein neues Paradigma, zugrunde, in dem eine Verschiebung vom Teil zum Ganzen, von der Struktur zum Prozeß und von Machtausübung zur Zusammenarbeit stattfindet. Das wird auch als das holistische, das ökologische Paradigma oder als das Systemparadigma bezeichnet.

Das neue Paradigma basiert auf dem spirituellen Bewußtsein der Verbundenheit von allem miteinander und auf den religiösen Erfahrungen, die dem zugrunde liegen. Man könnte diese mystischen Erfahrungen beschreiben als die Erfahrung der Einheit mit dem höheren Selbst und des Aufgehens im All, als die Erfahrung der Verbundenheit des Menschen mit der ganzen Natur und der Einheit von der Menschheit. Das sind Urerfahrungen, die oft mit paradiesischen Bildern einhergehen. Zwischen diesen Urbildern und dem Systemdenken der New Age- Wissenschaften besteht jedoch ein deutliches Spannungsverhältnis. Das kann dazu führen, daß die ursprüngliche Erfahrung von einem abstrakten Systembegriff verdrängt wird, oder daß das Systemparadigma mit seinen Techniken zurückgewiesen wird, weil darin kein lebendiges, menschliches Denken erfahren werden kann, sondern nur ein neues technisches Beherrschungsdenken.

Eine solche Reaktion ist verständlich, weil das Systemdenken sich aus der materialistischen Wissenschaft entwickelt hat und ein äußerst verfeinertes Produkt des modernen Beherrschungsdenkens ist. Seine Entstehung verdankt es der Periode der Kriegswissenschaft, und in der Kybernetik und der Computertechnologie hat es seine erste Form bekommen, bevor es von Capra und anderen zum Rückgrat der New Age-Wissenschaften gemacht wurde. So gesehen sind diese Wissenschaften die Fortsetzung des alten mechanischen Denkens, das durch die Konzeption der Selbstorganisation eine neue Form und aufgrund der Verbindung mit alten religiösen Erfahrungen der kosmischen Einheit eine besondere Anziehungskraft bekommen hat. Diese Verbindung ist möglich, weil sowohl in der Systemtheorie als auch in den kosmischen Urerfahrungen das menschliche Ich keine zentrale Position einnimmt. In der Systemtheorie kann das Ich dem System untergeordnet werden, so daß die Autonomie und die Freiheit des Menschen verlorengehen. Außerdem kann das Ich bei Befolgen der New Age-Techniken in kosmischen Urerfahrungen verschwimmen.

In dem New Age-Denken über den Menschen erscheint so einerseits das paradiesische Bild der Einheit des Menschen mit dem Kosmos und andererseits das Modell vom Menschen als einem Energiesystem, in dem alte schlummernde Fähigkeiten oder alte Bewußtseinszustände erweckt werden können. Dafür muß erst das Ich, z. B. durch psychedelische Mittel oder bestimmte Meditations- und Atemtechniken, ausgeschaltet werden. Durch solche Techniken kommen neue Verbindungen zwischen den beiden Gehirnhälften zustande. Dabei kann der Mensch unter Ausschaltung seines Ich und seiner moralischen Urteilskraft beispielsweise alte Formen der Hellsichtigkeit entwickeln, unter Hypnose oder in verwandten Zuständen Wissen aufnehmen, parapsychologische Fähigkeiten erwerben, ein erweitertes Bewußtsein erfahren oder in andere Leben zurückversetzt werden.

In einem neuen Denken über die Natur und die menschliche Gesundheit werden das alte Bild von der Natur als Paradies und die chinesische Vorstellung von einer sich selbst organisierenden Welt an ein Modell von der Wirklichkeit als Gewebe von Energiemustern, das aus der Physik der «Unternatur» stammt, gekoppelt. Der menschliche Geist wird des weiteren mit dem Begriff der Information verbunden, wodurch der Mensch seiner spezifisch menschlichen Eigenschaften beraubt wird. Was die menschliche Gesundheit angeht, so liefern die New Age-Wissenschaften zahlreiche Techniken, die direkt auf die Lebenskräfte und das Energiesystem des menschlichen Körpers wirken, ohne Störungen, die aus der Seele oder dem Ego des Menschen kommen oder den aufbauenden Kräften des Ich genügend Rechnung zu tragen.

In dem Denken über soziale Transformation werden letztendlich die alten Bilder einer harmonisch zusammenarbeitenden, noch nicht des eigenen Ich bewußten Gruppe von Menschen und das chinesische Bild von dem Strom verbunden mit der Vorstellung eines Netzwerks von Menschen, die mit Hilfe von modernen Techniken zu Spitzenleistungen gebracht werden müssen, indem sie einem günstigen Energiestrom ausgesetzt werden. Dabei ist man sich dessen bewußt, daß die Organisationen zu zerfallen drohen, weil die Menschen immer individualistischer werden. Man versucht jedoch trotzdem, ihre nicht durch das Ich überwundenen dämonischen Aspekte unschädlich zu machen, indem man die Menschen in einen Bewußtseinszustand versetzt, in dem sie von dem Strom der Organisation wieder aufgenommen werden können. Wie dadurch soziale Probleme wie Ausbeutung, Armut, Machtmißbrauch, ökologische Zerstörung und der Rüstungswettlauf gelöst werden können, ohne daß der Mensch aus seinem Ich heraus handelt, ist nicht so leicht vorstellbar.

Das Aufeinanderkleben von Vorstellungen von einer paradiesischen Welt der Einheit und Verbundenheit und von modernen wissenschaftlichen Modellen, die der Psychologie, der Physik und der Soziologie der «Unterwelt» entlehnt sind, schafft in der New Age-Bewegung eine besondere Kombination von alter, meistens asiatischer Spiritualität mit modernem westlichen Materialismus. Eine solche Kombination, in der dem freien Ich des Menschen wenig oder kein Raum gegeben wird, hat sich in der Vergangenheit in der Akademie von Gondischapur und später in der arabisch-spanischen Kultur ergeben. Auch dort machte die Verbindung von Ekstasetechniken mit einer intellektuellen, wissenschaftlichen Schulung das Arbeiten an einem Paradies auf Erden möglich. Kalifornien ist das neue Bild von diesem irdischen Paradies, das der Wüste abgerungen und auf zauberhafte Weise in einen Lustgarten verwandelt worden ist.

New Age und Mitteleuropa

Die New Age-Kultur ähnelt in vieler Hinsicht der Kultur Mitteleuropas. Im Selbstverständnis der Vertreter der New Age-Kultur umfaßt sie auch die mitteleuropäische Spiritualität und die Anthroposophie. Und doch unterscheidet sich das mitteleuropäische Kulturideal von ihr in einigen grundlegenden Punkten, weil es dem freien Ich des Menschen und dem Prozeß der individuellen Bewußtwerdung einen zentralen Platz zuerkennt. In der New Age-Kultur besteht die Tendenz, daß das im Werden begriffene Ich sich aus der Kulturentwicklung zurückzieht, um wieder im universellen Bewußtsein, in der universellen Harmonie aufzugehen. Dabei kann das Bild einer schönen Welt entstehen, das an der Wirklichkeit des Leidens, des Häßlichen und des Negativen vorbeigeht. In der europäischen Kultur hingegen kämpft der Mensch darum, aus seinem Ich heraus das Spirituelle mit dem Materiellen zu verbinden. Das ist der Weg der Arbeit an der Erde und der Entwicklung des Ich-Bewußtseins. Die europäische Kultur geht den Weg, der in dem Namen Parzival begründet liegt: den Weg «durch das Tal» der «Unterwelt» wieder hinauf in die Welt des Geistes. Im mitteleuropäischen Bildungsprogramm geht es um das Individuell-werden und das Sich-selbst-bewußt-werden des Geistes im konkreten menschlichen Ich. Erst wenn die Seele des Menschen durch individuelle Arbeit genügend geläutert ist, kann dieses Ich zum Christus-Träger werden. Das ist die christliche Spiritualität, die auf dem Grundgedanken, daß Christus im Menschen wohnt, beruht. Erst auf der Ebene seines Ich ist der Mensch ein völlig bewußtes Mitglied der universellen Gemeinschaft der Menschheit.

Die New Age-Kultur betrachtet sich selbst als eine Antwort auf die Krise der Menschheit. Capra sagte, daß diese Krise in einer verkehrten Denkweise, namentlich in dem modernen Wissenschaftsmodell, das auf dem Denken von Descartes und Newton beruht, ihre Ursache hat. Ausgehend von der mitteleuropäischen Kultur läßt sich die Frage stellen, ob diese Krise dadurch gelöst werden kann, daß man das Ich verschwinden läßt und die Trennung zwischen Mensch und Welt aufhebt, indem beide in ein übergreifendes System aufgenommen werden. Durch das Aufgehen-lassen des Ich im System gehen vielleicht sogar äußerst wichtige Möglichkeiten, die Krise von einem Ich-bewußten, klaren Denken und von moralischen Intuitionen aus zu überwinden, verloren.

In dem heutigen europäischen Streben nach einer neuen Kultur kann der Mensch sich seiner Lebensaufgabe bewußt werden und aus seiner persönlichen Weltanschauung heraus leben. Er kann lernen, in Liebe und Ehrfurcht aus seinem Ich heraus mit der Natur umzugehen, und aus der bewußten persönlichen Entscheidung heraus kann er sich für den in Not geratenen Mitmenschen einsetzen. Es läßt sich schwer vorstellen, wie ohne ein neues Ich-bewußtes Denken und ohne neue moralische Intuitionen der Kampf gegen die unbewußten und instinktiven Kräfte des individuellen und sozialen Lebens angegangen werden soll. Außerdem braucht man das wache Ich-Bewußtsein, um autoritäre Führungsprinzipien in manchen Psychogruppen und Sekten aus der New Age-Szene zu durchschauen.

In gewissen New Age-Kreisen besteht die Neigung, nach dem Gemeinsamen aller Religionen zu suchen und in einer universellen Religion zu verbinden. Das wird unter anderem von theosophischen Kreisen und der Sufi-Bewegung, die Christus auf die gleiche Linie mit anderen geistigen Lehrern der Menschheit stellt, unterstützt. Zu Beginn des Jahrhunderts meinte die Leitung der Theosophischen Bewegung, daß in einem jungen Hindu (der sich Krishnamurti genannt hat) der Christus wiedergeboren werden würde, aber diese Ehre wurde später von dem Betroffenen zurückgewiesen. Die Krishnamurti-Sache war der Grund für den Bruch zwischen Rudolf Steiner und der Theosophie. Weil das Spiel mit dem Christus u.a. über die Schule von Alice Bailey weitergeht, nehmen Anthroposophen meistens eine kritische Haltung der New Age-Bewegung gegenüber an.[108]

Seit 1982 wird in einigen Kreisen der New Age-Bewegung die Wiederkunft des Christus als Weltenlehrer erwartet. Dieser Erwartung einer neuen leiblichen Erscheinung des Christus steht die Erfahrung von vielen Menschen in diesem Jahrhundert gegenüber, die seine geistige Anwesenheit – meistens erst in einem Rückblick – als Tröster, Helfer und Ratgeber in den Notsituationen ihres Lebens und in ihrem Mitleiden mit ihren Mitmenschen erlebt haben. Der auferstandene Christus kommt hier dem Menschen in der Ohnmacht seines Ich zu Hilfe. Nach der Aussage Rudolf Steiners soll dies ab 1933 für immer mehr Menschen eine persönliche Erfahrung werden. An dieser Stelle läßt sich fragen, ob in der New Age-Kultur die Spiritualität eines innerlich durchlebten Christentums nicht zu schnell mit der der asiatischen Religionen gleichgesetzt wird, die die leibliche Auferstehung nicht kennen.

Diese Kritik an den spirituellen Prätentionen von bestimmten Kreisen innerhalb der New Age-Bewegung bedeutet nicht, daß die Früchte dieser Bewegung wertlos sind. Gerade im Gegenteil muß gesagt werden, daß viele Heilmethoden, Psychotherapien, Entspannungstechniken und vieles andere Wissen aus alter Spiritualität sehr bedeutend sind und im Rahmen eines neuen Menschenbildes fruchtbar angewandt und in eine erweiterte Medizin integriert werden können.

6. Das Schicksal der Deutschen

Auf die Mitte Europas wirken bestimmte Kräfte ein, die zum Teil in der Vergangenheit ihren Ursprung haben, zum Teil auch auf zukünftige Aufgaben hinweisen. Die aus dem Süden und Westen kommenden Kräfte resultieren noch aus der Völkerwanderung, die von der Mitte ausgegangen ist: kirchlich-religiöse Kräfte aus Italien und Spanien, politische Kräfte aus Frankreich und wirtschaftliche Kräfte aus Großbritannien (und Amerika). Aus dem Osten wirken Kräfte, die mehr mit zukünftigen Aufgaben der Mitte zusammenhängen. Diese beziehen sich auf Deutschlands Verbindung mit der slawischen Welt – mit dem Balkan, mit Ostmitteleuropa und mit Rußland. Weil die Mitte Europas hier ihre Aufgaben noch nicht erfüllt hat, ordnen westliche Wirtschaftsinteressen diese Gebiete, die für sie seit 1989 ein neuer Markt sind, auf eine sehr aggressive Weise.

Die Bundesrepublik Deutschland hat zwar mit ihrer Ostpolitik und vor allem nach dem Zusammenbruch des Sowjet-Imperiums versucht, ihre Verbindung mit dem Osten selbständig zu gestalten, aber die anderen Länder der Europäischen Union waren mißtrauisch, weil sie eine neue selbständige Rolle Deutschlands befürchten. Es wurde nach dem Zweiten Weltkrieg in die westlichen Strukturen aufgenommen und jeder Schritt nach Osten mußte mit einer stärkeren Einbindung nach Westen hin kompensiert werden.

Diese geistige, politische und wirtschaftliche Einbindung hat zur Folge, daß die Beziehung zur eigenen geistigen Quelle für die Mitte Europas schwieriger geworden ist, zumal die Kultur des Ich-Bewußtseins weitgehend untergegangen ist und nur in kleinen Kreisen wieder aufblüht.

Der Versuch, der am Anfang des 20. Jahrhunderts gemacht wurde, um von der Mitte aus eine neue spirituelle Kultur über Europa zu verbreiten, ist mißlungen, wie auch zu Beginn des 17. Jahrhunderts. Damals wurde die

Spiritualisierung der Kultur durch den 30-jährigen Krieg verhindert, der von den die römisch-katholischen Interessen vertretenden Habsburgern organisiert wurde. Im 20. Jahrhundert wurde sie durch die zwei Weltkriege verhindert, deren tiefere Ursachen kompliziert sind. Erstens liegen sie in der schon beschriebenen spirituellen Verfinsterung, die im deutschen Volk selbst seit der Mitte des 19. Jahrhunderts auftrat, zweitens in Machtmechanismen, die von Interessenkreisen der westlichen Wirtschaft und reaktionären katholischen Kreisen in Gang gesetzt wurden. Drittens haben die Versailler Verträge, die Weltwirtschaftskrise von 1929 und der Stalinismus eine Radikalisierung der deutschen politischen Verhältnisse hervorgerufen, die das deutsche Volk mit in die Arme eines Diktators getrieben haben. Und viertens gibt es auch einen Zusammenhang mit der apokalyptischen Signatur unserer Zeit.

Der Engländer C. G. Harrisson, Präsident der Berean-Gesellschaft und ein Vertreter des Anglo-Katholizismus, der hinter die Kulissen der Macht schauen konnte, hat 1893 in einer Reihe von Vorträgen ausgesprochen, daß westliche Interessenkreise seit dem Ende des 19. Jahrhunderts planten, nach einem nächsten europäischen Krieg «sozialistische Experimente» in Rußland durchzuführen, die im Westen nicht erwünscht waren.[109] Sie wollten das Kaiserreich Österreich-Ungarn zerstören und die Wirtschaft in Europa, wie Rudolf Steiner das ergänzte, so ordnen, daß die «Herrenkaste des Westens» über die Arbeitskraft der «Sklavenkaste des Osten» («hinter dem Rhein») verfügen könnte.[110] Nach 1945 und 1989 haben sie die europäische Wirtschaft nach neo-liberalen Prinzipien tatsächlich so strukturiert, daß eine humane Wirtschaft, die durch ein lebendiges Rechtsleben möglich gemacht wird, sich nur noch schwer organisieren läßt.

Rudolf Steiner hat auch darauf hingewiesen, daß diese westlichen Interessenkreise durch den Wirtschaftsegoismus, den sie verbreiten, die Menschheit immer tiefer in den Materialismus senken und damit den Tod der Kultur herbeiführen. Sie wollen verhindern, daß die moderne Wirtschaft durch geisteswissenschaftliche Impulse durchdrungen und dem gesamtgesellschaftlichen Leben dienlich wird. In der Wirtschaft wird der moderne Kampf gegen den Geist geführt, der früher durch die Inquisition und mit Kriegsgewalt organisiert wurde.

Andere Gegner der spirituellen Erneuerung hat Steiner in Kreisen wahrgenommen, die alte römische Impulse vertraten und die Wiederaufrichtung des Heiligen Römischen Reiches Deutscher Nation beabsichtigten, um die anthroposophische Bewegung auszurotten.

Die Einbindung Deutschlands in den Westen

Am Ende des Zweiten Weltkrieges war die Zukunft Deutschlands noch unbestimmt. Stalins Politik zielte auf ein demilitarisiertes, neutrales Deutschland und auf eine allmähliche, sowjetische Einflußnahme auf den Westen Europas. Die Amerikaner hatten 1944 zunächst den Morgenthau-Plan, der Deutschland in einen Agrarstaat umwandeln sollte. Im Frühjahr 1945, als die Sowjetunion sich für eine einheitliche Verwaltung aussprach, gaben sie ihn auf. Den westlichen Alliierten war auch klar, daß Deutschland nur Kriegsreparationen leisten könnte, wenn es wirtschaftlich wieder auf die Beine kommen würde. Die wirtschaftliche Entwicklung Westeuropas war im Interesse Amerikas.

Die Teilung Deutschlands wurde de facto von den westlichen Mächten durchgeführt, nachdem die Amerikaner der Sowjetunion keine Wiederaufbaukredite geben wollten und ihr die von der Roten Armee befreiten Gebiete überließen, damit sie sich dort mit Kriegsbeute selbst entschädigen konnte. Es begann der Kalte Krieg, hinter dessen Fassade ein Wirtschaftskrieg zwischen dem westlichen und dem östlichen System entbrannte, der auf dem Territorium der beiden deutschen Staaten ausgetragen wurde. Von Anfang an waren die Chancen ungleich: die DDR wurde von den Russen leergeplündert, die Bundesrepublik bekam Hilfe im Rahmen des Marshall-Planes. Dieser Wirtschaftswettkampf zwischen Ost und West hat bis 1989 gedauert.

Die BRD wurde nach dem westlichen Modell und mit wirtschaftlichen Zielsetzungen wiederaufgebaut. Deutschland bekam die Alleinschuld für die beiden Weltkriege zugesprochen und ihre Bürger wurden «umerzogen», damit sie zuverlässige Demokraten werden würden. Der britische Staatsmann Winston Churchill (1874-1965), der sein Land durch den Krieg geführt hatte, sprach sich schon am 19. September 1946 in Zürich schon für eine Art «Vereinigte Staaten von Europa» aus, die eine neue Partnerschaft zwischen Frankreich und Deutschland als Grundlage haben würde. Diese Vereinigung Westeuropas war als erster Schritt zur Schaffung einer anglo-amerikanischen Weltordnung gedacht.[111]

1949 war das Jahr der Gründung der beiden deutschen Staaten, aber auch der NATO, der von Churchill initiierten «Europäischen Bewegung» und des Europarates. Westdeutschland trat dem Europarat (1950/51) und der NATO (1954) bei. Die deutsche Schwerindustrie konnte, im Rahmen einer Vereinigung der Kohle- und Stahlindustrien der Beneluxländer, der Bundesrepublik, Frankreich und Italien (1952), die sich 1957 als «Europäische Wirtschaftsgemeinschaft» zusammenschlossen, wiederaufgebaut werden. Zu diesen sechs Ländern kamen im Laufe der Jahre noch neun weitere hinzu, die zusammen die «Europäische Union» bildeten.

Die erste Anregung für eine Zusammenarbeit auf dem Währungsgebiet hat 1969 Willy Brandt gegeben. Er machte damit eine Geste nach Frankreich, die seine Ostpolitik ergänzen sollte. Zwei Jahre später kam ein Vorschlag für eine Währungsunion, der in der damaligen Währungsturbulenz unterging. Erst 1987 kam der deutsche Außenminister Hans-Dietrich Genscher in einer Rede über die Veränderungen im Osten während der Perestrojka-Zeit wieder auf diese Idee zurück. Das führte zu dem Vorschlag für eine Europäische Zentralbank.

Bald darauf fiel die Mauer und zeichnete sich die Möglichkeit der Wiedervereinigung ab. Die Amerikaner waren dafür, weil sie wußten, daß das neue Deutschland sich voll im westlichen System verankern würde. Frankreich hatte (wie Großbritannien) jedoch Angst vor einem mächtigen Deutschland, das versuchen würde, seinen Bewegungsspielraum auf den Osten auszudehnen. Es stimmte zu, nachdem Deutschland sich mit einer Beschleunigung der Vorbereitungen für eine Währungsunion einverstanden erklärt hatte. Die Wiedervereinigung und die europäische Integration seien die zwei Seiten der gleichen Medaille, sagte damals Bundeskanzler Helmut Kohl.

Mit dem Vertrag von Maastricht (1991), wo die Idee der neuen Union festgelegt wurde, haben sich die Unterschiede in den politischen und wirtschaftlichen Auffassungen zwischen den Mitgliedstaaten deutlich abgezeichnet. Grundlegende Fragen über die politische Struktur der Union und über die Regulierung der Wirtschaft bleiben unbeantwortet. Es gibt eine sehr starke Tendenz zur Bürokratisierung, die wohl mit dem französischen Zentralismus zusammenhängt. Nach dem Untergang der Sowjetunion, der zeitlich fast mit der Konferenz in Maastricht zusammenfiel, scheint sich diese Tendenz noch zu verstärken.

In der Europäischen Union hat von Anfang an ein wirtschaftlicher Impuls gewirkt, der zur Bildung eines Wirtschaftsimperiums führt. Es ist ein westlicher Geist, der über Europa die Macht haben will. Rudolf Steiner hat nach dem Ersten Weltkrieg ausgesprochen, daß die anglo-amerikanische Menschheit durch ihre natürliche Veranlagung über die Wirtschaft die zukünftige Weltherrschaft bekommen würde. Das wird jedoch nur eine äußerliche, materialistische Herrschaft sein, die den «Keim des Zerstörens» in sich trägt.[112] Gerade um die Mitte des 20. Jahrhunderts würden nach Steiner neue spirituelle Impulse notwendig sein, um den dadurch verursachten Untergang des sozialen Lebens und der Kultur zu verhindern.

Der Westen ist auf die geistigen Kräfte der Mitte angewiesen, um die Kräfte des Todes, die von der Wirtschaft ausgehen, zu überwinden. Die Mitte sollte in Steiners Auffassung die Wirtschaft vom Westen erlernen, sie aber mit geistigen Impulsen durchdringen, ihre destruktive Wirkung durch ein lebendiges Rechtsleben eindämmen und die Bedingungen schaffen, damit im Osten eine Wirtschaft der Brüderlichkeit entstehen könne. Für diese zeitgemäße Aufgabe ist die Soziale Dreigliederung gedacht. Die Europäische Union kämpft jedoch hauptsächlich mit den Kräften der Vergangenheit, die in Frankreich, aber auch in anderen Ländern, ihren Sitz haben. Die kostenintensive Agrarpolitik wurde zum Schutz der kleinen Bauern der romanischen Länder entwickelt, ohne daß dadurch die Qualität der landwirtschaftlichen Produkte verbessert und ein neues Bewußtsein für gesunde Ernährung geweckt worden wäre. In Frankreich lebt ein romanisches Staatsdenken weiter, das mit bürokratischen Maßnahmen die Wirtschaft politisch kontrollieren will und immer wieder mit dem modernen Wirtschaftsdenken Deutschlands kollidiert. Es lebt wenig Bewußtsein für die großen Herausforderungen, die die Weltwirtschaft stellt. Sie ordnet die nationalen Gesellschaften neu, in dem Sinne, daß sie das Recht instrumentalisiert und die Kultur den Gesetzen des Marktes unterwirft. Die autonome Gestaltung des Rechtslebens und der Kultur in Europa ist deshalb die wichtigste Frage der Zukunft. Gerade auf diesen Gebieten muß Deutschland sich mit den Mumien der römischen Vergangenheit auseinandersetzen, d.h. mit dem Römischen Recht und seinem Geist des Zentralismus sowie mit der Bürokratie und mit der römischen kirchlichen Tradition.

Das römisch-katholische Europa

Hinter den Kulissen des neuen Europas bildet sich nicht eine neue Kultur, sondern es wird eher versucht, eine alte Kultur wiederzubeleben. Die «großen Europäer» der Nachkriegszeit waren alle überzeugte Katholiken: der Deutsche Konrad Adenauer (1876–1967), die Franzosen Jean Monnet (1888–1979) und Robert Schuman (1886–1963) und der Italiener Alcide de Gasperi (1881–1954). Am 8. Dezember 1955 wählte der Europarat ein Marien-Symbol zu seinem Emblem: das Bild der zwölf gelben Sterne im Kranz auf einem blauen Hintergrund. Es ist das Bild der Sternenjungfrau aus der Apokalypse des Johannes (Kap. 12), die mit der Sonne bekleidet ist und den Mond unter den Füßen hat. Bekanntlicherweise ist Maria auch ein Symbol für die Kirche. Nicht zufällig war auch, daß der 8. Dezember der Festtag der unbefleckten Empfängnis Mariä ist. Kurz nachher schenkte der Europarat, der in Straßburg seinen Sitz hat, der Kathedrale dieser Stadt ein Glasfenster mit einem Marienbild für die Apsis. Seit 1986 gilt das Marienbild mit den zwölf Sternen auch als das Symbol der Europäischen Union. Erwähnenswert ist außerdem, daß am 8. Dezember 1991, am Vorabend des Gipfels von Maastricht, im Vatikan eine Sondersynode für Europa abgehalten wurde.

Im Jahre 1957 war Rom das Zentrum einer europäischen Begeisterung, als mit dem Vertrag von Rom die Europäische Wirtschaftsgemeinschaft gegründet wurde. Am Tag vor der Unterzeichnung hatte Papst Pius XII. die katholischen Staatsmänner feierlich empfangen. Dieses «neue» Europa war tatsächlich die Wiederherstellung des alten karolingischen Reiches, das Deutschland, die Beneluxländer, Frankreich und Nord-Italien umfaßt hatte, bis es 843 in drei Reiche aufgeteilt wurde. Karl der Große wurde als der «Vater Europas» gefeiert und eines der Hauptgebäude der Union in Brüssel wurde nach ihm (auf französisch: Charlemagne) benannt. In diesem Kern-Europa lebten wenig Protestanten. Das protestantische Preußen, das Adenauer so verhaßt war, gehörte nicht dazu. Der deutsche Osten, der damals noch slawisch war, lag nicht im Karolingerreich.

Der erste Propagandist dieses katholischen Europas war der österreichische Graf Richard Coudenhove-Kalergi (1894–1972). Schon 1922 hatte er den Aufruf «Pan-Europa» veröffentlicht, dem 1923 ein Buch mit dem gleichen Titel und die Gründung der Paneuropa-Union folgten. Es war eine Antwort auf den großen anthroposophischen «West-Ost-Kongreß», der Anfang Juni 1922 in Wien abgehalten worden war, an dem Rudolf Steiner über das Europa des Geistes gesprochen hatte, das auf der Grundlage der sozialen Dreigliederung aufgebaut werden sollte und die Völker Europas wirklich vereinigen würde. Dieser Kongreß war der Höhepunkt im Leben von Ludwig Polzer-Hoditz (1869-1945), der sich sehr tief mit der spirituellen Entwicklung Europas befaßt hat.[113]

Coudenhove plädierte für ein vereinigtes Europa ohne England und Rußland und betrachtete die «katholische Kirche als die einzige Hüterin des europäischen Gedankens». Im gleichen Sinne hat sich Otto von Habsburg, der Sohn des letzten Kaisers und seit 1972 Präsident der Paneuropa-Union, geäußert: «Wenn wir nicht zurück zum Glauben finden, wird Europa nicht überleben.»[114] So spricht auch der polnische Papst Johannes Paul II., dessen Idee der beiden Lungen Europas (der westlichen und der slawischen) auch Gorbatschows Bild des europäischen Hauses beeinflußt hat, über die neue Evangelisierung Europas. Im modernen Europa hat die Säkularisierung die Kirchen überfallen und eine Kultur ohne die traditionelle Religion geschaffen. Viele Christen meinen deshalb, daß Europa seine Seele verloren hat, und die Kirche von Rom, die zunächst mit dem Zweiten Vatikanischen Konzil (1962–1965) versucht hatte, sich zu reformieren, geht mit Johannes Paul II. wieder den Weg der Restauration.

Obwohl sich die Kirche, im Vergleich zum 19. Jahrhundert, stark verändert hat und das menschliche Leben, die Menschenrechte und die Demokratie verteidigt, den Kapitalismus und Liberalismus kritisiert und ihre eigene Vergangenheit erforscht, versucht sie seitdem auch, die geistige Führung über die Seelen der Menschen zurückzubekommen und die geistige Zukunft Europas mitzubestimmen. Eines ihrer Mittel ist dabei die Restauration von alten politischen Strukturen.

Am Anfang des Jahrhunderts herrschte in der römischen Kirche noch der Antimodernismus, der sie dazu brachte, die sprituelle Erneuerung der Anthroposophie zu bekämpfen. In einem internen Vortrag für seine esoterischen Schüler hat Rudolf Steiner am 11. April 1924 darauf hingewiesen, daß Menschen, die das Prinzip der römischen Kirche vertraten, die für sie gefährlichste geistige Bewegung, die anthroposophische, vernichten wollten, indem sie versuchen würden, das Heilige Römische Reich Deutscher Nation (962–1806) wieder aufzurichten. Sie würden dafür, so sagten damals Steiner zufolge maßgebende Persönlichkeiten, die einzelnen Staaten dieses ehemaligen Reiches selbständig machen und, unter Ausschließung der Vorherrschaft von Preußen, dieses Reich wieder aufrichten. Es würde sich dann in seiner Macht über die Nachbargebiete erstrecken.[115] Steiner bezog sich dabei auf eine Mitteilung eines bayrischen Beamten, deren Bedeutung jedoch schwer einzuschätzen ist.

Was mit diesem Szenario genau gemeint war, ist auch unklar. Aber Tatsache ist, daß die Achse Berlin-Rom, die Adolf Hitler und Benito Mussolini hergestellt haben, die mittelalterliche Verbindung Deutschland-Italien wieder sichtbar machte, und daß nach dem Zweiten Weltkrieg ein noch älteres Reich, nämlich das karolingische, wieder zum Leben erweckt wurde. Es wird sich weiter nach Osten ausbreiten, aber ob es Rußland oder die Türkei aufnehmen wird, ist eine große Frage. Es sieht so aus, als könne die alte

Grenze zwischen der Mitte und dem Osten, die Papst Nikolaus im 9. Jahrhundert gezogen hat, noch nicht überwunden werden. Und gerade die Überwindung dieser Kulturgrenze und das Herstellen einer geistigen Verbindung mit Rußland ist eine Aufgabe der Deutschen und eine Voraussetzung für die Heilung Europas.

Das deutsche Rätsel

Für sich selber und für andere sind die Deutschen oft ein Rätsel. Sie erscheinen als unberechenbar und immer veränderlich. Der italienische Journalist Luigi Barzini hat sie ein «Proteus-Volk» genannt, nach dem griechischen Meeresgott, der immer eine andere Gestalt annehmen konnte.[59] Eine geisteswissenschaftlich orientierte Völkerpsychologie könnte viel dazu beitragen, das Phänomen der deutschen Seelenentwicklung zu verstehen. Im Gegensatz zu den westlichen Völkern kann von den Deutschen gesagt werden: «Deutscher kann man niemals sein, man kann Deutscher immer nur werden.»(Rudolf Steiner)[116]

Am Mitteleuropäer läßt sich die Entwicklung des Ich-Bewußtseins beobachten, die auch durch finstere Kellerräume der Seele führt und Gespenster sichtbar macht. Das menschliche Ich ist immer im Werden begriffen, es ist nicht immer in vollem Maße wach, und wo es abwesend ist, wird ein Schatten, ein Doppelgänger, sichtbar, der eben dasjenige zeigt, was man noch nicht verwandelt hat. Dieses Schattenwesen wird von anderen sehr gut wahrgenommen und oft für das wahre Wesen gehalten. So sind auch die Verhältnisse der anderen Völker zu den Deutschen durch diese Schattenkräfte getrübt worden.

Das wurde besonders deutlich, als am 24. März 1990 die damalige britische Premierministerin Margaret Thatcher ein Gespräch mit einigen Experten über den deutschen Nationalcharakter führte, um die Bedeutung eines wiedervereinigten Deutschlands einzuschätzen. Dabei wurden die deutsche Unempfindlichkeit für die Gefühle von anderen, die Neigung zur Selbstobsession und zum Selbstbemitleiden und das Verlangen, geschätzt zu werden, angeführt. Weiter nannte man noch Angst, Aggression, intimidierendes Benehmen, Egoismus, einen Minderwertigkeitskomplex und Sentimentalität. Als gefährlich empfunden wurden das Vermögen zum Exzeß und zur Übertreibung und die Neigung, die eigene Kraft und das eigene Können zu überschätzen. Nach dem Zweiten Weltkrieg habe Deutschland sich zwar gut benommen, meinte man, aber eine Garantie, daß die negativen Eigenschaften nicht wieder erscheinen würden, gäbe es nicht.[117]

Im Juli 1990 beschuldigte der britische Minister Nicholas Ridley Deutschland, Europa übernehmen zu wollen. Er verglich dabei sogar die Abgabe der Souveränität an die Europäische Gemeinschaft mit der Übergabe an Hitler. So tief steckt die Angst der Briten, daß Deutschland seine neue Macht (gegen ihre Interessen natürlich!) ausnützen würde. Vor zwei Jahrhunderten haben die deutschen Dichter und Philosophen ganz anders über Deutschland gedacht. Das deutsche Wesen war für sie mit den Idealen des Individualismus, des Kosmopolitismus und der Humanität verbunden. So sagte Friedrich Schiller in einem Gedichtentwurf:[118]

> Das ist nicht des Deutschen Größe,
> Obzusiegen mit dem Schwert;
> In das Geisterreich zu dringen,
> Vorurteile zu besiegen,
> Männlich mit dem Wahn zu kriegen,
> Das ist seines Eifers wert.
> Freiheit der Vernunft erfechten,
> Heißt für alle Völker rechten,
> Gilt für alle ewge Zeit.
> Stürzte auch in Kriegesflammen
> Deutschlands Kaiserreich zusammen,
> Deutsche Größe bleibt bestehn.

Der Philosoph Johann Gottlieb Fichte hielt in den Jahren 1807/08, als Napoleon Herr über Deutschland geworden war, seine «Reden an die deutsche Nation». In der siebten Rede sprach er über das Wesen des Deutschtums: «Alle, die entweder selbst schöpferisch und hervorbringend das Neue leben, oder die, falls ihnen dies nicht zuteil geworden wäre, das Nichtige wenigstens entschieden fallen lassen und aufmerkend dastehen, ob irgendwo der Fluß ursprünglichen Lebens sie ergreifen werde, oder die, falls sie auch nicht so weit wären, die Freiheit wenigstens ahnen, und sie nicht hassen oder vor ihr erschrecken, sondern sie lieben: alle diese sind ursprüngliche Menschen, sie sind, wenn sie als ein Volk betrachtet werden, ein Urvolk, das Volk schlechtweg, Deutsche.»[119]

Wer also ein schöpferischer, ursprünglicher, freier Mensch ist, darf sich nach Fichte ein Deutscher, ein Deutscher des Geistes nennen. Wer in Deutschland lebt und nach dem «Recht des Blutes» ein Deutscher ist, aber nicht über diese Ich-Kräfte verfügt, darf das nicht. So wurde das Deutschtum bei Fichte der Inbegriff des Ichbewußten Menschen, wo und in welchem Volk er auch leben mag.

In seinen Gesprächen mit Riemer hat Goethe mehrmals über die Deutschen und ihr Schicksal gesprochen, das dem der Juden ähnlich wäre:

«Denn Deutschtum ist Freiheit, Bildung, Allseitigkeit und Liebe – daß sie's nicht wissen, ändert nichts daran.»

«Ich habe oft einen bitteren Schmerz empfunden bei dem Gedanken an das deutsche Volk, das so achtbar im Einzelnen und so miserabel im Ganzen ist.»

«So sollten's die Deutschen halten, darin bin ich ihr Bild und Vorbild: weltempfangend und weltbeschenkend, die Herzen weit offen jeder fruchtbaren Bewunderung, groß durch Verstand und Liebe, durch Mittlertum und Geist – denn Mittlertum ist Geist –, so sollten sie sein, und das ist ihre Bestimmung, nicht aber als Originalnation sich zu verstocken, in abgeschmackter Selbstbetrachtung und Selbstverherrlichung sich zu verdummen und gar in Dummheit zu herrschen über die Welt.»

«Was gilt es, das Schicksal wird sie schlagen, weil sie sich selbst verrieten und nicht sein wollten, was sie sind. Es wird sie über die Erde zerstreuen wie die Juden, zu Recht, denn ihre Besten bei ihnen lebten immer im Exil, und im Exil erst, in der Zerstreuung, werden sie die Masse des Guten, die in ihnen liegt, zum Heile der Nationen entwikkeln und das Salz der Erde sein.»

«Deutschland ist nichts, aber jeder einzelne Deutsche ist viel, und doch bilden sich letztere gerade das Gegenteil ein. Verpflanzt und zerstreut wie die Juden in alle Welt müssen die Deutschen werden, um die Masse des Guten ganz und zum Heil aller Nationen zu entwickeln, das in ihnen liegt.»[120]

Gegenüber diesen Beschreibungen des deutschen Charakters wirkt die Verfinsterung des deutschen Geistes im 20. Jahrhundert wie ein Alptraum und eine Perversion der wirklichen Aufgaben der Deutschen. Nach Rudolf Steiner ist es gerade die Aufgabe aller Mitteleuropäer und der Deutschen insbesondere, das nationale Prinzip zu überwinden und aus dem Nationalen das Individuelle zu befreien. Erst auf der Ebene der ursprünglichen, schöpferischen und freien Individualität können sie wirkliche Mitteleuropäer und mit dem mitteleuropäisch/deutschen Volksgeist verbunden sein. Wenn sie dieses neue Bewußtsein nicht mit ihren Ich-Kräften ergreifen, sondern mit den Kräften von «Blut und Boden», verfinstert es sich und es entsteht eine «miserabele» (nach Goethe) Masse.

Bei den westlichen Völkern war die Bildung des Nationalbewußtseins nicht so problematisch, während es bei den slawischen Völkern oft mit messianistischen Vorstellungen verbunden ist. Immer kann ein nationales Bewußtsein in den Nationalismus abgleiten. Wie katastrophal sich das auswirken kann, kann man gerade am deutschen Volke beobachten, das eine völlig nicht-nationale, allgemeinmenschliche Aufgabe hat. Es soll einen anderen Weg gehen als die Völker des Westens, die hemmungslos ihre nationalen Interessen vertreten und in Mittel- und Osteuropa ihre politischen Manipulationen leicht durchführen können.

Die Verfinsterung des deutschen Bewußtseins setzte schon mit dem Einzug des materialistischen Denkens in der zweiten Hälfte des 19. Jahrhunderts ein. Sie war mit einer Welle von Nationalismus verbunden, die z. B. in Mitteleuropa die Assimilation der mitteleuropäischen Juden rückgängig gemacht und 1915 in der Türkei zu der brutalen Ermordung von 1,5 Millionen Armeniern geführt hat. Die spirituelle Revolution, die am Anfang des 20. Jahrhunderts in Mitteleuropa in vielen Kulturbereichen einsetzte, konnte sich nicht durchsetzen. Es gab natürlich aus westlichen und römischen Kreisen große Widerstände dagegen, aber das war nicht entscheidend. Auch die Unzufriedenheit mit dem Versailler Vertrag, die wirtschaftliche Katastrophe und die Angst, die der Stalinismus in Deutschland verbreitete, waren nicht die entscheidenden Gründe. Sie haben zwar dazu beigetragen, aber durch sie allein läßt sich nicht das Phänomen des Nationalsozialismus und der Verbrechen gegen die Menschheit, die von der Führungsschicht organisiert und von vielen Deutschen verübt worden sind, erklären.

Einen tieferen Hintergrund bildet die Vorstellung des apokalyptischen Tieres aus dem Abgrund, dem nach Rudolf Steiner die Menschheit ab 1933 begegnen würde. Diese Begegnung enthüllte die unvollkommenen und ungeläuterten Kräfte der Deutschen, sie enthüllte den «Doppelgänger» des deutschen Volkes, der durch politische Kräfte von außen und durch die Nazi-Propaganda manipuliert wurde. Wer zu wenig Ich-Bewußtsein hatte, wurde von diesem Gespenst und von den antichristlichen Kräften, die durch es hindurchwirkten, in dem Maße seiner Ich-Schwäche besessen. Der Schweizer Psychiater Carl Gustav Jung hat schon 1936 von einer Besessenheit der deutschen Volksseele durch die dämonischen Kräfte des germanischen Gottes Odin-Wotan, die in den Tiefen des deutschen Unbewußten leben würden, gesprochen. In der Darstellung der Anthroposophie wird dieser finstere Schatten Odins von seinem wahren Wesen unterschieden. Odin ist nach Aussagen von Steiner als Erzengel mit Buddha verbunden. Er kann als der leitende Geist der alten germanisch-skandinavischen Völker und als der Inspirator der Bewußtseinsentwicklung der Neuzeit betrachtet werden.[121]

Es gab auch zahllose Menschen, die ihre moralische Integrität retten konnten, wie der Theologe Dietrich Bonhoeffer (1906–1945), der polnische Priester Maximilian Kolbe (1894–1941) und auch Graf Helmuth James von Moltke (1907-1945). Von Moltke, der zum Kreisauer Kreis gehörte, hat in Briefen an seine Frau Freya Erfahrungen während seiner Gefangenschaft beschrieben, die auf eine Christus-Begegnung hinweisen.[122] Seit 1933 haben viele Menschen ähnliche Begegnungen gehabt.

Als ganzes verlor das deutsche Volk jedoch seine Verbindung mit seinem Volksgeist und hörte damit auf, ein Kulturvolk zu sein. Das hatte sich schon seit der Mitte des 19. Jahrhunderts vorbereitet. Es hängt jetzt vom Einzelnen ab, im geistigen Sinne Deutscher zu sein. In der gleichen Situation befinden sich schon seit 1917 die Russen und nach dem Zweiten Weltkrieg auch die anderen Völker Europas. Unter dem Einfluß der Amerikanisierung Europas (und der Sowjetisierung in Osteuropa) sterben überall die nationalen Kulturen und verlieren die Europäer die Verbindung mit ihren Volksgeistern. Nach dem Kriege haben viele Deutsche tief erschüttert erlebt, wie Deutschland sich selbst innerlich zerstört hatte. Manche hatten das Gefühl, das moralische Recht verloren zu haben, Deutsche zu sein und emigrierten deshalb. Viele haben versucht, die individuelle und kollektive Schuld zu verarbeiten und haben den Mut gefaßt, Verantwortung für die Zukunft Europas zu tragen. Wie schon Goethe festgestellt hat, gibt es eine geheimnisvolle Schicksalsverbindung zwischen den Juden und den Deutschen. Beide Völker haben sich mit dem Erzengel Michael (das Antlitz Jahves und später das Antlitz Christi) verbunden und zu Menschheitsaufgaben auserwählt gefühlt. Beide waren sie zu Zeugen Christi vorbestimmt: die Juden bei seiner physischen Erscheinung und die Deutschen zu Beginn seiner neuen Wirksamkeit (der Wiederkunft im Ätherischen) 1933. Zur Zeugenschaft gehörte auch die Aufgabe, diese Tatsachen über die Welt zu verbreiten.

Im 1. Jahrhundert sind viele Juden Christen geworden, während andere Jesus-Christus nicht als ihren Messias akzeptieren konnten und sich von den anderen Völkern abgesondert haben. In den christlichen Vorstellungen des späten Mittelalters war die Zerstreuung der Juden über die Welt (seit der Zerstörung Jerusalems durch die Römer im Jahre 70), die Folge einer Strafe, die sie mit der Verurteilung Christi auf sich gezogen hätten. Das sprach auch aus der Legende des ewig wandernden Juden Ahasver, der keine Ruhe haben sollte, bis der Christus zurückkommen würde.

Seit dem 20. Jahrhundert gibt es Deutsche, die durch die Entwicklung eines neuen Christus-Bewußtseins im wahren Sinne Europäer geworden sind und eine dienende Aufgabe zum Wohl der Menschheit auf sich nehmen und Deutsche, die geistig die «Kinder Hitlers» sind und nur herrschen wollen. In ersteren kann der lebendige, gegenwärtige Christus wirken, in letzteren aber wirken pervertierte, «alttestamentliche» Kräfte weiter, die nach Rudolf Steiner seit der Mitte des 19. Jahrhunderts in der ganzen Welt den Volkschauvinismus und den dekadenten Nationalismus hervorgerufen haben. 1919 hat er ausgesprochen: «Versteht der Mensch in Deutschland sich zu durchgeistigen, dann ist er der Segen der Welt; versteht er es nicht, dann ist er der Fluch.»[123]

Die schicksalhafte Begegnung zwischen Deutschen und Juden hat bei den Deutschen zu einer Konfrontation mit den dekadenten «alttestamentlichen» Elementen der eigenen Volksseele (die Gesetzestreue, der Nationalismus, das Blutsrecht der Staatsbürgerschaft, die Blut- und Boden-Ideologie) führen können. Die Juden wurden in ihrer Integration in die mitteleuropäische Kultur herausgefordert, ihre Fähigkeiten der ganzen Menschheit zugute kommen zu lassen. Im Zeitalter des wiederkommenden Christus (ab 1933) sollten sie in Mitteleuropa eine neue Heimat finden. Die Verbindung, die viele Juden mit der Anthroposophie aufgenommen haben, zeugt von einer neuen Aufgabe des Judentums, nämlich die Entwicklung eines neuen michaelischen Bewußtseins, das das nationale Element überwindet und die moderne Kultur spiritualisiert.

Das Aufkommen des Nationalismus hat diese gemeinsame Aufgabe der Juden und Deutschen verhindert und später hat der Nationalsozialismus eine brutale ethnische Säuberung durchgeführt. Statt einer spirituellen Verwandlung des alten Judentums in Mitteleuropa, kam es im 20. Jahrhundert zu einer Verfinsterung der jüdischen geistigen Impulse im Bolschewismus, in der materialistischen Wissenschaft und in einem gegen die Palästinenser gerichteten jüdischen Nationalismus.

Ich will betonen, daß der Nationalsozialismus auch einen historischen Kontext hat, daß der Antisemitismus in Deutschland nicht typisch und ausschließlich deutsch war, sondern eine Variante des europäischen Antisemitismus darstellte, und daß die Deutschen nicht von ihrer Geschichte und Kultur her dazu gleichsam determiniert waren, den *Holocaust* durchzuführen, wie es der amerikanische Soziologe Daniel Goldhagen in seinem Buch über Hitlers willige Vollstrecker meint.[124] Es war jedoch eine besondere Situation in einer kritischen Phase der Ich-Entwicklung des deutschen Volkes, in der ein Verbrecherstaat gegründet wurde und Millionen Deutsche, ohne es selbst bewußt gewollt zu haben, Mitläufer und kleine und großer Verbrecher geworden sind. Die Schuld der Deutschen darf nicht verharmlost werden, aber um sie besser zu verstehen, muß sie im Zusammenhang mit der allgemeinen Dämonisierung der Ich-Entwicklung betrachtet werden. Jeder Zeitgenosse wird seit 1933 mit dieser Dämonisierung konfrontiert, nicht nur der Deutsche. In dem Sinne steckt der Nazi potentiell in jedem Menschen und ist der deutsche Nazi unser gefallener Bruder. Mit dem Angriff auf sein Ich wird jeder Mensch in unserer Zeit konfrontiert, wie auch jedes Volk durch seine politische Führung oder Kräfte von außen dämonisiert werden kann.

Die Stigmatisierung der Deutschen durch ihre ehemaligen Feinde und die Verdrängung der Schuldfrage bei vielen Deutschen haben das deutsche Bewußtsein lange Zeit gelähmt und die Krise der nationalen Identität vertieft. Auch die Wiedervereinigung hat noch nicht dazu geführt, die deutsche Aufgabe in Europa neu zu ergreifen. Nur durch eine neue Ergreifung des Ich-Bewußtseins und eine neue Verbindung mit dem deutschen Volksgeist kann die Schuldfrage gelöst und die Identitätskrise überwunden werden. Aus der Schuld der Vergangenheit kann dann eine Verantwortung für die Zukunft entstehen und aus der Identitätskrise ein neues Bewußtsein für die Aufgaben, die mit der Ich-Entwicklung verbunden sind. Die mitteleuropäische Aufgabe ist nach Rudolf Steiner noch nicht abgeschlossen: «Der deutsche Geist, das deutsche Geistesleben steht nicht an einem Ende, nicht vor einer Vollendung; sondern es steht an einem Anfange. Ihm ist noch viel zugeteilt.»[125] Wo sind die Menschen, die sich mit diesen Aufgaben verbinden wollen?

Aufgaben der Zukunft

In seinem Buch über den neuen deutschen Staat in Europa hat der deutsche Rechtswissenschaftler Michael

Kirn die Frage gestellt, wie die Substanz des deutschen Nationalcharakters für Europa und die Welt produktiv gemacht werden kann.[126] Seiner Meinung nach liegt die Antwort in der Verwirklichung der Sozialen Dreigliederung, d.h. der Gliederung der Gesellschaft in die drei autonomen Bereiche der Kultur, des Rechtslebens und des Wirtschaftslebens, die nicht mehr durch den Staat koordiniert werden, sondern durch selbstbewußte Menschen, die in allen sozialen Bereichen tätig sind. Hierdurch wird die Staatsphilosophie des Deutschen Idealismus in die praktische Ich-bewußte Tätigkeit der Sozialgestaltung hineingetragen. Wie schon erwähnt, sollten nach Steiner für die drei Bereiche die Grundwerte der Freiheit, Gleichheit und Brüderlichkeit als regulative Prinzipien gelten. Die Idee der Sozialen Dreigliederung war die mitteleuropäische Alternative für die soziale Neugestaltung Europas nach dem Ersten Weltkrieg. Sie richtete sich gegen die amerikanische Idee der Selbstbestimmung der Völker und gegen die leninistische Internationale. Heute ist sie die Alternative zur totalen Verwirtschaftlichung der Welt, in der das Rechtsleben und die Kultur untergehen. Nach dem Ersten Weltkrieg sagte Steiner, daß soziale Katastrophen folgen würden, wenn man die Dreigliederung nicht annehmen würde, und daß daraus ein neues soziales Bewußtsein entstehen könnte.

Die Aufgabe der Sozialen Dreigliederung bezog sich auf Deutschland und die sozialen Katastrophen hatte es als erstes Land zu tragen, aber im weiteren Sinne berühren sie alle europäischen Länder. Diese Katastrophen zeigen sich im Zusammenbruch des sozialen Lebens, in der Gewalt auf der Straße und der sozialen Aggression, im Verlust der Solidarität, in der extremen Individualisierung, in der Zweiteilung der Gesellschaft in Arme und Reiche, im Untergang der Kultur und in der damit verbundenen Usurpation der geistigen Fähigkeiten des Menschen durch die Wirtschaft, im Verlust des Rechtsbewußtseins und der Öffentlichkeit. Es entsteht allmählich ein «Krieg aller gegen alle», der immer weniger durch Traditionen und soziale Instinkte in Schranken gehalten wird. Sarajewo ist potentiell überall und der deutsche Autor Hans Magnus Enzensberger spricht schon über den Bürgerkrieg des modernen sozialen Lebens.[127]

Die Phänomene des Neonazismus und des gewalttätigen Nationalismus gehören auch zu diesem Kriegszustand. Es ist eine Form von Besessenheit, die bei Menschen auftreten kann, die in einer sozial bedrohten Lage leben, Angst vor allem haben, was ihnen fremd ist, sich krankhaft mit ihrer Nation identifizieren und ein starkes Bedürfnis nach sozialer Ordnung haben. Besonders im Osten Deutschlands erscheint es als ein Protest von enttäuschten jungen Menschen gegen die etablierte Ordnung.

Zu diesen Problemen gesellen sich die Schwierigkeiten, die durch die kolonialen Mächte in der Dritten Welt verursacht wurden. Die westliche Wirtschaft hat überall auf der Welt die sozialen Strukturen zerstört. Armut, Kriege und Massen von Flüchtlingen sind davon die Folgen. Die Politik und die Rechtsordnung werden fast überall von wirtschaftlichen Interessen bestimmt. Menschenrechte und Rechte von Minderheiten werden verletzt, und die Bildung eines allgemeinen Rechtsbewußtseins wird verhindert. Im Geistesleben herrscht nur in wenigen Ländern wirkliche Freiheit. Die Gastarbeiter und die Ströme von wirtschaftlichen, politischen und kulturellen Flüchtlingen erinnern die westlichen Länder an ihre Schuld für die Zerstörung der Lebenswelt der Menschheit. Deutschland trifft kaum eine direkte Schuld an den sozialen Verhältnissen in der Dritten Welt, aber es trägt das westliche Schicksal mit. Es hat große Mengen von Gastarbeitern und Flüchtlingen aufgenommen: doppelt so viele Flüchtlinge wie die anderen Länder der Europäischen Union zusammen. Von den 10 Millionen Menschen aus Ländern außerhalb Europas, die in der Union leben, lebt mehr als die Hälfte in Deutschland. Es muß jetzt mit seinen Ausländern leben, während es im

Dritten Reich sein Territorium ethnisch säubern wollte, aber die Integrationsprobleme zeigen, daß es eigentlich damit überfordert ist. Die Problematik der Flüchtlinge ist eine europäische Aufgabe, die von allen Ländern getragen werden müßte.

Die Soziale Dreigliederung ist ein Ordnungsprinzip, das die Kräfte des Ich für die Neugestaltung des sozialen Lebens mobilisiert. Früher wurden sie symbolisch durch den Fürsten vertreten, in der modernen Zeit ist jeder Mensch dazu berufen, ein Fürst in seiner sozialen Welt zu sein. Wie schon gesagt wurde, gehört besonders die Lösung der Rechtsfragen, die mit dieser neuen Ordnung verbunden sind, besonders zu den Aufgaben der Deutschen in Europa. Im Westen wirken die Kräfte der modernen Wirtschaft und der Egoismus, der sich darin auslebt, soll vom Rechtsleben gebändigt werden. Das wird in jedem Land anders angegangen werden, aber auch auf europäischer Ebene sind rechtliche Reglementierungen wie z. B. Umweltgesetze notwendig. Rechtliche Bestimmungen sind besonders auf dem Gebiet des Sozialrechts nötig, wo Deutschland an seine Tradition im Sozialrecht anknüpfen kann.

Der Sozialstaat, der in Deutschland, Skandinavien und den Niederlanden Arbeit und Einkommen schon auf einer bestimmten Ebene getrennt hat, aber in der Globalisierung der Wirtschaft wieder untergehen kann, war ein Versuch, das soziale Leben gegen Eingriffe seitens der Wirtschaft zu schützen. Die Sanierung des Sozialstaates hat angefangen und zwingt jeden Menschen, sich selbst zu versichern, wo er nicht mehr vom Staat unterstützt wird. Die Arbeit wird dadurch billiger gemacht und der Mensch wird zum Sklaven seiner Arbeit. Hier hilft nur ein neues Rechtsbewußtsein, das die Menschenwürde schützen kann und Arbeit und Einkommen in einem neuen Rechtsleben grundlegend trennt.

Die Soziale Dreigliederung gibt die Möglichkeit, die soziale Welt zu vermenschlichen. Gegenwärtig ist sie eine ausgeprägte «männliche» Welt, die im Geistesleben von der intellektuellen Wissenschaft und den autoritären Religionen, im Rechtsleben von Machtpolitik und einer Mißachtung der Menschenrechte und in der Wirtschaft von Ausbeutung und Manipulation bestimmt wird. In Mitteleuropa hat man immer versucht, das Geistesleben zu befreien und eine Offenheit für das Geistige zu erreichen. Im Rechtsleben hat man versucht, die Gleichheit zwischen den Menschen herzustellen und die Macht an Mandate zu binden. Und in der Wirtschaft hat man versucht, den Markt durch Verabredungen zu regulieren. Das waren Versuche, die «männlichen» Kräfte mit dem «weiblichen» ins Gleichgewicht zu bringen.

Diese mitteleuropäische Aufgabe ist jetzt eine allgemeine europäische Aufgabe geworden und reflektiert die besondere Lage Europas zwischen Amerika und Asien. Den westlichen Ländern sollte deutlich gemacht werden, daß Wirtschaft nicht nur Raub und Produktion («männlich»), sondern auch Pflege der Umwelt und Konsumption («weiblich») ist und daß man versuchen sollte, den anonymen Markt durch Assoziationen zu ersetzen, wo Sachverständige über die Fragen der Wirtschaft entscheiden. Den östlichen Ländern sollte klargemacht werden, daß die Individualisierung der Sinn der menschlichen Entwicklung ist, die von der Gesellschaft und von allen Institutionen unterstützt werden sollte. Zwischen diesen Polen hat die Mitte ihre eigene Aufgabe, nämlich das Erwecken eines neuen Bewußtseins für ein Rechtsleben, das die menschliche Entwicklung fördert und den Egoismus in der Wirtschaft einschränkt und ungefährlich macht.

Mit diesem neuen Rechtsleben sind noch zwei deutsche Aufgaben verbunden und zwar die Aufgabe der Entwicklung der unmittelbaren Demokratie und die Friedenssicherung. Die Einführung von neuen Formen der unmittelbaren Demokratie ist eine notwendige Bedingung, um den demokratischen Gehalt der politischen Strukturen der

Europäischen Union zu gewährleisten. In Deutschland geht die Bewegung für unmittelbare Demokratie einerseits auf die außerparlamentarische Opposition zurück, die in den sechziger Jahren entstanden ist und seit 1983 von den «Grünen» im Deutschen Bundestag vertreten wird. Andererseits spielten der «Achberger Kreis» um Wilfried Heidt und die «Freie Internationale Universität» von Joseph Beuys eine wichtige Rolle. Im «Internationalen Kulturzentrum Achberg» wurde, vorbereitet durch die Arbeit von Peter Schilinski, die Idee der dreistufigen Volksgesetzgebung (Volksinitiative, Volksbegehren und Volksentscheid) ausgearbeitet, die in einigen Bundesländern (Schleswig-Holstein, Sachsen und Brandenburg und auf Kommunalebene in Bayern) ab 1990 in die Landesverfassungen aufgenommen wurde.

Was die Friedensaufgabe betrifft, so hat der deutsche Kanzler Willy Brandt sich mit seiner Ostpolitik dafür eingesetzt, daß die Begriffe «Deutschland» und «Frieden» Synonyme werden könnten. Was Brandt begonnen hat, haben Michail Gorbatschow und Helmut Kohl zu Ende geführt. Von größter Bedeutung sind dabei ihre persönlichen Begegnungen gewesen, besonders während des Kaukasus-Treffens im Juli 1990. Gorbatschow ließ sich dabei nur zum Teil von finanziellen Interessen leiten, wichtig muß auch seine Wahrnehmung der geistigen Potenz des neuen Deutschlands und dessen neue Verbindung mit Rußland gewesen sein. Bei dem Vertrag vom 12. September 1990, der das bislang geteilte Deutschland wieder zu einem souveränen Staat machte, wurde bekräftigt, «daß vom deutschen Boden nur Frieden ausgehen wird». Großbritannien, Frankreich, die Sowjetunion und die Vereinigten Staaten anerkannten dabei die Friedensfähigkeit des deutschen Staates, wie Michael Kirn in seinem Buch betont.

Es wäre zu hoffen, daß diese Fähigkeit wirklich in die Tat umgesetzt wird und daß auch die deutsche Wirtschaft keine Waffen- und Kriegsgeschäfte mehr machen wird. Hieraus würde eine neue Gewissensfunktion entstehen. Aus der Sicht der Anthroposophie könnte die Friedensfähigkeit des deutschen Volkes mit seinem Volksgeist verbunden werden.[128]

Verantwortung für den Osten

Schon im Mittelalter lebte in Deutschland ein «Drang nach Osten». In dieser Schicksalsgebärde, die im Nationalsozialismus ihre Verfinsterung erlebte, zeigte sich eine geistige Aufgabe, die mit der Geburt einer neuen slawischen Kulturepoche verbunden ist. Rudolf Steiner sprach 1916 über die Notwendigkeit einer «geistigen Ehe» zwischen Mitteleuropa und Rußland, damit diese neue Kultur vorbereitet werden könnte.[129]

Auch die Soziale Dreigliederung gehört zu dieser Vorbereitung und die sozialen Probleme im Osten Europas zeigen das Versagen Europas, das wieder auf Deutschland zurükkfällt. Durch die Dreigliederung der Gesellschaft wäre im Osten die Befreiung des Geisteslebens eingeleitet worden, das im Sozialismus in die totale Unterdrückung geraten ist. Es wäre der Weg zu einem selbständigen Rechtsleben geebnet worden, der im Sozialismus der Weg zur Vernichtung des Rechtslebens geworden ist. Und in der Wirtschaft wäre das slawische Ideal der Brüderlichkeit konkret sichtbar geworden, während es im Sozialismus völlig verdreht wurde.

Die Befreiung des Geisteslebens ist eine besondere Notwendigkeit auf dem Balkan, wo Menschen verschiedener Religionen und Kulturen zusammenleben müssen. Alle Grenzen sind (oder waren) ziemlich willkürlich. Bosnien-Herzegowina ist hierfür ein gutes Beispiel. Die multikulturelle Stadt Sarajewo hätte nach dem Zweiten Weltkrieg die Hauptstadt Jugoslawiens werden sollen, aber die Serben wollten das nicht. Sie wollten die Kontrolle über das ganze Land haben. Als sie diese Kontrolle nach dem Tode Titos

(1892–1980) verloren, propagierte ihre geistige Elite 1986 die Verteidigung des Großserbentums. Kurz danach beschwor der serbische Präsident Slobodan Milosevic über die Medien den serbischen Nationalismus und den alten Haß gegen die Kroaten und Muslims wieder herauf, was 1991 zum Krieg führte.[130]

Deutschland wollte die Slowenen und die Kroaten schützen und den Krieg eindämmen, aber die Franzosen und die Engländer, die im Ersten Weltkrieg mit den Serben verbunden waren, verschlossen die Augen vor dem serbischen und kroatischen Nationalismus und meinten, daß Deutschland sein Interessengebiet wieder in Richtung Balkan ausdehnen wollte. Die ethnischen Säuberungen fanden statt und die Rückwirkung war ein großer Flüchtlingsstrom nach Deutschland. Das zeigt, daß nicht die Selbstbestimmung der Völker die Lösung sein kann, sondern die Selbstbestimmung der Individuen und die freie Entfaltung ihres geistigen Lebens.

Das zweite Glied der Gesellschaft ist das Rechtsleben, in dem jeder selbstbewußte Mensch verlangt, daß er im Verhältnis zu den anderen gleich behandelt wird. Dieses Bedürfnis ist besonders in der DDR, Polen, der Tschechoslowakei und Ungarn zum Ausdruck gekommen. In diesen Ländern haben die Dissidenten die Bürgergesellschaft oder die «parallele» Gesellschaft als die Sphäre dargestellt, in der ihre Menschenrechte gewährleistet sein sollten. Sie haben Deutschland wieder an seine Rechtstradition erinnert. Man kann nur hoffen, daß in der Amerikanisierung Mitteleuropas das Rechtsbewußtsein nicht untergeht.

Die Verwandlung der Wirtschaft in eine Wirtschaft der Brüderlichkeit ist vor allem eine Sehnsucht des russischen sozialen Lebens. Lenin kam mit Hilfe des deutschen Generalstabs nach Rußland, um sein Land aus dem Krieg zu holen. Daß er auch eine marxistische Revolution durchführen wollte, hat der Generalstab mit in Kauf genommen. Das hat Deutschland auch mitverantwortlich gemacht für das «sozialistische Experiment». Dieses Experiment hat zu gnadenlosem Terror geführt und eine totale Korrumpierung des Wirtschaftslebens verursacht, die nach dem Scheitern des Experiments in der Gestalt der russischen Mafia noch weiter lebt und sogar über die Grenzen des russischen Territoriums hinaustritt. Deutschland ist das erste Land, in dem diese Mafia sich eingenistet hat und in dem sie ihre fette Beute sucht.[131] Das sollte Deutschland auf seine Aufgabe hinweisen, neue Impulse für die Vermenschlichung der Wirtschaft zu entwickeln.

Wenn Deutschland seine Verantwortung für den Osten richtig erfüllen möchte, sollte es aus seinen Erfahrungen mit der Einverleibung der DDR lernen. Hier findet zwar ein gigantischer Geld-Transfer von 2000 Milliarden DM statt, der als eine Investition betrachtet wird, die sich zurückverdienen sollte. Inwiefern das möglich ist, ist eine große Frage. Die beiden deutschen Länder haben sich vierzig Jahre lang auseinander entwickelt. Das Leben in der BRD hat westliche Züge angenommen und das hat die Westdeutschen verändert, härter gemacht. In der DDR ist viel Solidarität und Herzlichkeit erhalten geblieben, die dem Arbeitsleben einen eigenen Charakter gegeben haben. Viele Ostdeutsche können das Projekt der Umstrukturierung nicht als ihre eigene Sache erleben. Wer über 50 Jahre alt ist, kann kaum mehr mitmachen und überall herrschen westdeutsche Besserwisser und Bessermacher. Auf diese Weise kann die Heilung Deutschlands, die eine sehr wichtige Grundlage für die Heilung Europas sein könnte, nicht stattfinden.

Die Umstrukturierung Ostmitteleuropas (und auch Rußlands) erfordert andere Ausgangspunkte. Es soll das Projekt der Menschen selber sein und der Westen sollte dabei eine beratende und dienende Aufgabe haben. Die westliche Arbeitsethik ist den Menschen im Osten fremd und kann zu einer Herabsetzung des Menschseins führen. Wenn östliche Länder der Europäischen Union beitreten, sollte Deutschland verhindern, daß sie vom Westen wirtschaftlich kolonisiert werden. Stattdessen brauchen sie Hilfe, um ihre eigene Entwicklung zu beschleunigen und Herren im eigenen Haus zu bleiben.

Der 1989 ermordete deutsche Bankier Alfred Herrhausen dachte in diese Richtung, wie auch der Treuhandchef Karsten Rohwedder. Sie wurden nicht ohne Grund umgebracht. Die Gründung der Osteuropa-Bank (die Europäische Bank für Wiederaufbau und Entwicklung) in London geht auf eine Idee von Herrhausen zurück. In der Praxis wurde diese Bank ein Interessenobjekt zwischen Amerika, Deutschland, England und Frankreich.

Wenn Deutschland eine geistige Verbindung mit dem Osten sucht, sollte es den Osten wirtschaftlich gegen den Westen in Schutz nehmen. Nach 1989 haben die östlichen Länder eine westliche, neo-liberale Wirtschaftspolitik als Richtlinie übernommen. Dadurch ist überall soziale Ungleichheit entstanden und sind viele ehemalige Kommunisten durch Diebstahl und Betrug reich geworden. Dieser liberale Trend ist wieder rückläufig und dadurch wird die Möglichkeit der Entstehung einer wirklichen Sozialpolitik geschaffen. Es geht hier um eine Neugründung des Rechtslebens. In der Kultur ist nach der Wende in Ostmitteleuropa ein Vakuum entstanden, das sich mit Amerikanismus und Nationalismus füllt. Die nationalen Kulturen Osteuropas sind brutalen Zerstörungsprozessen ausgesetzt, die sich im Zerfall des moralischen Bewußtseins, der kulturellen Tradition und der zwischenmenschlichen Solidarität zeigen. Viele ehemalige Dissidenten sind heute noch Dissidenten, weil sie für ihre Ideale weiterkämpfen müssen. Der Weg zu einer neuen spirituellen Kultur fängt wieder in kleinen Kreisen an und erfordert die Zusammenarbeit von allen Menschen, die die Hoffnungen von 1989 erfüllen wollen.

7. Die Geburtsstätten des Geistes

Im 20. Jahrhundert wurde die europäische Kultur mit ihrem Schatten konfrontiert. Wie im Bolschewismus und Nationalsozialismus droht sie in der modernen Wirtschaft, Technokratie und Wissenschaft von ihm überwältigt zu werden. Infolge dieser Konfrontation zeichnet sich immer deutlicher eine Zweiteilung ab. Auf der einen Seite hat man eine untergehende Kultur, die ihre Ideale und ihre menschliche Qualität verliert: Die menschliche Seele wird immer mehr manipuliert, die natürliche Lebenswelt wird weiterhin vergiftet und die sozialen Verhältnisse werden in zunehmendem Maße technisch geregelt. Auf der anderen Seite wird, gerade in der Konfrontation mit den Kräften des Untergangs, der Beginn einer neuen Kultur sichtbar, die auf dem Selbstbewußtsein und der moralischen Kraft von freien Menschen beruht.

Sowohl im Westen als auch im Osten Europas wurde der Bürger im Laufe des 20. Jahrhunderts zu einem Objekt von Vorschriften und Kontrolle gemacht. Beide Teile Europas haben sich hierin bis 1989 immer mehr aufeinander zu entwickelt. Als Beschützer der etablierten Ordnung erhält der Staat bestehende Institutionen und Praktiken aufrecht und versucht, seine bürokratische Kontrolle über die gesellschaftlichen Prozesse zu vergrößern. Nach 1989 entstand im Osten zunächst ein Freiraum für private Initiative, der zum Teil von Parteifunktionären und Verbrechern benutzt wurde, um neue Geschäfte zu machen. Aber nach einigen Jahren ist die alte Bürokratie wieder an die Macht gekommen.

In allen Ländern Europas sind vergleichbare Situationen entstanden. Der Bolschewismus, dessen grausame Variante im Osten überwunden worden ist, scheint sich im Westen immer stärker zu etablieren. Dazu einige Beispiele: als Folge der Staatspolitik wird die Unterrichtsfreiheit überall, wo sie noch besteht, bedroht. In den westlichen Ländern will der

Staat die Unterrichtsstunden und den Lehrstoff im Dienste der Wirtschaft in immer größerem Maße kontrollieren, und es werden zentrale Verfahren entwickelt, um das Wissen der Schüler jedes Jahr zu prüfen. Der Staatssozialismus hatte dies bereits realisiert; der Staat war dort in der Lage, der Jugend ihre freien, kreativen Fähigkeiten zu nehmen und sie für seine wirtschaftliche Ziele einzusetzen. Auch an den Universitäten des Westens wird die Freiheit in der wissenschaftlichen Forschung eingeschränkt und den Belangen der Wirtschaft unterworfen. Die Studenten sind gezwungen, eine vom Staat finanzierte Ausbildung anstelle einer Ausbildung, die an ihre Bedürfnisse und Ideale anschließt, zu wählen. Im Bereich der Gesundheit wird das offizielle, auf der Chemie basierende Gesundheitswesen vom Staat finanziert und mit Hilfe von Niederlassungsgenehmigungen für Ärzte und Zulassungsgenehmigungen für Heilmittel geschützt. Sogenannte alternative Behandlungen und Heilmittel werden oft nicht vergütet, weil sie nicht wissenschaftlich nachprüfbar sind. In der Psychiatrie unterstützt der Staat einen kostspieligen, bürokratischen und oft unmenschlichen Apparat, der versucht, seine Ohnmacht, den Menschen wirklich zu helfen, zu verdecken. In der Umweltpolitik schützt der Staat die Interessen der Großindustrie und läßt die Bürger über die Steuern für die Umweltschäden aufkommen. Trotz der Proteste und zweifelhafter Sicherheitsgutachten haben viele europäische Staaten die Kernenergie zum Eckstein ihrer Energiepolitik gemacht. Energiesparen und die Verwendung alternativer Energiequellen sind nicht vorrangig. In der europäischen Agrarpolitik, die auf Industrialisierung der Landwirtschaft und das Schaffen von Großbetrieben ausgerichtet war, herrschte vom Anfang an schon ein bolschewistischer Geist, der das Bauerntum fast vernichtet hat.

Der moderne Staat tritt auch als Umverteiler des Sozialprodukts auf. In den westeuropäischen Ländern werden 40 bis 60% des Sozialprodukts vom Staat beschlagnahmt. In den osteuropäischen Ländern war dieser Prozentsatz noch höher, weil die Behörden die staatlichen Betriebe, die den Großteil des Sozialprodukts produzierten, verwalteten. Hierdurch verlieren die Menschen die Freiheit, selber zu bestimmen, was mit ihrem Geld geschehen soll, und es wird verhindert, daß sie eine freie Kultur, beispielsweise im Hinblick auf ihre eigenen Bedürfnisse an Unterricht und Ausbildungen, schaffen. So wird auch verhindert, daß andere Formen der Solidarität als die über die Steuern aufgesetzte entstehen. Des weiteren kann in der Gesellschaft, im Interesse der öffentlichen Ordnung und des Staates, jeder Schutz der Privatsphäre der Bürger wegfallen. Die Einführung einer Personennummer macht die Koppelung von Datenbeständen zu einer einfachen Sache und kann jeden Bürger zum Untersuchungsobjekt des Fiskus und der Polizei machen.

Diese Tendenzen zeigen die Krise einer europäischen Kultur, die die Verbindung mit ihren Idealen in der Entwicklung einer technokratischen Allmacht des Staates über die Gesellschaft verloren hat. Selbstbewußte Europäer halten an diesen Idealen fest. Sie weigern sich, vor der Allmacht des Staates zu kapitulieren und sich von außen bestimmen zu lassen. Sie suchen andere, um sich in Gruppen und Gemeinschaften mit neuen sozialen Strukturen zusammenzuschließen. Hierin erobern sie den Freiraum für das Individuum zurück und entwickeln Aspekte einer neuen Kultur. Der Ausgangspunkt hierbei ist das Bild vom souveränen Menschen, der aus seinem Ich und seinen geistigen Impulsen heraus lebt. In der heutigen Situation, in der der Ruf nach Kulturerneuerung immer mehr Menschen innerlich aufrüttelt, trifft das skandinavische Sprichwort zu, das besagt, daß in jedem Menschen ein König verborgen ist, der zum Vorschein kommt, wenn er angesprochen wird.

In diesem Zusammenhang denkt man an Menschen, die sich gemeinsam für die Unterrichtsfreiheit einsetzen (z.B. Eltern, die für eine bestimmte Art von Unterricht eintreten und diese finanziell tragen wollen), für neue Ausbildungen (z.B. Gruppen, die freie Institute, Ateliers und andere Kulturzentren tragen), für die Freiheit des Gesundheitswesens (Gruppen, die Therapiezentren tragen), für den Umweltschutz, für den Schutz der Menschenrechte, für eine freie menschliche Entwicklung, für neue Formen des politischen Handelns (Bürgerforen), für eine gesunde, ökologische Landwirtschaft und für neue Lebens- und Arbeitsgemeinschaften (z.B. heilpädagogische Heime).

Nicht nur im Westen Europas, sondern besonders auch in den Ländern des Ostens, die den Staatssozialismus abgeschüttelt haben, kann von solchen Gruppen eine aufbauende und gesundende Kraft auf die ganze Gesellschaft ausgehen. Der Sozialismus hat dort eine atomisierte Gesellschaft mit desillusionierten und terrorisierten Menschen und eine katastrophale ökologische Situation hinterlassen. In der Gesellschaft müssen neue soziale Verbände aufgebaut werden, die Umwelt muß saniert werden und viele Menschen suchen seelische Heilung. Das erfordert sehr viel geistige und moralische Kraft von den Menschen, zumal die westliche Kultur jetzt von vielen als rettende Alternative angesehen wird. Der westliche Materialismus, die Bildung von am westlichen Vorbild orientierten Parteien und die freie Marktwirtschaft stellen das moralische Bewußtsein des Mittel- und Osteuropäers erneut auf die Probe.

In der modernen Gesellschaft dreht sich alles um die Produktionsfunktion. Der Mensch wird nach dem Wert seiner Arbeitskraft bemessen und durch seine materiellen Begierden zur Arbeit angetrieben. Sein Geist ist sein Kapital, das er nach wirtschaftlichen Kriterien in die Ausbildung von bestimmten Fähigkeiten investieren soll. Sein Denken verliert dabei seinen geistigen und moralischen Inhalt.

Das traditionelle Christentum ist kaum noch in der

Lage, den modernen Menschen aus dieser geistigen Sklaverei zu befreien. Es ist sogar zum Untergang verurteilt, wenn es den Menschen nicht mehr zum Erleben seiner geistigen Ideale, seiner Lebensaufgabe, seines Ich bringen kann und wenn es ihn nicht zu einem verantwortungsvollen Umgang mit der Natur und zu einer neuen Gemeinschaftsbildung inspiriert.

Das Erscheinen der asiatischen Spiritualität in der europäischen Kultur ist ein Zeichen für den inneren Zerfall des traditionellen Christentums. Die New Age-Kultur wird, wie vor einem Jahrhundert die Theosophie, von bestimmten westlichen Kreisen benützt, um in Verbindung mit der alten Spiritualität des Ostens eine Weltkultur zu schaffen, in die die mitteleuropäische Kultur mit ihrer christlichen Spiritualität nicht paßt und deshalb untergehen soll.

Durch die Teilung Europas in Ost und West war es kaum noch vorstellbar, daß die mitteleuropäische Kultur noch eine bedeutende Rolle spielen könnte. Als in den sechziger Jahren in Amerika und Europa die Jugend in Bewegung geriet und sich gegen den Materialismus der älteren Generationen auflehnte, zogen viele Tausende nach Asien, weil sie in ihrer eigenen Kultur keine geistigen Quellen finden konnten. Dieser Bewegung gen Osten ist inzwischen eine Bewegung gen Westen, zur Informationsgesellschaft, gefolgt.

Dennoch haben viele in beiden Teilen Europas seit den sechziger Jahren den Anschluß an die europäische Tradition gefunden. Dadurch ist im großen Kräftefeld zwischen der westlichen materialistischen Wissenschaft und der asiatischen Spiritualität ein europäischer Archipel von Gruppen entstanden, in denen die mitteleuropäischen Kulturimpulse wieder lebendig werden. Auf diesen Inseln einer neuen Kultur werden neue Wege der Entwicklung des Bewußtseins und der Bildung gesucht. Diese Inseln sind die Geburtsstätten des neuen geistigen Europa. Sie entstehen überall, wo Menschen wieder ursprünglich, frei und schöpferisch werden, Herzenskräfte entwickeln und selbst bestimmen, was sie wollen. Sie werden durch Freundeskreise gebildet, in denen Menschen aus einem spirituellen Impuls heraus miteinander verbunden sind. Sie gründen sich auf die Kraft des Ich der einzelnen Menschen und wollen einen Weg der Ich-Entwicklung möglich machen. Schon zwei Menschen, die eine geistige Aufgabe ergreifen, z. B. eine bewußte Lebensgestaltung, eine bewußte Ernährung und Pflege der Gesundheit oder die Erziehung ihrer Kinder, bilden einen kleinen Kulturkreis. Alles was sie tun, hat eine geistige Wirkung auf ihren Umkreis und kann zu dessen Heilung beitragen.

Die Pioniere dieses neuen Europa waren und sind in den alternativen Gruppen im Westen und in den vielen unabhängigen Gruppen in Polen, der Tschechoslowakei und Ungarn zu finden – in Künstlerkreisen, religiösen Kreisen und Gruppen, die sich für die Menschenrechte, eine freie geistige Entwicklung, die Umwelt und den Frieden einsetzten. Im Osten war es oft nur ein Mensch, der für viele andere ein Berater in ihrer Not war und sie zusammengebracht hat.

Im Osten Europas war die Entscheidung für eine neue Kultur viel bewußter und riskanter als im Westen, weil dadurch die eigene Existenz unmittelbar in Frage gestellt wurde. Der Verlust der Arbeitsstelle oder sogar Gefängnisstrafen waren manchmal der Preis, den die Menschen für ihre Aktivitäten bezahlen mußten. Obwohl die Sicherheitsdienste, wie in der DDR, auch über die Schüler versuchten zu erfahren, was die Eltern dachten, war die eigene Wohnung meistens noch ein Raum der Freiheit.

In diesen Gruppen lebt eine ganz neue, «michaelische» Spiritualität, die für die europäische Kultur des 20. Jahrhunderts typisch ist. Sie wird geboren aus dem Leiden und dem Kampf, aber auch aus der Ohnmacht und dem Zweifel und aus der eigenen Unfähigkeit, etwas schaffen zu können. Sie hat ihren Ursprung in dem Versuch, aus geistigen

Idealen heraus eine neue Wirklichkeit zu schaffen. Viele haben bemerkt, daß aus dem eigenen Ich heraus neue praktische Fähigkeiten entwickelt werden können, wenn man durch andere unterstützt wird und mit anderen in Begegnungen sich selbst immer neu erfahren kann. Und viele haben geistige Erfahrungen, die ihnen den Weg weisen, mit bestimmten Menschen in Verbindung bringen, und Inspiration, Mut und Schutz geben. Manchmal haben Menschen auch erlebt, daß sie in ihrer Hilflosigkeit neue Kräfte und Inspirationen aus der Erfahrung der Nähe von geistigen Wesen schöpfen konnten.

Im Altertum ging die Kulturentwicklung von Kreisen von Eingeweihten aus. Im Mittelalter bildeten sich kleine, oft verborgene Bruderschaften, um bestimmte Kulturaufgaben zu erfüllen. Um 1800 haben Künstler und Philosophen über die Vermenschlichung der Kultur gesprochen. Am Anfang des 20. Jahrhunderts sind junge Menschen in die Natur gezogen und andere haben, wie in anthroposophischen Kreisen, Vorträge von Rudolf Steiner gehört. Aber erst in der zweiten Hälfte des Jahrhunderts sind überall Menschen praktisch tätig geworden, um aus inneren Impulsen heraus und in Zusammenarbeit kleine Stätten einer neuen Kultur aufzubauen.

In diesen Kreisen wird damit der Beginn der spirituellen Entwicklung der europäischen Kultur sichtbar. Europa steht noch am Anfang seiner eigentlichen geistigen Entfaltung. Das neue geistige Bewußtsein, das im 20. Jahrhundert auf noch sehr unvollkommene Weise in der Anthroposophie erschienen ist, wird diese spirituelle Entwicklung Europas begleiten, wie das Christentum bisher die seelische Entwicklung Europas begleitet hat. Es ist ein Bewußtsein, das neue Erkenntniskräfte, moralische Intuitionen und soziale Impulse freisetzt und mit geistigen Impulsen die materielle Wirklichkeit verwandelt.

In den neuen Gemeinschaften muß man sich mit dem westlichen Machtdenken und dem intellektuellen Denken auseinandersetzen. Dabei können die alten römischen und arabischen Einflüsse überwunden werden. Außerdem steht man vor der Aufgabe, die alte Spiritualität aus Asien auf die Erde zu bringen. In diesen zwei Umformungsprozessen kehren die im ersten Teil beschriebenen Probleme der westeuropäischen und der osteuropäischen Kultur zurück, aber diesmal als Aufträge, die der Westen (Amerika) und der Osten (Asien) an Europa stellen. Europa liegt jetzt im Spannungsfeld zwischen Ost und West und kann darin eine neue Entwicklung durchmachen.

In jeder Gruppe und Gemeinschaft muß auch das typisch mitteleuropäische Rechtsproblem gelöst werden: das Umgehen mit Macht im Erfüllen von praktischen Aufgaben. Viele Kreise haben schon mit einem Mandatssystem gearbeitet, in dem Macht von der Gruppe an jemanden übertragen wird, an bestimmten Aufgaben gebunden und wieder an die Gruppe zurückgegeben wird. In den mitteleuropäischen Dissidentengruppen war es selbstverständlich, daß eine Struktur aufgebaut wurde, in der niemand über andere unkontrollierte Macht ausüben konnte, und daß die fähigsten Menschen von der Gruppe für eine bestimmte Aufgabe eingesetzt wurden. Die Struktur konnte so zum Träger eines sozialen Impulses werden, durch den die Menschen ein neues Verhältnis zueinander finden konnten. Bei «Charta 77» und «Solidarnosc», wo Menschen mit verschiedenen Lebensanschauungen und politischen Einstellungen einander Raum ließen, war das zum Beispiel deutlich zu sehen.

Im Osten hat der Totalitarismus die Menschen zusammengebracht. Nach den Revolutionen war es nicht mehr selbstverständlich, daß sie es in einem Geist von Toleranz miteinander aushielten. Die Dissidentengruppen fielen auseinander, weil jeder sich in der neuen Situation zurechtfinden mußte. Es stellt sich die Frage, wie stark die erneuernde Kraft der ehemaligen Dissidentenbewegung sein wird und wie stark sie die postkommunistische Kultur beeinflussen kann. Die Ideen eines Bürgerforums als neue politische Struktur und das Ideal der Solidarität als Grundlage einer neuen Wirtschaft haben sich nicht durchsetzen können. Es war leicht, in einer Ideenwelt zu leben, aber nach 1989 mußte alles praktisch werden und man war nicht auf diese Praxis vorbereitet. Die Dissidentengruppen waren oft stark auf die Vergangenheit, auf die Verteidigung der eigenen Kultur gerichtet. Es geht jetzt darum, die Ideale von 1989 neu zu beleben und mit anderen eine zukünftige Aufgabe zu ergreifen, z.B. eine Ausbildungsstätte zu gründen oder neue Therapien zu entwickeln.

Im Westen wie im Osten Europas fürchtet der Staat sich vor diesen kleinen Gruppen von freien, kreativen, autonomen und solidarischen Menschen, die er nicht beherrschen und kontrollieren kann. Sie entdecken die Wege der Heilung und Kulturerneuerung in das neue Europa des Geistes, das im Schatten der Europäischen Union zwischen Ost und West sichtbar wird. Damit ist deutlich geworden, wie wichtig die Verbindung zwischen dem Osten (mit seinen mehr «weiblichen» Kräften) und dem Westen Europas (mit seinen mehr «männlichen» Kräften) ist. Erst durch diese Verbinding entsteht ein neues Bewußtsein der geistigen Einheit Europas und der geistigen Aufgabe Europas. Im folgenden Teil des Buches soll diese Aufgabe deutlicher charakterisiert werden.

Teil III

Die geistige Aufgabe Europas

Karl IV. (1316–1378), deutscher Kaiser und König von Böhmen, Begründer der ersten mitteleuropäischen Universität in Prag. Fragment einer Wandmalerei in der Marienkapelle in der Burg Karlstejn (um 1357).

1. Europa zwischen Ost und West

Betrachtet man heute die europäische Kultur, so kann man den Eindruck einer eisigen Winterlandschaft bekommen. Der Wind der technologischen Erneuerung weht aus dem Westen und läßt nur noch wenig Platz für Menschlichkeit. Eine pragmatische Haltung diktiert Sachlichkeit und Effizienz.

Zu Beginn des 20. Jahrhunderts hat Rudolf Steiner schon auf einige Aspekte dieser «Kultur der Unterwelt» hingewiesen:[132]

• Das Denken wird abstrakter, wodurch die spirituelle Einsicht verloren geht und der Mensch mit Unmengen an Informationen überspült wird, die keinen Zusammenhang untereinander aufweisen.

• Geistiges Wissen wird in Bibliotheken konserviert, statt daß es lebendig übertragen und weiterentwickelt wird. (Inzwischen haben wir den Computer).

• Der Glaube an die Macht der Zahl verbreitet sich in der Statistik immer mehr und führt zur Manipulation von allen Beziehungen.

• Die Menschen handeln in zunehmendem Maße ohne wirkliches Interesse und können für geistige Werte keine Begeisterung mehr aufbringen.

• Die Menschheit wird immer mehr durch Uneinigkeit, Parteienspaltung und Nationalismus geteilt.

• Das Evangelium wird materialistisch interpretiert, so daß Christus als «einfacher Mann aus Nazareth» erscheint.

• Es werden Schulen gegründet, die die Menschen auf eine einfache Weise hellsehend machen sollen, jedoch eher durch Halluzinationen als durch ein helles, objektives Schauen.

Bei all diesen Aspekten wird das Denken von einer wirklichen spirituellen Erkenntnis abgehalten und in eine unmenschliche Intelligenz aufgenommen, die über die Verwendung von Lernpillen und neuen, auf Hypnose und Suggestion beruhenden Lernmethoden noch weiter verstärkt werden kann.

Es ist begreiflich, daß viele Menschen sich aus dieser kalten Welt, in der die Seele betäubt und gelähmt wird, zurückziehen, denn jeder läuft in der modernen Gesellschaft Gefahr, innerlich zugrunde zu gehen. Bewegungen für Persönlichkeitsentfaltung und spirituelle Entwicklung, z.B. aus der New Age-Kultur, stoßen deshalb auf größtes Interesse – auch in Managerkreisen. Junge Menschen suchen die Geborgenheit, die sie in ihrer Umgebung nicht erfahren. Ihre Aggressivität ist dabei oft das Ventil für ihre Machtlosigkeit. Auf vielerlei Weise werden ekstatische Erlebnisse und Gipfelerfahrungen gesucht, wie etwa bei der Verwendung von Drogen und in der Musik.

Neben dieser Haltung gibt es auch eine andere, nämlich den geistigen Winter durchstehen zu wollen. Es gibt Menschen, die sich von denjenigen, die ihr Verhalten manipulieren wollen, nicht einschüchtern lassen. Sie bringen den Mut auf, den mühsamen Weg durch den Winter zu gehen und entwickeln in ihrem Innern die Keime für eine neue Kultur.

Die europäische Kultur wird nicht nur von Kräften aus der anglo-amerikanischen Kultur des Westens, die sie in die «Unterwelt» hineinziehen wollen, beeinflußt, sondern auch von Kräften aus den asiatischen Kulturen des Ostens, die sie der Erde entfremden wollen. Anhand des Werkes von Steiner lassen sich diese zwei Kräfte noch näher charakterisieren. Demnach wirkt vom Westen aus vor allem die Vorstellung, daß nur das materielle Sein Realität hat und daß das Irdische die wirkliche Sicherheit im Leben schaffen und die eigentliche Lebenserfüllung bringen kann. Die Folge davon ist Verhärtung, Sucht nach dem Irdischen, aber auch Angst vor dem Spirituellen. Vom Osten her, so sagt Steiner, wirkt ein Einfluß, der den Menschen aus sich herausziehen will und ihn in Illusionen und Phantasien verstrickt. Das kann dazu führen, daß man der Erde entflieht und sich in eine private Welt des Egoismus oder in das höhere Bewußtsein zurückzieht. Es geht hier um Tendenzen, die überall auftreten können, die aber jeweils im Westen oder Osten vorherrschend sind.

In der europäischen Kultur ist die Möglichkeit gegeben, zwischen diesen gegensätzlichen Kräften von West und Ost die Mitte zu halten. Als Polarität wirken diese Kräfte auch in jedem Menschen selbst und das macht sie allgemein-menschlich. Vom Ich des Menschen aus gesehen bedeutet dies, daß der Mensch sich einerseits gegen eine Kraft wehren muß, die das Ich seiner Wirksamkeit berauben will, indem sie den Menschen an das Irdische bindet und sein Bewußtsein verdunkelt, und andererseits gegen eine Kraft, die sein Ich nicht auf die Erde kommen läßt und das Bewußtsein in einer Welt der kosmischen Bilder sich verflüchtigen läßt.

Nach Steiner haben wir es hier mit realen geistigen Kräften zu tun, die den Menschen von seinem mittleren Weg zum lebendigen Christus abhalten. Aber es ist auch eine Tatsache, daß erst dank diesen Kräften und den Widerständen, die sie im Menschen und in der Kultur hervorrufen, Entwicklung möglich ist. Diese Kräfte sind in der spirituellen Literatur als satanische (oder ahrimanische) und luziferische Kräfte bekannt.

In der Mitte zwischen diesen entgegengesetzten Kräften kann ein Gleichgewicht geschaffen und das Gespräch zwischen den Kulturen des Ostens (Asien) und des Westens (Amerika) in Gang gebracht werden, die jede für sich einseitig wirken und ohne eine vermittelnde Position nicht gut miteinander verbunden werden können.

Im europäischen Gebiet der Mitte kann durch Gruppen miteinander verbundener Menschen, die aus Erkenntnis und moralischen Intuitionen heraus handeln und ihre Intelligenz mit dem Licht des Geistes durchdringen, die Zukunft gesichert werden. Die Initiativen, die von diesen Gruppen gegründet werden, lassen das Herz Europas wieder schlagen, so daß die europäische Kultur den Austausch von Ideen zwischen Ost und West fördern und selbst neue heilende und aufbauende Kräfte in die Welt aussenden kann. Durch diesen Austausch entsteht ein Kulturkreislauf, in dem Europa die Mitte bildet. Damit ist die geistige Aufgabe der europäische Kultur grob umrissen.

Dies bekommt eine zusätzliche Dimension, wenn man von dem Gedanken ausgeht, daß die Mächte, die Mitteleuropa im 20. Jahrhundert aufgeteilt haben, Amerika und die Sowjetunion, in ihrer eigenen kulturellen Entwicklung von Mitteleuropa abhängig geworden sind. Das gleiche geschah auch nach der Eroberung Griechenlands durch die Römische Republik, die damit selber von Griechenland kulturell abhängig wurde. Von diesem Gesichtspunkt aus liegt eine wichtige Aufgabe vor der europäischen Kultur.

Als Zusammenfassung der in diesem Buch entwickelten Ideen soll zuerst, ausgehend vom Bild der mittleren Position der europäischen Kultur zwischen polaren Gegensätzen, ein Überblick über ihre Entwicklung gegeben werden. Anschließend wird gezeigt, wie durch die Spiritualisierung der Wissenschaft die Bildungsimpulse aus der Vergangenheit zu Impulsen einer europäischen Kultur der Zukunft umgeformt werden können. Das nächste Kapitel beschreibt den Prozeß der Kulturschöpfung als einen Weg des individuellen Menschen zu seinem Herzen. Dieser dritte Teil schließt mit einem neuen Bild von Europa ab, das die Entwicklungs- und Bildungswege der europäischen Kultur zusammenfaßt und die geistige Aufgabe Europas zeigt.

2. Kultur als Schöpfung des freien Menschen

In der Welt des Altertums war der Mensch nur in geringem Maße der Schöpfer seiner Kultur. Die Kulturentwicklung wurde von den Tempeln und den sogenannten Mysterienschulen aus bestimmt. Dies waren Orte, an denen Menschen, denen leitende Funktionen anvertraut werden sollten, die Gelegenheit hatten, eine innere Entwicklung durchzumachen. Wenn sie nach einer Vorbereitungsperiode in die Mysterien eingeweiht wurden, konnten sie dank ihrer Verbindung mit der Welt der Götter ihr Volk leiten. Solche Einweihungsschulen hat es in allen Kulturen der Welt gegeben.

In der Einführung zu diesem Buch wurde die Geburt der europäischen Kultur etwa um das 21. Jahrhundert v. Chr. angesetzt. Das war die Zeit der minoischen Kultur, die ihr Zentrum auf der griechischen Insel Kreta und als Herrschaftsform die Theokratie (d. h. Herrschaft der Götter) hatte. Die Priester-Könige von Kreta, die in intensiver Beziehung zu den asiatischen und ägyptischen Theokratien standen, wurden dank ihrer Einweihung als die Vertreter der Götter betrachtet. Nach dem 14. Jahrhundert kam auf dem griechischen Festland die aristokratische Herrschaftform auf. Es war die Zeit der mythischen Helden, wie Herakles, Orpheus, Jason und die Helden, die um Troja kämpften. Dieser Kampf, der um 1200 v. Chr. mit der List des Odysseus beendet wurde, war die erste Auseinandersetzung zwischen Europa und Asien. Europa war damals neun Jahrhunderte alt, also im 9. Jahr, wenn man es in der Relation zur menschlichen Entwicklung setzt.

In Mythen und Götterlegenden erlebte der junge europäische Mensch seine Verbundenheit mit der Natur und mit den göttlichen Mächten, die die Entwicklung der Kultur begleiteten. Das Bewußtsein der Menschen war zu dieser Zeit anders als heute und noch viel stärker mit der Welt um sie herum verwoben. Seine Seele war ein offener Raum, der noch nicht voll vom menschlichen Ich «bewohnt» war. Kräfte von außen konnten leicht von der Seele Besitz ergreifen.

Etwa im 7. Jahrhundert v. Chr., als Europa im 14. Jahrhundert seiner Entwicklung war, veränderte sich das Verhältnis des griechischen Menschen zur Wirklichkeit grundlegend. Das mythische Bild machte dem erwachenden Gedanken Platz. Der Mensch begann, sich in seiner Seele von der Welt abzusetzen und über das, was er in ihr entdeckte zu staunen. Die Seele wurde immer mehr zum menschlichen Innenraum, wo im Laufe der Zeit der menschliche Geist geboren werden konnte. Die griechische Kultur wurde damit zur Geburtsstätte der persönlichen Seele. Sie basierte nicht mehr auf der Mysterienweisheit, sondern auf dem Wissen und Können, das sich der Mensch selbst erwirbt.

Nachdem der Prozeß der Kulturschöpfung also zwei Schritte von je etwa sieben Jahrhunderten durch die Mysterientempel gelenkt worden war, wurde er von da an durch freie Menschen weitergetragen und in vier Schritten von je etwa sieben Jahrhunderten bis zu unserer Zeit gebracht. Dabei wurden vier Leitbilder sichtbar: die Bilder des Menschen, der seelischen Entwicklung, der Natur und des sozialen Lebens.

Das Bild vom freien Menschen

In der griechischen Kultur wurde die europäische Philosophie als Liebe zur verlorengegangenen Weisheit geboren. Die Philosophie mußte die Einweihung in die Mysterien ersetzen und den Menschen mit der Welt des Denkens vertraut machen, so daß er aus eigener Kraft die Mysterienweisheit wiederfinden konnte. Mit Hilfe der Kraft des Denkens wurde fortan die europäische Kultur aufgebaut. Der griechische Philosoph Aristoteles wies dabei als Begründer der Wissenschaft den Weg zur Erforschung der materiellen Welt. Als Hilfsmittel dazu hat er ein klares Begriffssystem und eine Logik zum Gebrauch desselben entwickelt. Mit Hilfe dieser Begriffe konnte der Mensch denkend bis zum Wesen der Dinge vordringen.

In seinem Menschenbild sprach Aristoteles über einen unsterblichen Geist, der von außen in die Seele des Menschen hineinkommt und göttlichen Ursprungs ist. Damit schuf er die Möglichkeit, daß der Mensch sich als aktives geistiges Wesen begreifen konnte. Aristoteles hat seine Philosophie und seine Ansätze zur Wissenschaft entwickel zwischen einer noch mit dem Mysterienstrom verbundenen Philosophie (wie die seines Lehrers Plato) und Strömungen, die bereits auf das abstrakte Denken der modernen materialistischen Wissenschaft hinausliefen. In dieser Polarität ist die griechische Kultur zu ihrer großen Blüte gekommen.

Als das Christentums nach Europa kam, wurde dieser erste freie Schritt der Kulturschöpfung (das 14. bis 21. Lebensjahr der europäischen Kultur) abgeschlossen. Das Christentum brachte einen neuen Impuls in die europäische Kultur hinein: den Impuls des Selbstbewußtseins. Der Mensch wurde sich innerhalb des Christentums seines Ich bewußt und konnte somit beginnen, an der Umformung und Läuterung seiner Seele zu arbeiten. Dieser neue Impuls ist mit dem Prinzip des «Ich bin», das im Alten Testament als zentrale Eigenschaft von Jahve beschrieben wird, zu verbinden. Jahve offenbarte sich Moses als «Ehjeh ascher ehjeh», was bedeutet: Ich werde dasein, als der ich dasein werde (Martin Buber), oder: Ich werde bei euch sein, oder auch: Ich bin das Ich-bin-Prinzip (Emil Bock). Gott erscheint erst, wenn der Mensch mit seinem vollen Ich-Bewußtsein anwesend ist. In der Verkündigung Christi wurde dieses Motiv fortgesetzt, besonders dort, wo er im Johannes-Evangelium die sieben «Ich bin-Worte» aussprach, die den Menschen auf sein eigenes Ich verweisen, in dem er (nach Johannes und Paulus) Christus finden kann. Aus der Verbindung des griechischen Denkens mit dem christlichen Selbstbewußtsein enttand ein neues Menschenbild, das in der Theologie des Paulus formuliert wurde. Es ist die Grundlage für eine neue spirituelle Wissenschaft des Menschen, die in der Nachfolge von Aristoteles zwischen dem leiblichen Menschen, dem Seelenmenschen und dem geistigen Menschen unterscheidet und die den Menschen auf das Innewohnen von Christus im Menschen, so wie Paulus und Johannes es beschrieben haben, vorbereitet.

Die Läuterung der Seele

In dieser Vorbereitung kann der Mensch seine Seele zu einer Schale umformen, die das Geistige aufnehmen kann. Die Seele wird dann zu einer Gralsschale. Diese Umformung der egoistischen Begierden des Seelenlebens durch das Ich wird die Läuterung der Seele genannt. Daran knüpfte die Tradition des Grals-Christentums an, die im Untergrund nach Westeuropa strömte und von dort aus ein esoterisches Christentum der Seelenläuterung verbreitete. Im 9. Jahrhundert erlebte dies in der Gestalt von Parzival einen Höhepunkt. Auch der bereits erwähnte Ire Pelagius und die irischen Mönche gehörten diesem freien, undogmatischen und nicht an Institutionen gebundenen Christentum an.

In diesen ersten Jahrhunderten des Christentums war das Denken noch ganz in religiöse Vorstellungen getaucht. Dieses Denken hatte noch kosmische Dimensionen. Die Gedanken waren das Mittel, um dasjenige, was an Bildern von Mensch und Welt aus religiösen Quellen strömte, zu erhellen. In der Mitte dieser Periode, im 4. Jahrhundert (Rudolf Steiner nennt das Jahr 333) trat das Ich in die Menschenseele herein und und gab dem Menschen das Selbstbewußtsein. Gerade in diesem Jahrhundert fertigte der gotische Eingeweihte und Bischof Wulfila (um 311-381) seine Bibelübersetzung an, für die er aus dem urgermanischem *eko* das Wort Ik (ich) nach den Initialen des Iesus Krist geformt hat. Diesem christlichen Weg gegenüber standen die zwei Wege, die in der Akademie von Gondischapur im 6.

und 7. Jahrhundert zusammenkamen. Einerseits wurde, von der alten Weisheit des Ostens ausgehend, an der Vorstellung festgehalten, daß der Mensch nicht selbst denkt, sondern in Ekstase Gedanken aus dem Äther empfängt. Hiermit war die Auffassung verbunden, daß der menschliche Geist nach dem Tode wieder im Weltgeist aufgeht und daß es nach dem Tode kein persönliches, geistiges Fortbestehen gibt. Andererseits wurde in der Akademie das logische, analytische Denken an der Naturphilosophie, der Logik des Aristoteles und an der griechischen Heilkunde geschult. Das führte zu einem abstrakten Denken, das auf die Beherrschung der Natur ausgerichtet war und das die Realität des individuellen Geistes verleugnete. In diesem zweiten Schritt der freien Kulturschöpfung wurde das Christentum in die europäische Kulturentwicklung aufgenommen. Er kann mit dem Jahre 869 als abgeschlossen betrachtet werden, als in der Nachwirkung des Konzils von Konstantinopel der Geist als selbständiges Prinzip gleichsam abgeschafft wurde. Er umfaßt also die Lebensjahre von 21 bis etwa 29 in der Biographie Europas. Nach dieser Periode begann das neue wissenschaftliche Denken aus der arabischen Wüste in die offizielle christliche Theologie und Philosophie einzudringen.

Der Geist des inneren Christentums war aber dennoch die treibende Kraft hinter der mittelalterlichen Kunst und Architektur. Das wurde ab dem 9. Jahrhundert in der karolingischen und ottonischen Renaissance, in der Gralsliteratur, in den norwegischen Stabkirchen, im romanischen und gotischen Baustil sichtbar. Die Kirchen, die damals gebaut wurden, spiegeln das Gralsbewußtsein wider, in dem sich die menschliche Seele zurückzieht, um sich zu läutern und für das Geistige zu öffnen. In diesem Prozeß wurde der dunkle Raum der romanischen Krypta zu dem Lichtmeer der gotischen Kathedrale umgeformt.

Das Bild von der Natur

In der Scholastik entwickelte das Denken seit dem 10. Jahrhundert seine Kraft. Die Intelligenz wurde in den Klöstern und Universitäten zu einem echten menschlichen Vermögen umgeformt. Der Mensch fing nun an, mit seiner linken Gehirnhälfte zu denken, wo er vorher noch intuitiv, mit seinem Herzen gedacht hatte. Thomas von Aquino hat im 13. Jahrhundert versucht, die Verbindung des Denkens mit dem Geist aufrechtzuerhalten. Für ihn hatten die Begriffe, die er verwendete, eine geistige Realität, sie hatten Wirklichkeitswert. Bei ihm wurde das Licht aus der Welt des Geistes im Denken sichtbar. Gegen diese Position richteten sich zum einen die Nominalisten, die in der Fortführung des abstrakten arabischen und römischen Denkens behaupteten, daß die vom Menschen verwendeten Begriffe nur willkürliche Namen sind, denen keine Wirklichkeit zukommt. Zum anderen richteten sich gegen Thomas von Aquino und seine Mitstreiter aus der christlich-aristotelischen Ecke Philosophen, die das Denken in klaren Begriffen ablehnten und die in Anknüpfung an Plato noch in einer Welt der kosmischen Bilder oder der mystischen Verzückung lebten.

Als mit dem Ende des Mittelalters auch dieser dritte Schritt der freien Kulturschöpfung (das 29. bis 36. Lebensjahr der europäischen Kultur) zu Ende ging, konnten einige mitteleuropäische Philosophen wie Meister Eckhart (1260–1329) und Kardinal Nikolaus von Kues (1401–1464, lateinisch Cusanus) die Erfahrung machen, daß die Welt des Geistes für das Denken unerreichbar wurde. Wenn Cusanus seine Gedanken auf Gott richten wollte, dann lösten sie sich im Nichts auf, und aus diesem Nichts stieg das Ich herauf. Das Ich konzentrierte sich so zu einem Punkt im Bewußtsein. Cusanus war damit ein Vorläufer der modernen Naturwissenschaft, in der der Mensch ganz von der Welt getrennt ist.[133] Die Mathematik wurde darin jedoch nicht mehr angewendet, um wie bei Cusanus den inneren Raum zu erkunden, sondern sie wurde als ein Netz über die Welt geworfen. Die mathematische Ordnung, die nun in der Welt sichtbar geworden war, wurde immer weniger als eine göttliche Ordnung erfahren. Dadurch wurde, wie später der französische Wissenschaftler P.S. de Laplace (1749–1827) einmal Napoleon gegenüber bemerkte, Gott überflüssig, wie eine Hypothese, die die Wissenschaft nicht mehr braucht.

Im vierten Schritt der freien Kulturschöpfung erlebte der Mensch seit dem 16. Jahrhundert in der objektiven Wissenschaft neue Schöpfungsmöglichkeiten, die nicht mehr von religiösen Vorstellungen geleitet waren. Die europäische Kultur war ins sechste Jahrsiebt ihrer Biographie getreten (36.–42. Lebensjahr).

Das Verschwinden Gottes aus der Natur ging mit dem Verschwinden des Menschen aus der Natur einher. Qualitäten, die mit dem menschlichen Urteil zusammenhängen, wurden durch Quantitäten ersetzt, die gemessen, gezählt und gewogen werden können. Die Natur erschien so als eine berechenbare, objektive Wirklichkeit, die vom Menschen beherrscht werden konnte, wenn er ihre Gesetze kannte. Dadurch hat der Mensch eine neue Freiheit erhalten. Gleichzeitig war in diesem neuen Weltbild dem menschlichen Bewußtsein kein Platz mehr eingeräumt, so daß der Mensch immer mehr auf sich selbst zurückgeworfen war.

Im materialistischen Weltbild des ausgehenden 19. Jahrhunderts war das menschliche Ich letztendlich zu einem Rätsel geworden, und in Zusammenhang damit wurden alle wesentlichen Daseinsfragen als unlösbar betrachtet. Dies rachte sich um so mehr, je stärker die naturwissenschaftliche Methode auf die den Menschen und die Gesellschaft betreffenden Fragen übertragen wurde. Mensch und Gesellschaft wurden dann als Naturobjekte studiert, die wissenschaftlich beherrschbar gemacht werden mußten. Hiermit war der Weg in die «Unterwelt» gegeben, die letztendlich als Welt der spirituellen Finsternis auch eine

Schöpfung des Menschen selbst ist. Neben den Anfängen der materialistischen Naturwissenschaft entstand im Spätmittelalter in der Alchemie und in der Rosenkreuzerbewegung ein Ansatz zu einer spirituellen Naturwissenschaft, in der der Mensch eine Verbindung mit den geistigen Kräften in der Natur entwickeln konnte. Das Erüben dieser Wissenschaft erforderte eine bestimmte innere Haltung und ein moralisches Bewußtsein des Wissenschaftlers, so daß das «Lesen im Buch der Natur» gleichzeitig zu einem Weg der inneren Entwicklung wurde. Die auf diese Weise gewonnenen Erkenntnisse konnten nur für die Genesung des Mitmenschen verwendet werden. Das Laboratorium mußte dabei zum Altar werden. Diese Art, Wissenschaft zu betreiben, basierte ganz auf der inneren Verbindung, die zwischen dem menschlichen Ich und der Welt des Geistes neu aufgebaut werden mußte, zumal seit Cusanus´ Zeiten diese Verbindung immer schwächer wurde.

An den Universitäten war dies nicht möglich, weil dort wie an den arabischen Universitäten das innere Leben vernachlässigt wurde. Wie Goethe in seinem naturwissenschaftlichen Werk gezeigt hat, ist es notwendig, jede Neigung zur Beherrschung zu überwinden und sich selbst zu einer Schale zu machen, in die hinein die Natur ihre Geheimnisse aussprechen kann. Damit war der Anfang zu einer neuen Naturforschung (dem Goetheanismus) gemacht, die die Erscheinungen selbst sprechen läßt und die Natur nicht in einen theoretischen Rahmen preßt. Die Methode Goethes könnte man heute eine phänomenologische Methode nennen. Sie ermöglicht, daß sich die beobachteten Phänomene dem Forscher offenbaren.

Dieses Suchen nach einem Verhältnis zwischen dem Ich des Menschen und der Außenwelt fand sich auch in der Philosophie. In vielen philosophischen Systemen wurde versucht, ein Weltbild zu schaffen, in dem sowohl die innere Welt des Menschen als auch die äußere Welt der Natur sicher verankert werden konnten. Im Deutschen Idealismus ist ein Versuch gemacht worden, eine solche Verbindung über das schöpferische und freie Ich des Menschen zustande zu bringen. Dies war noch eine abstrakte Verbindung, die nicht in die Wirklichkeit eingriff, sondern auf dem Niveau der Idee verblieb. Als Fortsetzung dieser Philosophie hat Rudolf Steiner seine Anthroposophie entwickelt, die den Resultaten der modernen Naturwissenschaft voll und ganz gerecht werden will und neue Dimensionen der schöpferischen Aktivität des Ich eröffnet, die von der modernen Wissenschaft vernachlässigt werden, weil sie nur das Materielle als wirklich betrachtet.

Die Anthroposophie knüpft an die Traditionen der mitteleuropäischen Philosophie an. Sie überwindet den Gegensatz zwischen dem abstrakten, toten Denken der westlichen Wissenschaft – die lediglich dazu führen kann, daß eine immer komplexere «Unterwelt» geschaffen wird – auf der einen Seite, und dem Denken in Bildern, die erscheinen, wenn das wache Tagesbewußtsein abnimmt und anderen Bewußtseinszuständen Platz macht auf der anderen Seite. Nach den sechziger Jahren des 20. Jahrhunderts haben sich die modernen Versionen dieser zwei extremen Positionen in einer Synthese zwischen modernem Systemdenken und asiatischer Spiritualität zusammengefunden. Hierbei fällt die europäische Position der Mitte – und somit auch das Ich des Menschen – weg. Diese Synthese ohne das Ich des Menschen führt letztendlich dazu, daß die Stellung des Menschen als Schöpfer seiner Kultur untergraben wird.

Die Anthroposophie ist im 40. Jahr(-hundert) der Biographie der europäischen Kultur aufgetreten, gleichsam in ihrer *midlife crisis*. Sie kann als die Vorbereitung eines fünften freien Schrittes der Kulturschöpfung (insgesamt: des siebten) betrachtet werden, bei dem die europäische Kultur wieder die Verbindung zur Welt des Geistes herstellt und nun diese Beziehung nicht mehr wie früher in den alten Mysterienstätten, sondern auf der Stufe des Selbstbewußtseins pflegt. So können die Kulturinseln als die Mysterienstätten der Zukunft erlebt werden, wo Menschen in ihren Begegnungen und in der praktischen Arbeit miteinander vom Geiste inspiriert werden.

Das Bild vom Sozialen

Mit der Konzentration der Ich-Erfahrung zu einem Punkt im Bewußtsein, was seit dem ausgehenden Mittelalter möglich wurde, war es gleichzeitig möglich geworden, ein neues Verhältnis zum Ich des Mitmenschen zu gewinnen. Das war bei Ausläufern des manichäischen Christentums, wie den Beginen, den niederländischen «Brüdern vom gemeinsamen Leben», den Bruderschaften in Böhmen, Ungarn und Polen anzutreffen. Es handelt sich hier um Strömungen, die eine Laienpriesterschaft vertraten, in der die Menschen einander in ihren Nöten beistehen. Im Zentrum steht die Begegnung, in der sich der Mitmensch in der eigenen Seele aussprechen kann. Weil das eigene Ich hierfür vorübergehend zurücktreten muß, um das Ich des anderen aufnehmen zu können, muß immer wieder das Selbstbewußtsein geopfert werden, damit der andere Mensch erkannt werden kann. Damit tritt die Vorstellung vom Innewohnen des Christus im Menschen in ein ganz neues Licht. Wenn man davon ausgeht, daß der Christus im Zwischenmenschlichen lebt («Wo zwei oder drei in Meinem Namen versammelt sind, da bin Ich mitten unter ihnen»), dann kann gesagt werden, daß Christus in dem Maße im Menschen wohnt, in dem der Mitmensch in ihm Raum bekommt.

In den Bruderschaften, die in diesem sozialen Strom standen, erschien das Bild vom Menschen als Träger eines sozialen Impulses. Von diesem Bild ausgehend suchten sie nach neuen Formen der Gemeinschaftsbildung. Hier liegt der Anfang zu einer Sozialwissenschaft, die nicht mit den Methoden der modernen Naturwissenschaft nach Wissen strebt und genau so wenig nach der Entwicklung von Techniken, mit deren Hilfe über die Menschen Macht ausgeübt werden kann. Eine solche Sozialwissenschaft befindet sich noch ganz im Anfangsstadium, und auch das Ideal einer Gemeinschaft, die auf die Überwindung der Not des Mitmenschen gerichtet ist, lebt – außer in der slawischen Welt – noch sehr wenig im Bewußtsein der Menschen.

Betrachtet man diese begrenzte Darstellung der Kulturschöpfung durch den freien Menschen, so zeichnen sich drei Linien ab. Eine davon steht für die Position der Mitte, die in der mitteleuropäischen Kultur am stärksten fortgewirkt hat. Diese zentrale Linie geht aus von dem jüdisch-christlichen Bild des freien Menschen, in dem nach griechischer Anschauung ein Unterschied zwischen Leib, Seele und Geist gemacht wird. Im Prozeß des Freiwerdens des Menschen erwacht sein Ich allmählich. Unter dem Einfluß der Aktivität dieses Ich kann die menschliche Seele geläutert und zu einer Schale umgeformt werden, die das Geistige empfangen kann. In diesem Läuterungsprozeß muß von allem, was die Unbefangenheit und die Empfänglichkeit behindert, Abstand genommen werden. In einem folgenden Schritt läßt der Mensch den anderen Menschen oder die Natur sich aussprechen, indem er sich ihm bzw. ihr aktiv öffnet und dabei von jeder Neigung zur Beherrschung absieht. Die geistigen Kräfte, die in der Natur oder im anderen wirken, können sich so offenbaren und der Mensch kann dabei eine «Kommunion» erleben.

Dies macht eine spirituelle Wissenschaft (vom Menschen, von der Natur und der Gesellschaft) möglich, wie sie z.B. Goethe und Steiner entwickelt haben. Hierin ist der Mensch kein Betrachter seiner Umwelt, sondern er ist mit seinem Herzen beteiligt. So kann der Mensch, indem er das Ich des anderen in sich selbst zuläßt, seinem Mitmenschen begegnen und sich in seinem Handeln von dessen Bedürfnissen leiten lassen. Diese Schritte geben den spirituellen Weg an, der der Schaffung der mitteleuropäischen Kultur zugrunde gelegen hat. Dieser Weg der Kulturschöpfung durch die Geschichte Europas konkretisiert die geistige Aufgabe Europas als einen Weg der Mitte zwischen Ost und West.

In der Kultur Westeuropas und später auch in Amerika sind – vor allem unter dem Einfluß des arabischen wissenschaftlichen Stroms – einige Schritte gemacht worden, die zur modernen materialistischen Wissenschaft geführt haben. Das ist die zweite Linie. Der Ausgangspunkt ist, daß der Mensch ein Tier ist, das sich nur durch seine Intelligenz von anderen Tieren unterscheidet. Von einer Läuterung der Seele kann keine Rede sein, weil der Mensch als ein Ichloses Begierdewesen betrachtet wird, das von Natur aus Macht ausüben will. Daraus ergibt sich, daß der Mensch versucht, sowohl in der Gesellschaft als auch über die Natur Macht auszuüben. Dieses Faktum liegt den modernen Human-, Natur- und Gesellschaftswissenschaften zugrunde. In diesen Wissenschaften werden seit den letzten zwei Jahrhunderten rationale Beherrschungstechniken ausgearbeitet.

Im Gegensatz zu diesem aggressiven Kulturideal stützen sich die Strömungen der dritten Linie, die in der New Age-Kultur erscheinen, auf kosmische Bilder. Im Zentrum steht dabei die Einheit des Menschen mit seinem höheren kosmischen Bewußtsein, das in einer Haltung der Hingabe für den Menschen zugänglich wird. Daraus folgt zugleich auch eine Umgehensweise mit der Natur, dem Leib und dem Mitmenschen, die auf die Wiederherstellung von Harmonie und Gleichgewicht gerichtet ist. Es kommt hier nicht zur selbständigen Schaffung einer neuen Kultur, sondern zur Wiederholung des Alten. Die kosmische Ordnung steht Modell für die irdische Ordnung, die aus der kosmischen herausgefallen ist und in einem Kreislauf wieder dahin zurückkehren muß. Der Mensch bleibt in der Kollektivität verhaftet und läßt sich in seinem Handeln durch das von geistigen Führern überlieferte Wissen leiten. Ein gutes Beispiel einer solchen Kultur ist die Priesterkultur von Tibet, die viele Jahrhunderte immer gleich geblieben ist, bis sie vom chinesischen Kommunismus unterdrückt wurde.

In diesem Spannungsfeld westlicher und östlicher (oder «männlicher und «weiblicher») Einflüsse ist die europäische Kultur ihren Weg gegangen. Im 20. Jahrhundert ist dieser eigene europäische Entwicklungsweg in eine Krise geraten, die auf dramatische Weise im Niedergang der mitteleuropäischen Kultur zum Ausdruck gekommen ist. Die Auferstehung dieser Kultur in den sechziger Jahren hat bei vielen die Hoffnung erweckt, daß die europäische Kultur nicht ganz dem Abgrund entgegengeht. Sie hegen die Hoffnung, daß die neue spirituelle Kultur, die als ein Keim aus der Mitte Europas zu wachsen beginnt, ein Anfang zu einem Europa des Geistes sein kann. Dafür müssen die alten Kulturimpulse umgeformt werden, um in dem Spannungsfeld zwischen Ost und West, zwischen Asien und Amerika, eine neue Entwicklung der europäischen Kultur zu ermöglichen. Dieser Prozeß der Spiritualisierung der Kultur (d.h. der Neugeburt der Kultur aus den Quellen des menschlichen Geistes) hat in der Anthroposophie begonnen.

3. Die Spiritualisierung der Wissenschaft

In den Kreisen Geistverwandter, die zusammen die Inseln einer neuen spirituellen Kultur bilden, zeichnen sich die Konturen verschiedener Wege zur seelischen Verwandlung und Heilung ab. Durch die Entwicklung des Bewußtseins wird es möglich, daß das Ich des Menschen im Leben der Seele einen zentralen Platz einnimmt. In den Wissenschaften der westlichen Kultur ist der Mensch als Sinngeber, als Quell moralischer Werte und als geistiges Wesen ausgeschaltet. All diese Qualitäten werden in der Erneuerungsbewegung, die von Mitteleuropa ihren Ausgang nahm, wieder entdeckt. Hierdurch wird es auch möglich, neue Wissenschaften zu entwickeln, in denen das freie Ich das zentrale Prinzip ist und die römischen und arabischen Machtimpulse überwunden werden.

Ansätze zu solchen Wissenschaften lassen sich in der mitteleuropäischen Kultur finden. In der Auseinandersetzung mit Kräften der «Unterwelt» werden diese Ansätze aufgegriffen und die alten Impulse umgeformt von den Menschen, die in ihrem Ich die Kraft finden, den geistigen Kampf gegen die etablierte materialistische Ordnung anzugehen. Dabei entsteht eine neue Spiritualität und eine Neuorientierung in Fragen der menschlichen und sozialen Entwicklung und in bezug auf Natur und Gesundheit. Aus den praktischen Erfahrungen im Streben nach Erneuerung und ausgehend von neuen spirituellen Einsichten können neue Human-, Natur- und Gesellschaftswissenschaften aufgebaut werden, die nicht mehr einseitig «männlich» auf Beherrschung ausgerichtet sind, sondern auf der Integration der «männlichen» und «weiblichen» Qualitäten beruhen.

Bei dieser Integration können die Einsichten aus der Anthroposophie hilfreich sein. Als ein Schulungs- und Erkenntnisweg stellt die Anthroposophie an die anderen Reformbewegungen die Anforderung, gemeinsam Fragen der Wissenschaft und Spiritualität ernst zu nehmen und voneinander zu lernen. Hier kann eine wichtige beiderseitige Befruchtung stattfinden. In der konkreten Anwendung dieser Einsichten und Erkenntnisse kann die Anthroposophie außerdem als ein Weg zu einem praktischen Christentum angesehen werden, das bis in die Wissenschaft und in die Schöpfung einer neuen Kultur hinein wirksam werden kann.

In den folgenden Abschnitten soll nun ein Bildungsprogramm mit vier Elementen skizziert werden, das zur Spiritualisierung der Wissenschaft führen kann. Die Verwirklichung dieses Programms gehört zur geistigen Aufgabe Europas.

Das Erwachen des Ich

In Osteuropa haben viele die Erfahrung gemacht, daß das Leben im Sozialismus eine ernsthafte Bedrohung der Menschenwürde bedeutete. Die Schändung der Menschenrechte, der Verlust der Verfügungsgewalt über das eigene Leben und der Zwang, Kompromisse schließen und in den Lügen des Regimes leben zu müssen, sind seit den sechziger Jahren bei etlichen in den Mittelpunkt des Bewußtseins gerückt. Dies hat die Menschen dazu gebracht, den Kampf für ein Dasein anzugehen, in dem sich der Mensch als freie Persönlichkeit entwickeln kann. Zur spirituellen Orientierung stützten sie sich auf moralische Intuitionen, wie das «Leben in der Wahrheit» und die Weigerung, Kompromisse zu schließen. Für sie galt das Wort Luthers: «Hier stehe ich, ich kann nicht anders, Gott helfe mir».

Im Westen springt die Manipulation des Menschen nicht so sehr ins Auge, obgleich die Folgen der Beherrschung des Verhaltens als dramatisch bezeichnet werden können. Der Verlust des Ich-Bewußtseins und der geistigen Ideale hat ein epidemisches Auftreten von innerer Unruhe, Nervosität und Depressionen, von Gefühlen der Sinnlosigkeit und von Kräften aus dem «Untermenschlichen» zur

Folge. Die Zerrüttung der menschlichen Seele verursacht in viel größerem Maße als früher Probleme, die Psychologen und Psychiater nicht mehr lösen können. Ihr Menschenbild bietet dazu nicht die nötigen Ansätze, daher wird oft zur chemischen Therapie übergegangen.

In Laufe des 20. Jahrhunderts ist in Europa ein Krankheitsbild entstanden, in dem sich die Seelenkräfte Denken, Fühlen und Wollen aufgrund der Schwäche des Ich voneinander lösen und die stärkste Kraft die Oberhand gewinnt. So kann es geschehen, daß das Denken bei dem einen sich in freien Assoziationen verliert oder in einen kalten Intellektualismus verfällt, der nicht zu wirklichen Einsichten führt und nicht mit moralischen Werten verbunden ist. Bei dem anderen kann das Gefühlsleben in Extreme verfallen und in einem dritten Fall kann der Mensch ganz in den Bann von unbewußten Willensimpulsen geraten. Es ist häufig schwer vorstellbar, in welchen inneren Zustand der moderne Mensch dabei kommen kann. Neue, geisteswissenschaftlich erweiterte Formen von Psychotherapie sind notwendig geworden.[134]

Bei vielen Zeitgenossen dringt das Bewußtsein durch, daß nur das Ich des Menschen in der Lage ist, Ordnung in der Seele zu schaffen und die Probleme zu lösen, die aus dem psychischen Durcheinander entstehen. Nur dann, wenn das Ich erwacht und die Formung des Seelenlebens in die Hand nimmt, kann der Mensch frei sein. In seinem Denken kann der Mensch am deutlichsten die Aktivität seines Ich erfahren, weil dieses sich in viel größerem Maße im Bewußtsein abspielt als das Fühlen und Wollen. Dadurch, daß das Denken mit Herzenswärme verbunden wird, kann in ihm die Kraft der Begeisterung wirken, so wie im Willen die moralischen Intuitionen des Herzens für das Handeln richtungweisend werden können. Im Gefühlsbereich kann entdeckt werden, daß die Liebe die eigentliche Kraft ist, die die Seele von innen heraus formt. Auf diese drei Arten kann das Ich Denken, Fühlen und Wollen umformen. Dies geschieht vom Herzen aus, das der Tradition nach mit dem Ich verbunden ist. Wir deuten auf das Herz, wenn wir das Individuelle eigener Standpunkte bekräftigen wollen.

Das Ich ist der unsterbliche, geistige Kern unserer Persönlichkeit. Wenn es zum Zentrum der Seele geworden ist, kann der menschliche Geist im Ich aktiv werden. Das Erwachen des Ich kann so zum Erschließen des Geistgebietes führen. Hier leben die Ideale des Menschen, hier kann der Mensch erfahren, daß er mit einem bestimmten Lebensauftrag auf die Erde gekommen ist und daß bestimmte Dinge in seinem Leben nicht zufällig sind. Hinzu kommt, daß in der Gegenwart viele Menschen die Erfahrung der Schicksalsverbundenheit mit anderen Menschen machen. Das Erleben bestimmter Bilder oder Zusammenhänge kann außerdem den Menschen zum Gedanken der Reinkarnation führen. Je stärker der Mensch aus seinem Ich lebt, desto mehr wird sein Leben in ein weites Umfeld hineingestellt, das die Begrenzungen eines Lebens übersteigen kann. Der Mensch erlebt sich selbst dann nicht mehr als Opfer der Umstände, sondern, innerhalb gewisser Spielräume, als Komponist des eigenen Lebenslaufes. Er lernt dann, mit seinem Schicksal zu leben, vom ihm zu lernen und neue Möglichkeiten aufzugreifen, so daß das Leben eine geistige Entdeckungsreise wird. In diesem neuen Bild vom freien Menschen werden wieder Elemente aus der Theologie des Paulus und des Johannes sowie aus der mitteleuropäischen Philosophie lebendig. Hier geht es um das Arbeiten am inneren Menschen. Ausgegangen wird von einem Menschenbild, welches das Ich, das in der modernen Humanwissenschaft ausgeschaltet ist, als den geistigen Kern des Menschen betrachtet. Das Ich geht nie in den Gedanken, Gefühlen und Impulsen auf, es steht darüber und bleibt dadurch frei. Als ein Regisseur kann es die Taten des Menschen von innen heraus leiten. Aus seinem Ich kann der Mensch in jedem Augenblick neu geboren werden. Mit dem Ich ist das Prinzip gegeben, das die Kräfte des «Untermenschlichen» überwinden kann.

Um dem Kind auf seinem Entwicklungsweg helfen zu können, wird in der Pädagogik und der Heilpädagogik nach neuen Wegen gesucht. In der Waldorfpädagogik und anderen neuen pädagogischen Strömungen wird dabei besonderer Nachdruck gelegt auf die innere Haltung des Lehrers und auf die Notwendigkeit, den Unterricht an die Bedürfnisse des Kindes anzuschließen. In einer Zeit, in der das Bildungswesen vom Staat reguliert und zerstört wird, stellen sie für die herkömmlichen Lehrmethoden eine Herausforderung dar, um gemeinsam, ausgehend von den Bedürfnissen des Kindes, eine Erneuerung des Bildungswesens anzustreben.[135]

Führt man diese Pädagogik weiter, so stößt man auf einen Weg der inneren Entwicklung, der es dem Menschen möglich macht, an seiner Seele zu arbeiten und der Verhaltensmanipulation zu widerstehen. Nur auf diesem Wege bleibt es für den Menschen möglich, sich in Freiheit seine Ideale zu bilden und in den verschiedenen Phasen seines Lebens den Weg zum Geistigen zu finden. Damit fängt ein Weg der Selbsterziehung an, unterstützt durch neue Formen der Erwachsenenbildung.[136]

Die Umformung der Seele

Um auf eine neue Weise mit dem inneren Leben, mit der Natur und mit dem Mitmenschen umgehen zu können, ist eine neue Haltung erforderlich. Dies ist eine Haltung der Offenheit und Empfänglichkeit für dasjenige, was sich aus dem eigenen Inneren meldet und für das, was uns aus der Außenwelt entgegenkommt. Jede Neigung zur Machtausübung über Menschen und Dinge sollte aufgegeben werden. Früher konnte der Weg der persönlichen Entwicklung in Ruhe und in Abgeschiedenheit von der Welt durchgemacht werden. Der mittelalterliche Weg zum Gral ist ein gutes Beispiel dafür. Heute ist der Weg der Läuterung der Seele besonders schwierig geworden. In der Situation des Abstiegs in die «Unterwelt» in unserem Jahrhundert muß die Schulung der Seele mitten im sozialen Leben stattfinden, in einer inneren und äußeren Welt, die auch von den Kräften der Aggression und Sexualität und oft von Perversionen geprägt wird. Es gibt keinen wirklichkeitsgemäßen Weg mehr zur inneren Entwicklung, der an einer Auseinandersetzung mit dem Leiden, dem Unvollkommenen, dem Häßlichen und dem Destruktiven in uns vorbeigeht. Je höher wir steigen wollen, desto tiefer muß in die Kellerräume der Seele (die innere «Unterwelt») hineingeleuchtet werden, müssen ihre Kräfte verwandelt werden. Der deutsche Psychotherapeut Peter Petersen spricht hier von der Begegnung mit dem «dunklen Tier».[137]

Man muß heute mit vollem Bewußtsein im Leben stehen und Momente der Ruhe und Besinnlichkeit in dieses Leben einbauen. Durch die Struktur der modernen Gesellschaft wird das besonders erschwert: nicht nur, weil der Mensch zu einem großen Teil gelebt wird, anstatt selbst sein Leben in der Hand zu haben, sondern auch, weil die menschlichen Begierden und das Streben nach Macht von allen Seiten angefacht werden. Das geschieht sowohl im Berufsleben als auch in der sogenannten Freizeit.

Die moderne Unterhaltungs-Industrie fördert eine Seelenstruktur, die zu der modernen materialistischen Kultur paßt. Hierüber wird viel geschrieben und dabei wird auf die Rolle von Fernsehen, Film und Video, von Reklame und Schundliteratur verwiesen. Hinzu kommt, daß die Medien die Gesellschaft mit Gewalt überschütten. Die Jugend unterliegt außerdem den Einflüssen von Video-Spielen, Diskomusik und Tänzen, die das Ich geradezu austreiben. Überall im gesellschaftlichen Leben herrscht eine sehr hohe Geräuschkulisse. In der Seele des Menschen werden sexuelle Bedürfnisse und Begierden nach materiellen Objekten erweckt; dadurch werden Vorstellungen gebildet, die als eine Art Gespenst in der Erinnerung hängenbleiben und die Seele in einem Zustand der konstanten Begierde halten.

Durch all diese Dinge wird der Mensch gehindert, er selbst zu sein und mit seinem Ich aktiv einzugreifen.

Der Weg zur Läuterung der Seele kann nur dann beschritten werden, wenn das Ich zur zentralen Kraft in der Seele wird. Asiatische Meditationssysteme eignen sich dafür nicht, wenn sie das Ziel haben, eine Ich-lose Harmonie und eine Weltflucht zu bewerkstelligen. Die Anthroposophie bietet einen modernen Schulungsweg, der sich auf das Ich des Menschen stützt.[138] Es ist ein Weg, der zu einer Kenntnis der inneren und der äußeren Welt führt. Anthroposophie umfaßt andererseits auch einen sozialen Impuls, der das Bewußtsein des Menschen auf die Not des Mitmenschen richten und ihm dabei seine eigenen Umvollkommenheiten bewußt werden lassen kann. Viele Menschen sind durch ihre Erfahrungen im täglichen Leben bereits so weit gekommen, daß sie aus eigener Kraft ihren Weg gefunden haben. Leid, Enttäuschungen und Fehlschläge haben ihr Selbstvertrauen und ihre Standhaftigkeit auf die Probe gestellt. In Situationen der Unsicherheit haben sie festen Boden unter den Füßen bekommen oder haben sie die Geistesgegenwart entwickelt, immer dasjenige zu tun, was die jeweilige Situation erfordert. Sie haben einen Blick fur ihre eigenen Unvollkommenheiten bekommen und arbeiten bewußt an deren Überwindung. Viele haben entdeckt, daß sie durch künstlerische Tätigkeiten zur inneren Ruhe kommen. So kann das Umgehen mit schöpferischen Formen in der Kunst zu einer Umformung der Seele beitragen.

Es sind nicht nur (Mittel-) Europäer, wie der Franzose Athys Floride und der Ungar Georg Kühlewind, die Ansätze zu einer spirituellen Psychologie entwickelt haben, die auf die Entwicklung des Ich baut.[139] Auch in Amerika gibt es hervorragende Psychologen, die die europäischen spirituellen Traditionen und die Ansätze von C.G. Jung und Rudolf Steiner weiterführen, wie z.B. James Hillman, Thomas Moore und Robert Sardello.[140]

Der Umgang mit der Natur und dem eigenen Körper

Durch die einseitig materialistische Umgangsweise mit der Natur wird Tod und Verderben gesät. Die Natur wird durch Umweltverschmutzung vergiftet und durch menschliche Ausbeutung vernichtet. Dem liegt eine Haltung zugrunde, die die Natur beherrschen und ausbeuten will. In der Nutzung der Kernernergie in der Industrie und der tödlichen radioaktiven Strahlung im Rüstungswettlauf kommt das deutlich zum Ausdruck. Auch in der Biotechnologie wird die Natur dem Produktionsprozeß unterstellt. Das geht so weit, daß Pflanzen und Tiere genetisch verändert und als neue Arten patentiert werden. Von dem amerikanischen Biochemiker Erwin Chargaff ist sogar darauf hingewiesen worden, daß menschliche Embryonen als Lieferanten für wichtige Eiweiße produziert werden könnten. Damit sieht er ein «molekulares Auschwitz» voraus. Auch heutzutage werden nicht-lebensfähige Embryonen bereits als Lieferanten für Spenderorgane verwendet.

Angesichts dieser Gewalt , die der Natur angetan wird, genügt es nicht, Umweltprobleme auf technische Weise zu lösen. Hier ist eine neue Haltung der moralischen Verantwortlichkeit vonnöten, die die Natur respektiert und für die geistigen Kräfte, die in ihr wirksam sind, offen ist. Goethe hat das auf eine vorbildliche Weise getan. Indem der Mensch auf diese Weise mit der Natur umgeht, kann er ihr von seiner Seite aus etwas hinzufügen. So wird z.B. in der modernen Theologie durchaus davon gesprochen, daß auch die Natur nicht frei ist von Leiden und Destruktion. Der deutsche Theologe Jürgen Moltmann sprach beispielsweise von der Schöpfung als einer geknechteten und erlösungsbedürftigen Wirklichkeit.[141] Das Motiv des Seufzens der Kreatur hat seinen Ursprung im Römerbrief des Paulus (8,18–23). Er schreibt darin über das sehnsüchtige Warten der gesamten Schöpfung auf die Offenbarung der Söhne Gottes (d.h. der Menschen) und über die Hoffnung, die in der Schöpfung lebt, auf Befreiung von der Knechtung an die Vergänglichkeit und auf das Erfahren der Freiheit. Die Erde leidet unter Menschentaten, kann aber sich durch Naturkatastrophen zum Teil wieder davon reinigen. Auf vielen Gebieten arbeiten Menschen aber auch an der Heilung der Erde, wie z.B. der slowenische Künstler und Erdheiler Marko Pogacnik.[142]

Die alte Vorstellung vom «Lesen im Buche der Natur» kann durch die Aktivität des Ich umgeformt werden zu einem neuen Umgang mit der Natur, durch den der Mensch zur Befreiung und Heilung der Natur beiträgt. Dies kann man als eine Wiederherstellung der ursprünglichen Integrität (Ganzheit) der Schöpfung betrachten. Dabei kann der Begriff der Transsubstantiation zu Hilfe genommen werden. Das ist die Umformung der irdischen Substanz durch den Geist. Die traditionelle Theologie kennt dies als die Verwandlung von Brot und Wein in Leib und Blut Christi. In dieser spirituellen Denkweise wird die irdische Materie als Träger des Geistigen verstanden. Die Materie wird verlebendigt und vergeistigt. Das genaue Gegenbild dazu ist die radioaktive Verstrahlung der Materie, wo alles Lebendige abgetötet wird.

In der anthroposophischen Anschauung lebt das Ich des Menschen in der Wärmesphäre oder der Wärme-Organisation des Leibes. Über die Wärme kann der Geist in der Materie wirken. Das ist möglich, weil Wärme sowohl etwas Geistiges als auch etwas Materielles ist. Diese Einsicht kann in neue Wissenschaften von Natur und Gesundheit aufgenommen werden, die von dem inneren Zusammenhang der Natur ausgehen.[143] Hierbei wird das Ich auch als Kraft gesehen, die über jedem holistischen System steht und die für Erneuerung und Vergeistigung der Natur sorgen kann. Durch das Ich können – in Verbindung mit Christus, der den Tod überwunden hat – heilende Kräfte in eine absterbende Natur hineingetragen werden. Durch einen liebevollen Umgang mit der Natur schafft der Mensch mit an einer neuen Erde. Von diesem Gesichtspunkt aus wird sowohl bei der Herstellung von anthroposophischen Heilmitteln und biologisch-dynamischen Präparaten als auch bei der Heilung von Menschen und dem Bearbeiten der Natur der inneren Haltung des Menschen eine wesentliche Bedeutung beigemessen.

In vieler Hinsicht wird die moderne westliche Medizin heutzutage von Kenntnissen aus traditionellen und asiatischen Heilmethoden angefüllt. Namentlich in der New Age-Kultur werden diese Heilmethoden angewendet. Es geht dabei vor allem um Techniken, die Blockaden in dem Strom der Lebenskräfte und Energien auflösen. Sie bleiben jedoch unterhalb der Sphäre der Seele und des Ich und befreien den Menschen daher nicht auf Dauer von seinen Beschwerden.

Die Lebenskräfte werden auf vielfache Weise angegriffen: beispielsweise durch das Übermaß an Sinneseindrükken, durch Strahlung, aggressive Medikamente und qualitätsarme Nahrung. Die Qualitätseinbuße ist eine Folge der modernen chemischen Anbaumethoden und der vielen Duft-, Geschmacks- und Konservierungs-, Farb- und sonstiger Mittel, die der Nahrung zugesetzt werden. Der menschliche Leib kommt dadurch in einen Verhärtungsprozeß. Das erschwert seine Aufgabe, Träger der Seele und des Ich zu sein. Die anthroposophische Heilkunde mißt darum dem Aufbau einer guten Wärme-Organisation eine große Bedeutung bei. Diese ermöglicht es dem Ich, von dort aus heilend auf den gesamten Leib zu wirken. Sie stellt damit auch gleichzeitig an die herkömmliche Medizin und an die alternativen Heilmethoden die Forderung, neueTherapien zu entwickeln (wie die künstlerische Therapie, die Musiktherapie und die Heileurythmie) und den Zusammenhang zwischen dem Ich des Menschen und den Leibesfunktionen und Lebensprozessen in einem neuen Licht zu sehen.

Der Umgang mit dem Mitmenschen

In der modernen Sozialwissenschaft wird die Bedeutung des Ich des Menschen im sozialen Leben nicht bedacht. Das kommt vor allem dadurch, daß die Sozialwissenschaft ihren Ausgangspunkt in der modernen Naturwissenschaft hat und sich zum Ziel gesetzt hat, die Gesellschaft mit Hilfe sozialer Techniken zu beherrschen. Auch die Strömungen der Sozialwissenschaft, die die Emanzipation bestimmter Gruppen beabsichtigen, wie etwa der Marxismus, haben oft die gleichen Ausgangspunkte.

Das zentrale Thema der modernen Sozialwissenschaft ist der Zerfall der traditionellen Gesellschaften und der Übergang zur modernen Gesellschaft (heute die postindustrielle Gesellschaft). Es wird nach Faktoren der Integration gesucht, die verhindern sollen, daß die Gesellschaft im sozialen Chaos versinkt. In den Technokratien im Osten und im Westen hat man beispielsweise entdeckt, daß das Säen von Angst ein gutes Mittel ist, um den Menschen zum Konformismus zu bringen. Das war wahrscheinlich einer der Gründe für eine Politik der gegenseitigen Abschreckung.

In verschiedenen sozialen Bewegungen ist entdeckt worden, daß eine echte menschliche Gemeinschaft erst dann entsteht, wenn freie, Ich-bewußte Menschen sich zusammenschließen und daß das Ich des Menschen die wahre friedenstiftende Kraft ist. Von dieser Sicht aus, in der die Gemeinschaft von unten aus den sozialen Impulsen der individuellen Menschen entsteht, werden der Staat und die gesellschaftlichen Institutionen nicht mehr länger als ordnungschaffend, sondern als dienend gesehen. Der Staat müßte der Entwicklung des Individuums dienen und Sozialstrukturen müßten das Individuum in seiner Entwicklung unterstützen.

Besonders in Osteuropa leben die sozialen Impulse sehr stark unter den Menschen, ohne daß diesen leicht durch Sozialstrukturen eine Form gegeben werden kann. Bei den Streiks, die in Polen von der Gewerkschaft «Solidarität» organisiert wurden, war es eine Selbstverständlichkeit, daß die Nahrungsmittelversorgung der Altersheime und Krankenhäuser ungestört weiterlief. Für viele deutsche Kriegsgefangene war es im Zweiten Weltkrieg unbegreiflich, daß beliebige Russen ihr letztes Brot mit ihnen teilten, weil sie für sie auch Menschen waren.

Diese Gefühle der allgemeinen Menschlichkeit und der universellen Brüderschaft, die in der slawischen Kultur überall, am stärksten jedoch in Rußland, anzutreffen sind, weisen in die Richtung des Bildes vom Menschen als Christusträger. In Rußland erwacht der Mensch oft erst zu seinem Selbstbewußtsein, indem er dem in Not geratenen Mitmenschen hilft. Dieses Motiv findet man in vielen Legenden von Menschen, die jemandem helfen, der mit seinem Wagen im Schlamm steckengeblieben ist und der sich dann als Christus selbst erweist. Auf diese Weise wird erfahren, daß der Christus im Zwischenmenschlichen lebt. Man hat hier mit einem Christentum zu tun, in dem es um den Mitmenschen, um die Not des Anderen geht. Das ist mit der manichäischen Strömung im Christentum verbunden, von der im Mittelalter überall in Europa ein sozialer Impuls ausging.

Rudolf Steiner hat diesen sozialen Impuls in zeitgemäßer Form in die Anthroposophie hineingetragen. Dieser ist jedoch noch kaum aufgegriffen worden. Mit diesem Impuls hat er die Möglichkeit gegeben, auf eine neue Weise soziale Prozesse einsichtig zu machen und eine neue spirituelle Sozialwissenschaft zu entwickeln, die ihre Grundlage nicht in demjenigen hat, was der Mensch sich selbst ausdenkt, sondern in dem, was der Mitmensch in der Begegnung ausspricht, und die als Ziel hat, Gemeinschaftsbildung wieder möglich zu machen.

Steiner hat vier Elemente angegeben, die die sozialen Prozesse beherrschen.[144] Das erste Element ist das «soziologische Grundgesetz». Darin wird angestrebt, daß das Individuum, dessen Belange vorher den Interessen der sozialen

Einrichtungen geopfert wurden, sich in seiner weiteren Entwicklung von den Belangen dieser Einrichtungen befreit. Diese Einrichtungen sollten nun die freie Entfaltung seiner Bedürfnisse und Kapazitäten unterstützen. Das zweite Element ist das «soziale Hauptgesetz», das sich auf das Heil einer Gesamtheit von zusammenarbeitenden Menschen bezieht, das um so größer wird, je mehr die Trennung von Arbeit und Einkommen vollzogen wird. Man kann dann selbstlos Arbeit verrichten für die Bedürfnisse der Mitmenschen und – unabhängig davon – selber, aus der Arbeit anderer Einkünfte beziehen, um die eigenen Bedürfnisse zu befriedigen. Das dritte Element ist das Urphänomen der Sozialwissenschaft: im Gespräch zwischen Menschen läßt sich der eine kurz «einschläfern», um den Anderen in seinem Bewußtsein zuzulassen. Dann setzt er ihn wieder aus seinem Bewußtsein heraus, um sich selbst in vollem Bewußtsein dem Anderen gegenüberzustellen und ihn «einschlafen» zu lassen. Diese Rollen wechseln sich ab, aber das geschieht nicht im vollen Bewußtsein. Das vierte und letzte Element ist das Prinzip der Sozialen Dreigliederung, die bereits genannt worden ist.

Hierzu gehört noch ein fünftes Element, das nicht mehr von Steiner ausgearbeitet werden konnte. Es richtet sich auf die Ordnung der zwischenmenschlichen Verhältnisse und weckt das Bewußtsein für die Schicksalsverhältnisse zwischen Menschen. Dieses Element ist notwendig, um das Zusammenleben und Zusammenarbeiten bewußt zu gestalten, vor allem in Konfliktsituationen. Wie der Mensch im sozialen Leben steht, wird von seinem sozialen Impuls bestimmt. Dieser Impuls ist es, der den Menschen veranlaßt, dem Anderen die Gelegenheit zu geben, sich in der Begegnung auszusprechen. Dies erfordert das zeitweilige Opfer des Selbstbewußtseins, was im sozialen Urphänomen des Gespräches geschieht. In der Begegnung liegt die Quelle eines neuen sozialen Lebens. Sie ist deshalb das zu erschließende Mysterium der Gegenwart.

In der modernen Gesellschaft ist es nicht mehr selbstverständlich, daß der Mensch sozial ist. Das Nicht-Soziale tritt immer stärker in zwei Varianten auf, die der niederländische Jurist Dieter Brüll (1922–1996) exakt unterschieden hat.[145] Der moderne Mensch wird zum einen immer asozialer, insofern er sich von anderen abschließt, um seine eigene Entwicklung zu verfolgen. Zum andern ist er antisozial, wenn er sich Waren zum eigenen Verbrauch aneignet. Das sind übrigens notwendige Tätigkeiten im Leben des Menschen. Sozial ist der Mensch, so Brüll, erst dann, wenn er bewußt die Not seines Mitmenschen, die sowohl geistig als auch materiell sein kann, zum Motiv seines Handelns macht. Das ist nicht die Not, die der Mensch dem Anderen zuschreibt, sondern die der Andere selbst in ihm ausspricht. Wenn man dafür ein Ohr hat, handelt man aus dem Herzen, aus Liebe für den Mitmenschen. Diese Liebe ist geopferte Freiheit, die nur durch das Ich des Menschen aufgebracht kann und niemals erzwungen werden kann.

Um den sozialen Impuls in der Gemeinschaft wirksam werden zu lassen, sind neue gesellschaftliche Formen und Strukturen notwendig, die dem soziologischen Grundgesetz und dem sozialen Hauptgesetz Rechnung tragen. In diesem Zusammenhang hat Lech Walesa über eine vom Staat getrennte Kultur und über eine Ökonomie der Brüderschaft gesprochen, in der das Erfüllen der Bedürfnisse der Mitmenschen das Motiv ist, um Arbeit zu verrichten. Es wäre heutzutage nicht realistisch, wenn man denkt, daß die Soziale Dreigliederung leicht auf gesellschaftlicher Ebene durchgeführt werden könnte, aber sie bleibt die Bedingung für eine gesunde soziale und kulturelle Entwicklung der Weltgesellschaft. Mit einer Dreigliederung werden die richtigen Bedingungen geschaffen, um die Kultur wirklich frei zu machen, die Entwicklung des Rechtsbewußtseins zu fördern und die Wirtschaft zu vermenschlichen.

Auf dem Gebiet der Organisationen gibt es jedoch durchaus Möglichkeiten, tätig zu werden. Hier ließe sich an die Bildung von Gemeinschaften denken, in denen Menschen füreinander arbeiten und wo die Gemeinschaft sich in den Dienst der Entwicklung des Einzelnen stellt. Auch können Gruppen gebildet werden, in denen Menschen einander oder ein anderes Individuum tragen. Ein gutes Beispiel dafür sind die Selbsthilfegruppen von Alkoholikern oder Drogenabhängigen, die sich gegenseitig anrufen, wenn die Versuchung zu groß wird, der Sucht nachzugeben.

In diesem Zusammenhang kann der soziale Impuls uns zu einem neuen Erfassen des Therapeutischen führen. Wenn der Therapeut nämlich, so wie es Peter Petersen beschrieben hat, zum Gefährten des Mitmenschen wird, der Hilfe braucht, dann kehrt er zu der ursprünglichen Bedeutung des griechischen Wortes «Therapeut» zurück, das Begleiter, Gefährte und Diener bedeutete.[146] In unseren Begegnungen können wir einander durch Liebe unterstützen und helfen. Jedes gute Gespräch, in dem Menschen einander mit Ehrfurcht und Unbefangenheit gegenübertreten und füreinander Raum schaffen, kann in diesem Sinne therapeutisch sein, wie die moderne Praxis der Lebensberatung zeigt.[147]

In der Verbindung mit dem Schicksal des Mitmenschen gerät das Ich des Menschen in eine ganz andere Perspektive. Der Mensch nimmt sich dann nämlich vom Kreis seiner Mitmenschen aus wahr. Er sieht sich so, wie die anderen ihn sehen. Aus dieser Sicht kann das Leiden des Mitmenschen als eigenes Leid erfahren werden. Hier könnte man von einer Kommunion mit dem Mitmenschen, von einem Aufgenommen-werden des Ich in eine Gemeinschaft von Mitmenschen sprechen. Aus ihrem sozialen Bewußtsein heraus können Menschen das Kreuz des anderen teilweise mittragen. Das knüpft an das russische Wort für «Christ» an: der Mensch als Kreuzesträger, – aber nun als Mitträger des Kreuzes des anderen.

Dieses Empfinden lebt in der russischen Kultur und daher kommt es, daß im russischen Christentum auch für die Vergebung der Sünden des anderen gebetet wird. Russen fühlen sich durch ihre Unzulänglichkeiten und Schwächen miteinander verbunden. So sagt zum Beispiel Starez Sossima in Dostojewskis «Die Brüder Karamasow», daß jeder für alle und alles auf der Welt schuldig ist. Dies bietet eine Perspektive für die Zukunft: eine Umgangsweise mit dem Mitmenschen, die tief von christlicher Spiritualität durchdrungen ist und die in dem Bild vom freien Menschen als dem Träger eines sozialen Impulses gegeben ist.

4. Der Weg zu einer Kultur des Herzens

Mit dem im vorigen Kapitel beschriebenen Bildungsprogramm ist eine geistige Aufgabe beschrieben, die sich in der modernen europäischen Kultur abzeichnet. Es zeigt vier Schritte auf dem Weg zu einer neuen spirituellen Kultur, die bereits in einem Archipel von Kulturinitiativen anfängt, sichtbar zu werden. Gleichzeitig ist es auch ein Weg zu einem neuen, inneren und praktischen Christentum, in dem die Menschen eine persönliche Verbindung zum Christus aufbauen können. In ihrer Ohnmacht, Einsamkeit, Machtlosigkeit und Verzweiflung, in ihrem Leiden um die Not des Mitmenschen dürfen sie seine Nähe als Tröster, Helfer und Ratgeber erleben.

Es geht hier um einen Versuch, zwischen den einander entgegengesetzten Einflüssen aus Asien und Amerika zu balancieren und eine neue Entwicklungsphase der europäischen Kultur einzuläuten, die vom Untergang bedroht ist. Ihr wird ein neuer Impuls gegeben, der in den beschriebenen Schritten sichtbar wird: die Bewußtmachung des Bildes vom freien, schöpferischen Menschen als Bild Gottes; die Umformung der Seele zu einer Schale, in die der Geist hinabsteigen kann und in der die Natur und der Mitmensch sich aussprechen können; eine Umgangsweise mit der Natur und dem eigenen Leib, die umformt und heil macht (heilt); der Umgang mit dem Mitmenschen, um mit ihm eine Gemeinschaft zu bilden.

Hierbei wurden verschiedene Qualitäten genannt, die mit dem Herzen des Menschen zu tun haben. Im ersten Schritt wurde auf die Verbindung des Denkens mit der Wärme und dem Enthusiasmus des Herzens hingewiesen. Im zweiten Schritt ging es um das Entwickeln einer Haltung der Offenheit und Empfänglichkeit. Anschließend wurde über das Erwecken der Herzenswärme gesprochen, die notwendig ist, um vom Geistigen aus eine Brücke zur Materie zu schlagen und um der Natur neue Lebenskraft zu schenken und sie wieder heil zu machen. Und letztendlich wurde deutlich, daß im Sozialen vor allem die aufbauende Kraft der Liebe wirkt. Diese Stufen können daher als ein Weg zum Herzen, als Weg zum Zentrum des Menschen, mit dem sein Ich am stärksten verbunden ist, verstanden werden. Wenn dieser Weg in den einzelnen Kulturinitiativen beschritten wird, kann die europäische Kultur zu einer Kultur des Herzens werden, die «männliche» und «weibliche» Qualitäten miteinander verbinden kann.

Außer auf ein neues Christentum und eine neue sakrale Kunst stützt sich diese Kultur des Herzens auf neue spirituelle Wissenschaften vom Menschen, der Natur und vom sozialen Leben, die unter anderem aus der Anthroposophie entwickelt werden. Diese Wissenschaften sind eine Antwort auf die moderne westliche Wissenschaft, die eine Fortführung der Impulse der Akademie von Gondischapur ist und die noch nicht mit dem Christentum verbunden ist. Ihr Abstieg in die «Unterwelt» kann gleichfalls in vier Schritten veranschaulicht werden: die Schaffung des Bildes vom beherrschbaren Menschen und von Systemen künstlicher Intelligenz; das Entstellen der menschlichen Seele; die Verformung der lebendigen Strukturen in der Natur und auch im menschlichen Leib z. B. durch Genmanipulation, Radioaktivität und synthetische Stoffe; die Vernichtung des Sozialen durch technische Beherrschung der gesellschaftlichen Verhältnisse. Auf diesem Weg durch die «Unterwelt» gehen die Qualitäten des Herzens verloren. Das Herz des Menschen wird so zu einem schwarzen Loch, das sich mit dunklen Kräften füllt und diese wieder nach außen strömen läßt. Daraus kann nur eine Anti-Kultur entstehen: die Menschen werden der Kräfte ihres Ich vollständig beraubt. Die New Age-Kultur ist nur in bestimmten Richtungen ein Weg zu einer Kultur des Herzens, in der der Mensch durch die Entwicklung seines Ich die in ihm schlummernden Herzenskräfte erweckt und zu persönlichen Qualitäten wie Begeisterungsfähigkeit, Offenheit, Wärme und Liebe umbildet. Stattdessen gibt es eher eine starke Tendenz zur Ich-losen Harmonie. Darin ist der Mensch nicht von seinem Herzen, sondern aus einem kosmischen Bewußtsein heraus mit der Natur und seinem Mitmenschen verbunden. Außerdem stehen ihm dabei manchmal alte Fähigkeiten zur Verfügung, die in der Kulturentwicklung infolge des Erwachens des Ich verlorengegangen sind.

Zwischen den Einflüssen der modernen westlichen Wissenschaft und der asiatischen Spiritualität stehend kann die neue europäische Kultur in ihrer weiteren Entwicklung von den beiden anderen Kulturen lernen: Einsichten in die Materie von der wissenschaftlichen Kultur des Westens und spirituelle Einsichten von der New Age-Kultur. Die europäische Kultur kann das Positive beider Kulturen aufnehmen: das ist das logische, analytische Denken der modernen westlichen Wissenschaft und das bildhafte Denken der New Age-Kultur. Im Gespräch mit beiden kann die neue europäische Kultur zeigen, was eine Kultur des Herzens beinhalten könnte.

Von dieser Kultur kann die moderne westliche Kultur lernen, wie das abstrakte, intellektuelle Denken, das seine Verbindung mit der Wirklichkeit verloren hat, umgeformt werden kann zu einem lebendigen und spirituellen Denken vom Herzen aus, das zu wirklichen Einsichten führt. Die moderne Wissenschaft kann außerdem Anstöße zu einer Überbrückung der Kluft zwischen Wissenschaft und Ethik bekommen. Durch die Spiritualisierung des Denkens ist es auch möglich, daß sich die aristotelische Tradition, die sich zu einem wesentlichen Teil mit den arabischen Kulturimpulsen verbunden hat, von diesen lösen und sich mit einem spirituellen Christentum verbinden kann. Die Anthroposophie, die das Denken spiritualisieren will, bietet dafür vielerlei Anknüpfungspunkte.

Die New Age-Kultur kann lernen, wie das Spirituelle durch die Verbindung mit der konkreten menschlichen Aktivität auf der Erde wirksam werden kann. Durch die Entwicklung persönlicher moralischer Intuitionen können das Engagement für das Spirituelle, der Idealismus und die starken Willensimpulse der New Age-Bewegung viel stärker wirksam werden. Die platonisch gestimmte Spiritualität, die hier oft lebt, könnte dann ein Gegengewicht zu den materialistischen Tendenzen in der Kultur bieten. In der Sorge für die Umwelt und die Erde liegen bereits Keime von moralischen Intuitionen des Herzens, die noch weiter ins Ich-Bewußtsein gebracht werden können.

In der Verbindung des Denkens und Wollens mit dem Herzen wird die Bedeutung des sozialen Impulses sichtbar, der vom Herzen aus wirkt und seinen eigenen Entwicklungsweg hat. Das kann man eine Schulung des Gefühls nennen, in der der Mensch sich in Liebe mit seinem Mitmenschen verbindet und ihm in seinem Herzen Raum gibt, um seine Bedürfnisse auszusprechen. Es handelt sich hier um einen manichäisch-christlichen Impuls, der jeder Gemeinschaftsbildung, in der es um den Anderen geht, zugrunde liegt.

Durch ihre besten Vertreter wird bereits sichtbar, was eine Kultur des Herzens ist. Man könnte sie – im Gegensatz zu den westlichen Genies des Kopfes – «Genies des Herzens» nennen. Dies sind Menschen, die die Klarheit des Denkens mit der Wärme und Begeisterungsfähigkeit ihres Herzens verbinden, die aus moralischen Intuitionen heraus zu einem freien Handeln aus Liebe kommen und die einem sozialen Impuls folgend dem Mitmenschen in ihrem Herzen Raum geben. Jeder könnte Menschen mit diesen spirituellen Qualitäten nennen. Das sind nicht im definitorischen Sinn Europäer, denn die Kultur des Herzens ist eine allgemeinmenschliche Kultur. Genauso wenig würden sie sich alle ohne weiteres als Christen bezeichnen. Ihre Lebenspraxis steht jedoch in der Nachfolge Christi. Christus lebt im Ich eines jeden Menschen, ohne daß dieser sich dessen bewußt sein muß.

In Europa wird der Weg zu einer Kultur des Herzens in

dem Archipel neuer Kulturinitiativen bereitet. Er ist das Resultat der tiefen geistigen Krise, die die europäische Kultur in diesem Jahrhundert heimgesucht hat und der Auferstehung der mitteleuropäischen Kulturideale seit den sechziger Jahren. Von diesen Idealen inspiriert kann jeder Mensch seinen Weg zum Herzen finden. Das wird häufig mit einer geistigen Krise verbunden sein, aber das ist, wie sich der russische Filmregisseur Andrej Tarkowski einmal ausgedrückt hat, ein Zeichen der Gesundheit und ein Versuch des Menschen, sich selbst zu finden. Wenn der Mensch es versteht, die Kräfte, die von der westlichen Wissenschaft und der asiatischen Mystik verkörpert werden, im Gleichgewicht zu halten, kann er einen Entwicklungsweg zum Geist beschreiten, auf dem er von seinem Ich geführt wird. Dort, wo Menschen in Europa diesen Weg gehen, stellen sie Europa in ein neues Licht.

Dies ist das Licht des Geistes, das viele Kinder heute bereits in sich tragen. In ihren Fragen schimmert manchmal das Europa des Geistes hindurch. Scheinbar aus dem Nichts stellen sie tief spirituelle Fragen. Allerlei Dinge sind für sie völlig selbstverständlich. So kommen sie mit Erinnerungen aus vorigen Leben, sprechen über Engel und andere geistige Wesen und über das, was sie in ihrem Leben wollen. Sie bringen geradezu die spirituellen und sozialen Impulse mit, die notwendig sind, um eine Kultur des Herzens zu verwirklichen.

Die Schaffung einer neuen europäischen Kultur ist notwendig, um diesen jungen Menschen der Zukunft den Raum zu geben, in dem ihre spirituellen und sozialen Impulse gedeihen können. Wenn sie ihren Platz und ihre Lebensaufgabe finden, dann können ihre geistigen Qualitäten als ein warmes Licht in der spirituellen Finsternis des Materialismus scheinen.

Die neuen Generationen werden das Europa des Geistes weiter zur Geburt bringen. Der deutsche Dichter Hölderlin hat Mitteleuropa das «heilige Herz der Völker» genannt. Das neue Europa wird eine ähnliche Funktion für die Welt zu erfüllen haben.

5. Ein neues Bild von Europa

Die Kulturgemeinschaft Europa entsteht nicht von selbst. Schon vierzig Jahrhunderte wirken Kräfte, die sie Schritt für Schritt aufbauen. Am Anfang waren es unsichtbare Kräfte, die die alteuropäische Kultur gebildet haben. Europa bekam zuerst einen physischen Leib, der allmählich den ganzen Kontinent umfaßte. Er wurde durch Handelswege durchzogen, wie z.B. die Bernsteinstraße, die vom Baltikum zum Mittelmeer verlief, und durch Wege, die die geistigen Zentren miteinander verbanden. So sprach die griechische Mythologie über die Reisen des Gottes Apollo von Delphi nach Hyperboräa, dem Land des Polarkreises, und die irische Mythologie über eine geistige Verbindung mit dem Norden Europas, dem Schwarzmeer-Raum und Ägypten. In Spanien gibt es den alten Sternenweg nach Santiago de Compostela und ein anderer Weg führte von den Einweihungsstätten in der westfranzösischen Bretagne über das Elsaß nach Böhmen und weiter nach Osten.

Dieses alte Europa war dreigeteilt: die Gebiete am Mittelmeer und am Schwarzen Meer im Süden, die Länder an den nördlichen Meeren (Atlantik, Nordsee, Ostsee und Weißes Meer) und die kontinentale Masse Europas. Griechenland war der Kopf- und Bewußtseinsbereich des europäischen Organismus, der Nordwesten der untere Bereich. In der modernen Zeit ist die Dreiteilung der physischen Geographie gerade umgekehrt, sie geht von West (Bewußtseinspol) nach Ost (Lebenspol).

In der ätherischen Geographie der Griechen gab es eine Vierteilung, die mit den vier Windrichtungen und den vier Elementen verbunden war. Auf dieser Grundlage entstand die Einteilung Europas in vier Temperamentgebiete: die Phlegmatiker (Wasser) im germanischen Norden, die Melancholiker (Erde) im slawischen Osten, die Choleriker (Feuer) am Mittelmeer und die Sanguiniker (Luft) im keltischen Westen. Im ätherischen Raum des europäischen Organismus gab es Zentren geistiger Energie, die von bestimmten Völkern gehütet wurden und die man mit den Chakren (geistigen Wahrnehmungsorganen oder Lotusblumen) des menschlichen Organismus vergleichen könnte. Im alten Europa waren diese Zentren miteinander verbunden. So gab es eine wichtige Linie von Kreta nach Irland, die ihren Anfang schon in Jemen (dem Land der Königin von Saba) hatte und über Mekka und Kairo nach Europa lief. Die Insel Kreta trug gleichsam die Krone Europas (Scheitelchakra), auf dem griechischen Festland (Delphi) befand sich das Stirnchakra. In der christlichen Zeit wurde diese Linie zu einer Michaelslinie, die wichtige Michaelsheiligtümer miteinander verband: Chonae in Kleinasien, Monte Gargano in Italien, La Sacra di San Michele im nordwestitalienischen Piemont, Saint Michel d´Aiguilhe in Le Puy in Mittelfrankreich, Mont-Saint-Michel in der Normandie, St Michael´s Mound in Cornwall und Skellig Michael in Irland. Der Erzengel Michael hat auf diesem Weg in Europa Einzug gehalten.

Seit Ende des Mittelalters hat sich die Blickrichtung Michaels verändert. Er schaut in Richtung Nordost und zieht eine neue Linie durch Europa. Sie läuft von Sagres im Südwesten Portugals (wo Heinrich der Seefahrer als Vorbereitung für die Suche nach dem Land des Priester-Königs Johannes seine Seefahrtschule gegründet hat) über die Pyrenäen, Basel, Prag, Warschau, Smolensk und Moskau zum russischen Mysteriengebiet der unsichtbaren Stadt Kitesch und weiter zum Ural.

Mit dieser neuen Michaelslinie hat Europa sich neu aufgerichtet. Wie die symbolischen Karten Europas zeigen, ist nun Portugal (mit den Azoren) die Krone Europas geworden. Das Stirnchakra befindet sich in Spanien, das Kehlchakra im südfranzösischen Land der Troubadoure, das Herzchakra im Elsaß und Südwestdeutschland, das Sonnengeflecht in Böhmen, und die zwei unteren Chakren in Weißrußland und Rußland. Der europäische Osten hinter

Prag ist das Land der zukünftigen Kultur – der Name dieser Stadt bedeutet geheimnisvoll «die Schwelle».

Seit dem Anfang unserer Zeitrechnung entwickelt sich die Seele Europas und darin leben die Kräfte der Sympathie und Antipathie. Wie bereits beschrieben, geschieht das in den zwei Polaritäten West-Ost und Nord-Süd, die sich in der Mitte miteinander verbinden sollen. Vom Westen kommt die Gralsströmung, die von unten die Seele zum Empfangen des Geistes öffnen möchte. Vom Osten her bewegt sich die vom Himmel niedersteigende Weisheitsströmung zur Mitte. Vom Norden kommt die Ich-Kraft aus den germanischen Mysterien und vom Süden wirken neben den römischen und arabischen Kräften auch die Mysterienströmungen aus Jemen, Ägypten, Palästina, Mesopotamien und dem Iran.

In diesem Kreuz der seelischen Polaritäten differenzierte sich die Seele Europas weiter in den Nationen, die sich im Laufe des Mittelalters gebildet haben. Im letzten Kapitel des ersten Teils dieses Buches ist diese Differenzierung der astralen Geographie schon erwähnt worden. In den südlichen Ländern, wie Griechenland, Italien, Spanien und Portugal, wurde insbesondere die Qualität der «Empfindungsseele» ausgebildet. Sie steht nach Rudolf Steiner unter dem Einfluß der Sonne. In Frankreich hat sich die sogenannte «Verstandes- oder Gemütsseele» entwickelt, der erste Teil mehr «männlich», der zweite mehr «weiblich» gefärbt. Hier wirken die Kräfte des Mondes ein. Das englische Volk bildet die «Bewußtseinsseele» aus, die unter dem Einfluß des Mars steht. In Mitteleuropa (und nicht nur in Deutschland) geht es um die Entwicklung des Ich-Bewußtseins. Hierin manifestieren sich Merkur-Kräfte. Im russischen Volk bereitet sich die Geburt des höheren geistigen Bewußtseins vor, das Steiner mit Jupiter verbindet. In den anderen Völkern Europas treten diese Seelenbildungen in verschiedenen Nuancen auf, wie das von mehreren Forschern beschrieben wurde.[60] Die Kräfte der Sonne, des Mondes und der fünf Planeten wirken nach Steiner nicht nur auf bestimmte Seelenglieder ein, sondern sie beinflussen auch die Entwicklung der Kultur, in einem Rhythmus von etwa 354 Jahren, in dem die Planetengeister einander abwechseln. Es ist möglich, die Einflüsse und Inspirationen dieser Erzengel, die seit der vorchristlichen Michaelzeit die Entwicklung der Seele Europas begleitet haben, in der Geschichte zurückzuverfolgen.[148]

Wenn wir von der seelischen Ebene zur geistigen Ebene der Entwicklung Europas, die sich schon angekündigt hat, fortschreiten, kommen wir zur Zahl Zwölf. Sie zeigt sich in den zwölf Sternbildern, die die Typen der Ich-Entwicklung darstellen. Sie zeigen geistige Kräfte, die in bestimmten Völkern besonders wirksam sind und die Entwicklung der Seele beeinflussen. Es gibt hier keine Eindeutigkeit, nur Versuche, die Charaktere der europäischen Völker sprechen zu lassen. Wenn sie einander ergänzen können, kann in der Ganzheit eines «Europa der Völker» der Geist Europas erscheinen.

Hier müssen wir genau unterscheiden zwischen dem Nationalismus, der die nationalen Interessen höher stellt als die Interessen der anderen Völker, und dem nationalen Bewußtsein, in dem uns die nationale Identität, der Volkscharakter, der historische Entwicklungsweg und die geistigen Aufgaben unseres Volkes bewußt werden. Erst als bewußtes Mitglied eines Volkes können wir Europäer werden. Wenn sich der Geist Europas weiter in der europäischen Kultur inkarnieren wird, wird das nationale Element allmählich wegfallen und das individuelle geistige Bewußtsein entscheidend werden. Die Überwindung des nationalen Prinzips hat schon angefangen und gehört, wie schon bemerkt wurde, zu den Aufgaben der mitteleuropäischen Kultur.

Der österreichische Arzt und Anthroposoph Eugen Kolisko (1893–1939) hat einen Tag vor seinem Tod eine Zusammenschau von Europas Tierkreis gegeben, die durch

Maria Schindler weiter ausgearbeitet wurde.[149] Hiermit wurden auch die zwölf menschlichen Sinne aus der Sinneslehre Steiners verbunden[150], die in den Völkern Europas unterschiedlich ausgebildet sind. Jedes Volk hat eigene («männliche» und «weibliche») Wege der seelischen Entwicklung und Bewußtseinsentwicklung geöffnet. Neben der allgemeinen Bildung der Seele durch Musik, Märchen, Tanz und Theater entstanden eigene Formen der Bildung, deren geistige Produkte es den anderen Völkern geschenkt hat. Hieraus ergibt sich das folgende Gesamtbild:

• Niederlande und Belgien: Jungfrau, Bewegungssinn; Bildungswege: Schwanenritterschaft (Lohengrin), polyphone Musik (Jan van Ockeghem), Laienpriesterschaft der «Brüder vom gemeinsamen Leben» (Geert Groote, Thomas a Kempis), Humanismus (Erasmus), Objektivierung der Wahrnehmung in der Malerei (Jan van Eyck, Rembrandt), Schaffung von kommerziellen Verbindungen (Seefahrt);

• Spanien und Portugal: Waage, Gleichgewichtssinn; Bildungswege: Verwandlung der arabischen Impulse, Kampf mit dem Stier, Weg der Baumeister nach Santiago de Compostela, spirituelle Erschließung der Welt (Heinrich der Seefahrer), spanische Mystik (Johannes vom Kreuz, Teresa von Avila);

• Großbritannien und Irland: Skorpion, Geruchssinn; Bildungswege: Artusritterschaft, keltisches Mönchstum, Entwicklung des Selbstbewußtseins, Naturwissenschaft (Newton), Aufbau der Weltwirtschaft;

• Frankreich: Schütze, Geschmacksinn; Bildungswege: Verwandlung der Liebe (Troubadoure), Katharertum, Tempelritterschaft, Zisterziensertum (Bernardus von Clairvaux), rationales Denken (Descartes), Organisation des politischen Lebens, Logik des Herzens (Pascal), Menschenrechte;

• Italien: Steinbock, Sehsinn; Bildungswege: Franziskanertum, Ästhetik und Lebensfreude (Raffael, Michelangelo), Studium der Bewegung (Leonardo da Vinci), Humanismus (Dante, Ficino);

• Deutschland: Wassermann, Wärmesinn; Bildungswege: Weg des Parzival (Wolfram von Eschenbach), Minnelyrik (Walther von der Vogelweide), deutsche Mystik (Meister Eckhart, Tauler, Böhme), Rosenkreuzertum, Reformation, Romantik, Deutscher Idealismus, Goetheanismus, klassische Musik, Anthroposophie;

• Rußland: Fische, Gehörsinn; Bildungswege: Pilgerschaft, Starzentum (Serafim von Sarow), Weg des Leidens, des Mitleidens und der Opferbereitschaft, Weisheitsphilosophie (Solowjow), Pflege der Erde;

• Griechenland und die Balkanländer: Widder, Wortsinn; Bildungswege: Entwicklung des Gewissens (Euripides), Philosophie (Plato, Aristoteles), Demokratie (Perikles), Heldentum (Odysseus), Bogomilentum;

• Polen, Tschechien und die Slowakei: Stier, Gedankensinn; Bildungswege: Gewissensbildung und Ketzertum (Hus), religiöse Bruderschaft (Peter Chelcicky und die böhmisch-mährischen Brüder), moralische und logische Philosophie;

• Schweiz und Österreich: Zwilling, Ichsinn; Bildungswege: Gottesfreundschaft, Selbstbehauptung (Wilhelm Tell), Volksdemokratie, Verbinden von Völkern;

• Finnland: Krebs, Tastsinn; Bildungswege: Unabhängigkeit, Leben mit der Natur, Weg der Kalewala;

• Skandinavien: Löwe, Lebenssinn; Bildungswege: Mut zu gefährlichen Reisen (Wikinger), Individualismus, Rechtsbewußtsein.

Diese zwölf Tierkreiszeichen sind die eigentlichen zwölf Sterne der Flagge Europas. Wenn wir das Ganze zusammenschauen, kann das Bild eines Tempels entstehen. Seine Grundfläche und seine ätherische Struktur werden durch den dreigeteilten physischen und den viergeteilten ätherischen Raum des Kontinents gebildet. Die sieben Seelenqualitäten der Völker, in denen die Kräfte der Sonne, des Mondes und der fünf Planeten wirksam sind, sind die

Säulen dieses Tempels. Das Dach wird durch den Tierkreis mit seinen zwölf Zeichen gebildet.

In dieser Imagination von Europa ist der Tempel ein Gralstempel, in dem die Jungfrau Europa ein Kind gebären will: das neue Europa des Geistes. Wie im 12. Kapitel der Apokalypse des Johannes beschrieben wird, wartet die böse Macht darauf, das Kind zu verschlingen, das jedoch von Gott gerettet wird. Diese Geburtsszene beschreibt die Signatur unserer Zeit.

Die Jungfrau Europa ist das Symbol der europäischen Seele, die zur Gralsschale geworden ist und sich mit der Sophia, der himmlischen Weisheit verbinden möchte. Dadurch würde in ihr das neue geistige Bewußtsein erwachen (Europa-Sophia), das Europa braucht, um seine Kulturgemeinschaft aufzubauen und seine wirkliche Aufgabe in der Welt zu erfüllen. Das ist eine dienende, nicht eine herrschende Aufgabe. Von der Erfüllung dieser Aufgabe hängt das Schicksal der Welt ab.

Die Seele Europas ist noch krank und noch nicht reif für die Verbindung mit diesem Weisheitsbewußtsein. Dafür sind eine Heilung der Seele und eine weitere Entwicklung des Bewußtseins notwendig. Um die modernen Seelenkrankheiten zu überwinden und das neue spirituelle Bewußtsein zur weiteren Entwicklung zu bringen, braucht die europäische Kultur ein neues Bildungsideal, das die Bildungswege der europäischen Völker, wie sie oben kurz beschrieben wurden, in einem zeitgemäßen Bildungsprogramm für die Seele und den Geist zu einer Synthese bringt.

Die Seele ist ein Innenraum, der zwischen der Welt der Materie und der Welt des Geistes vermittelt. In der Seele können geistige Impulse aufgenommen werden, bevor sie in der materiellen Welt verwirklicht werden können. Die Seele ist ein Instrument des Geistes für die Verwandlung der Materie. Die höchste Kraft, die sich in ihr manifestieren kann, ist die Liebe – aber dazu muß die Seele eine reine

Schale sein. Der Europäer hat die Aufgabe, aus den Kräften der natürlichen Welt diese Schale für die geistige Welt zu bilden. Das macht ihn zu einer Parzival-Gestalt, die durch die Welt der Materie hindurch ihren Weg zum Geist findet. Parzival und seine Frau Condwiramurs (was «Führerin zur Liebe» bedeutet) verkörpern wesentliche Aspekte der seelisch-geistigen Aufgabe Europas.

Voraussetzung für die Bildung dieses seelischen Innenraumes ist, daß der Mensch sein Verhältnis zu seiner Seele, zur Natur und zu seinen Mitmenschen mit Bewußtsein neu gestaltet. Das heißt, daß wir den Weg der Verwandlung der Seele, auf dem man im Mittelalter dem Christus begegnen konnte, heute bis in die Seelentiefen weitergehen und dort die Auferstehungskräfte der Seele kennenlernen; daß wir lernen, die Geheimnisse der Natur innerlich zu erleben, die Natur zu heilen und in Harmonie mit ihr zu leben; und daß wir die Kunst der Begegnung erlernen und gesunde Rechtsverhältnisse (im Rahmen einer Sozialen Dreigliederung) aufbauen, wo wir mit anderen zusammenarbeiten und leben. Das wurde im Kapitel über die Spiritualisierung der Wissenschaft beschrieben.

Im neuen Bildungsprogramm geht es um die Verbindung von Liebe und Bewußtsein, von «Weiblichkeit» und «Männlichkeit». Jeder einzelne Mensch sollte dazu seine Erkenntniskraft ausbilden, damit die in vier nationale Erkenntnisformen auseinandergefallenen Stufen der Erkenntnis (sinnliche Wahrnehmung, rationale Analyse, die Begriffs- und Ideenbildung und die göttliche Erkenntnis) wieder im menschlichen Erkennen vereinigt werden. Im individuellen Menschen muß die mittelalterliche Erkenntniskathedrale wiederaufgebaut werden, und zwar durch die Entwicklung von Fähigkeiten, die wir respektive im Goetheanismus (in der Aktivierung der sinnlichen Wahrnehmung), in der moralischen Logik (im Denken mit dem Herzen), im konkreten geistigen Erkennen (in der Bildung von Begriffen und im Hervorbringen von Ideen in der Geisteswissenschaft) und im Entdecken der inneren Weisheit (in der persönlichen Beziehung zur Sophia) erwerben müssen.

In der Entwicklung eines neuen Bildungsideals, das die Kräfte der Erkenntnis und der Liebe zu einer Synthese führt und durch eine entsprechende soziale Gestaltung in der Welt wirksam macht, liegt die geistige Aufgabe Europas. Die Anthroposophie möchte dieses Ideal vertreten, aber sie wurde nur teilweise durch Rudolf Steiner auf die Erde gebracht und bis jetzt noch sehr unvollkommen in einer kleinen Bewegung aufgenommen, die die gleichen Krankheiten aufweist wie die übrige Kulturwelt. Sie ist sehr «männlich» auf das Denken konzentriert, verfügt kaum über die Tüchtigkeit und den pragmatischen Sinn des Westens und ihr fehlt die warme menschliche Beziehung und das Feuer des Ostens. Ihre christliche Substanz ist schwach und eine Verbindung mit dem von oben herunterkommenden Strom der Weisheit (Sophia) hat sie noch zu wenig gepflegt. Die Anthroposophie braucht eine Wiedergeburt in erneuerten spirituellen Gemeinschaften. Dann kann sie die Heilkraft sein, die das kranke Europa braucht.

Das neue Bildungsideal der Anthroposophie hat seine Grundlage im Freiheitsbewußtsein. Es führt jedoch nicht nur zur Selbstbestimmung und künstlerischen Entfaltung der eigenen Initiativkraft, sondern auch zur Verantwortung für das eigene Schicksal und die Gestaltung der sozialen Welt und zur Brüderlichkeit mit anderen. Es erfordert die volle Ausbildung aller unserer Sinne, die Fähigkeit zur Begegnung mit uns selbst (durch Selbstwahrnehmung und Annahme unserer negativen Seiten) und mit anderen und vor allem die Fähigkeit zur Liebe.

Die Arbeit an einem solchen Bildungsprogramm für die Schulung der Seelenkräfte, die heute nicht angesprochen werden, würde in der europäischen Kultur ungeahnte geistige Kräfte freisetzen und das Europa des Geistes, die Kulturgemeinschaft Europa sichtbar machen, in der die Völker voneinander lernen werden. Jedes Volk hat dazu bestimmte Seelenfähigkeiten und Bildungswege entwickelt. Wer sich an diesem Programm beteiligt, entwickelt ein europäisches Selbstbewußtsein und wird geistig gesehen zu einem Europäer. Er versteht dann, daß Europa eine eigene Sozialgestalt aufbauen muß und eine vermittelnde Aufgabe zwischen Ost und West hat. Europäer sein heißt auf eine bewußte Weise zwischen der materiellen und der geistigen Welt zu stehen und die sozialen Formen zu schaffen, in denen der Mensch in Freiheit, Gleichheit und Brüderlichkeit leben und die Welt mit seiner geistigen Kraft schöpferisch gestalten kann.

Es ist eine große Frage, ob die Millionen Menschen nicht-europäischer Herkunft, die in Europa leben, an den europäischen Bildungswegen ein Interesse entwickeln werden. Sie kommen aus vielen Kulturen, in denen ihre Seele und ihr Bewußtsein in vielfacher Weise gebildet wurden. Der «Kampf der Kulturen», von dem der Amerikaner Huntington 1993 sprach, kündigt sich in den Widerständen, die die Ausländer in vielen Ländern Europas erleben, schon an. Die Frage ist, ob Europa ein Begegnungsraum der Kulturen der Welt sein kann – wie es früher Mitteleuropa für die europäischen Kulturen war –, in dem die Menschen voneinander lernen werden.

Eine besondere Rolle spielen hierbei die Moslems. Wenn sie von fundamentalistischen Imamen unterrichtet werden, ist ihr Anschluß an die europäische Kultur problematisch und ist auch die Zukunft Europas als Kontinent der freien geistigen Entwicklung gefährdet. Ein geheimnisvolles Schicksal hat sie nach Europa gebracht. Im Jahre 732 wurden die nordafrikanischen Berber bei Poitiers in Frankreich zurückgeschlagen, aber ihre Nachkommen sind heute bis nach Belgien und Holland vorgedrungen. In den Jahren 1529 und 1683 standen die Türken vor Wien, heute leben etwa zwei Millionen Türken in Deutschland. Was suchen sie in Europa und was erwarten sie von der europäischen Kultur? Man kann schon ahnen, daß sie unbewußt die persönliche Freiheit erleben wollen, die sie in ihrer eigenen Kultur bisher nicht entwickeln konnten.

Die Anwesenheit der Türken in Deutschland hängt auch mit der Teilung Europas zusammen. Ohne den Eisernen Vorhang wären Millionen Osteuropäer als Gastarbeiter in den Westen gekommen und hätten die beiden Teile Europas näher zusammengebracht. Die Teilung Europas hat auf Kosten der Kulturverbindung mit dem slawischen Osten die Schicksalsverbindung zwischen Westeuropa und der Welt des Islam verstärkt.

Die Völker Europas können einander ihre geistigen Kräfte schenken und voneinander lernen. Oft haben wir nur stereotype Vorstellungen über Menschen aus anderen Völkern und kennen das wahre Wesen dieser Völker gar nicht. Dafür sind Begegnungen zwischen Menschen notwendig, aber darüber hinaus auch Begegnungszentren und Ausbildungsstätten – neue Akademien, wo man die seelischen Entwicklungswege der europäischen Länder kennenlernen kann und Bildungswege für ein wahres Europäertum entstehen können. Dazu könnten Menschen der Gegenwart, wie die Studenten (aber auch die Dozenten) im Mittelalter, herumreisen und in anderen Ländern lernen, was sie für ihre allgemein-menschliche Entwicklung brauchen. In den verschiedenen Teilen Europas leben Seelenqualitäten, die man auch in sich selber erschließen kann, wenn man andere Völker besser kennenlernt.

Der Sinn der europäischen Geschichte liegt gerade in der Entwicklung eines europäischen Selbstbewußtseins, in dem der gute Geist Europas wirken kann und dabei die Mission Europas in der Welt verwirklicht. Die moderne Welt wird durch die Kräfte der Wirtschaft und des menschlichen Egoismus zerstört. In einem neuen europäischen Rechtsstaat, der auf unmittelbarer Demokratie basiert und ein soziales Europa entstehen lassen würde, sollten diese Kräfte gezähmt werden. Wenn das nicht geschieht, wird, wie es im 20. Jahrhundert mit Mitteleuropa geschehen ist, ganz

Europa kulturell durch die Amerikanisierung zerstört und geistig okkupiert. Das ist schon weitgehend im Gange. Dem wird eine große Konfrontation zwischen dem amerikanischen Westen und dem asiatischen Osten folgen, die sich in der Wirtschaft schon ankündigt.

Um die seelische und geistige Entwicklung der Menschheit zu schützen, obliegt Europa die geistige Aufgabe, einen Herzensraum der Menschlichkeit zwischen den Kontinenten zu bilden, von dem aus zeitgemäße geistige Impulse in die Entwicklung der Menschheit einströmen können und die Kraft der Liebe sich in der Menschheit und der Erde verkörpern kann.

Nachwort:
Die Verantwortung der Europäer für die Welt

Mit der Erschließung der Welt durch europäische Entdeckungsreisende fing die Neuzeit der europäischen Geschichte an. In vier Jahrhunderten haben Europäer die Welt erobert. Vor allem waren es westeuropäische Länder, die die anderen Kontinente kolonisiert haben: Portugal, Spanien, die Niederlande, England und Frankreich. Rußland hat sein eigenes asiatisches Hinterland kolonisiert. Mit dieser Kolonialisierung der Welt hat Europa zunächst eigene Interessen verfolgt, aber daraus sind Probleme entstanden, die wieder auf Europa zurückgefallen sind, zum Beispiel in den Strömen von Flüchtlingen und Arbeit suchenden Menschen. Anstatt abzuwarten, was sich als Schicksalsfolgen des europäischen Handelns noch zeigen wird, kann Europa auch eine positive Aufgabe ergreifen und Verantwortung übernehmen für die Mitgestaltung einer Welt, in der die Weltbevölkerung auf menschliche Weise leben kann.

In den ersten Jahrhunderten waren es besonders die Handelsinteressen, die zu den Gründungen von Kolonien geführt haben. Seit dem Ende des 19. Jahrhunderts bestimmte dagegen die Entwicklung der neuen Industrie die Eroberung von Märkten für Rohstoffe und den Absatz von westlichen Industrieprodukten. In unserer Zeit fängt eine neue Stufe der wirtschaftlichen Entwicklung an, die «Globalisierung» der Wirtschaft, die beinhaltet, daß die Produktion von Waren durch die multinationalen Unternehmen dorthin verlegt wird, wo sie am billigsten ist und daß der spekulative Kapitalverkehr die ganze Welt umfaßt. Hiermit sind viele neue Probleme verbunden, beispielsweise der Abbau von Arbeitsplätzen in den westlichen Ländern und Finanzkrisen in den armen Ländern der Welt, wie in Mexiko, Südostasien und Rußland.

Wie die neue Welt der globalen Wirtschaft aussehen wird, lebt noch nicht im Bewußtsein der Menschen. Aber es entsteht eine neue Konkurrenz zwischen den Ländern, wobei die westeuropäischen Länder mit ihren hohen Arbeitskosten und ihren Vorstellungen von sozialer Gerechtigkeit im Nachteil sind. Es droht eine Massenarbeitslosigkeit, vielleicht sogar für 80% der arbeitenden Bevölkerung auf der Erde. In Westeuropa wird der Sozialstaat saniert und das geht mit einer mächtigen Welle der Individualisierung einher. Viele werden gezwungen, sich individuell zu versichern gegen die Katastrophen, die sich auf dem Arbeitsmarkt und im Privatleben ereignen können. Früher wurde das durch die Sozialversicherungen abgedeckt.

Im Vertrag von Maastricht wollte die Europäische Union 1991 in einem sozialen Paragraphen die menschliche Arbeit schützen. Großbritannien wollte damals nicht mitunterzeichnen, weil der dort herrschende Neoliberalismus nicht in die Freiheit der Wirtschaft eingreifen wollte. Sieben Jahre später wird über diesen sozialen Paragraphen nicht mehr geredet. Der Übergang zu der «24 Stunden-Wirtschaft», in der alle Geschäfte sieben Tage in der Woche, Tag und Nacht geöffnet sind und der Arbeitsdruck ständig erhöht wird, findet schon statt. Die Kirchen protestieren gegen diese Verwirtschaftlichung des Lebens, aber wie gestalten wir eine europäische Wirtschaft?

Die Globalisierung, die schon eine lange Vorgeschichte hat, findet im Rahmen der «Neuen Weltordnung» statt, die 1991 von US-Präsident George Bush proklamiert wurde. Seit dem Untergang der Sowjetunion steht diese Ordnung ohne Widerspruch unter amerikanischer Führung. In der neuen Weltordnung führt die Globalisierung der Wirtschaft zu einer bisher ungeahnten Konzentration von Macht und Reichtum einer kleinen Elite. Auf der Gegenseite der Bilanz stehen rücksichtslose Zerstörungsprozesse, die das soziale Leben zerreißen, die Gesellschaft in eine große Gruppe von Armen und eine kleine Gruppe von Reichen spalten und eine einförmige, materialistische «Weltkultur» hervorbringen.

In der westlichen Wirtschaft lebt eine wilde, «männliche» Kraft, die die Erde und die Umwelt vernichtet, den Rüstungswettlauf immer weiter antreibt und ständig neue Kriegsherde schafft, die die traditionellen Kulturen mit ihrer spirituellen Lebenswelt zerstört und die Menschenrechte verletzt. Diese Kraft ruft einen «Kampf der Kulturen» hervor, der um die Frage kreist, welche Wertsysteme der modernen Wirtschaft angemessen sind. Das sind die auf dem Prinzip der Leistung beruhenden euro-amerikanischen und die ostasiatischen Werte. Damit hat die westliche Wirtschaft einen neuen, ostasiatischen Feind auf den Plan gerufen, mit dem nach dem Ende des «Kalten Krieges» ein neuer Wirtschaftskrieg geführt werden kann.

In der Globalisierung wirkt ein einseitig westlicher Impuls, der möglich wird, wenn das menschliche Ego sich frei und ohne moralisches Bewußtsein ausleben kann. Ihr gegenüber würde eine einseitig östliche Globalisierung stehen, die auf den Werten der traditionellen Gemeinschaft und Spiritualität beruht und die Umwelt berücksichtigt. Wie früher in der mitteleuropäischen Kultur lebt heute besonders in Europa, aber auch auf anderen Kontinenten, ein Bewußtsein für die Notwendigkeit eines dritten Weges: die Entwicklung einer sozialen Ordnung, die durch die geistige Kraft von freien Menschen geschaffen wird. In Mitteleuropa sind Impulse entstanden, die Menschen die Kraft gegeben haben, sich für den Frieden, die Umwelt, Menschenrechte und eine freie spirituelle Entwicklung einzusetzen. Diese Impulse haben sich seitdem weltweit verbreitet.

In diesen Impulsen wird die Verantwortung der Europäer für die Welt sichtbar. Die Schaffung einer neuen Weltordnung kann nicht den Amerikanern überlassen werden. Statt Kampf müßte es um gegenseitiges Verständnis und Zusammenarbeit gehen, statt Einförmigkeit um Vielfalt, statt Unterwerfung der Arbeit unter das wirtschaftliche Wachstum um Schutz der Arbeit und der Lebensqualität, statt Ausbeutung der Erde um Heilung der Erde und eine

Wirtschaftsentwicklung, die die Umwelt wiederaufbaut, statt Auswanderung der Arbeitskräfte in die reichen Länder um die Entwicklung der Wirtschaft der Dritten Welt und statt Zerfall der traditionellen Gemeinschaft um den Aufbau einer neuen Infrastruktur auf den Gebieten der Gesundheit, des Unterrichts, des Transports und der Lokalwirtschaft. Die Welt braucht eine Mitte – Europa –, wo die Gegensätze zwischen Ost und West überbrückt und geistige Inspirationen, zum Heil der ganzen Menschheit, in Taten umgesetzt werden können.

Die neue soziale Ordnung, die die Welt braucht, hat als Grundlage ein unabhängiges Rechtsleben, das die menschliche Arbeit weltweit gegen die überall herrschende gewalttätige Ausbeutung schützt, das die Erde in Schutz nimmt gegen die Angriffe auf die lebendige Natur, und das die Kultur wieder von den wirtschaftlichen Interessen befreit, die sie sich schon fast unterworfen haben. Nur in einer freien Kultur kann die neue Spiritualität entstehen, die den Menschen persönlich mit der geistigen Welt verbindet und ihm die Möglichkeit gibt, seine geistigen Kräfte in konkreten Situationen anzuwenden. Und nur in einer freien Kultur kann das neue, in Europa geborene Bildungsideal Menschen inspirieren, das eigene Schöpfertum und die eigene geistige Kraft zu entfalten. Die Welt wartet auf einen neuen Impuls der Sozialen Dreigliederung, um eine neue Spiritualität aufnehmen zu können.Esist durchaus möglich,daß er aus der dritten Welt kommt.

Was Fichte in den Jahren 1807/08 als die wesentlichen Qualitäten des deutschen Volkes gekennzeichnet hat, nämlich Schöpfertum, Ursprünglichkeit und Freiheit, betrifft alle Europäer und darüberhinaus jeden aufwachenden modernen Menschen. Auch bei Fichtes Zeitgenossen finden wir die Entdeckung der allgemein-menschlichen Qualitäten, wie in Schillers Begriff des «spielenden» Menschen, der zwischen dem Zwang der Natur und den logischen Gesetzen der Vernunft im Künstlertum den befreienden Ausgleich findet. Goethe sprach über das zukünftige «Exil» der Deutschen, die in der Welt «die Masse des Guten, die in ihnen liegt, zum Heile der Nationen entwickeln» werden. Damit wies er darauf hin, daß der freie Mensch nicht mehr an seine Nation gebunden sein wird, sondern äußerlich heimatlos, aber innerlich mit anderen Menschen verbunden über die Welt gehen wird, um seine geistigen Kräfte und sein Wissen allen zur Verfügung zu stellen. Für viele Deutsche, aber auch andere, ist das schon eine Realität geworden. Wie der junge Parzival der Gralsgeschichte, war Kaspar Hauser ein solcher heimatloser Mensch, der durch sein Leben die Menschheit in einen Prozeß der Verjüngung hineingebracht hat, in dem wir wieder aus der Quelle der Urkraft des Geistes schöpfen können.

Durch diese großen Europäer werden wir an unsere europäische, oder besser: allgemein-menschliche Aufgabe erinnert. Wer diese Aufgabe in sich spürt, bekommt damit die Verantwortung, das Allgemein-menschliche in der Welt zu vertreten und zu beschützen. Die in der neuen Weltordnung degradierten Menschen möchten in ihrer Menschlichkeit wahrgenommen werden. Und sie möchten teilhaben an der Entwicklung des modernen spirituellen Bewußtseins, das von Mitteleuropa ausgehend den Menschen wieder mit der geistigen Welt verbindet. Sie warten deshalb auf die Heilung und Auferstehung Europas. Das hat der Dichter Novalis in dem Leitsatz, der diesem Buch als Motto vorangestellt ist, zum Ausdruck bringen wollen.

Anmerkungen

1. Samuel Huntington, The Clash of Civilizations?, in: *Foreign Affairs*, Sommer 1993, und *Kampf der Kulturen*, München 1996
2. *NRC Handelsblad*, Rotterdam, 18.1.1995
3. *Leids Dagblad*, Leiden, 7.7.1992
4. Marija Gimbutas, *Die Zivilisation der Göttin*, Frankfurt 1996
5. Joseph Campbell, *Schöpferische Mythologie* (*Die Masken Gottes*, Teil IV), München 1996, S. 511
6. Karl Heyer, *Kaspar Hauser und das Schicksal Mitteleuropas im 19. Jahrhundert*, Stuttgart 1983; Interview mit Wilhelm Floride, in: *Novalis*, 1997/2
7. Gerhard Wisnewski u.a., *Das RAF-Phantom*, München 1992
8. Eberhard Zangger, *Ein neuer Kampf um Troia*, München 1996, S. 58
9. Norman Davies, *Europe – A History*, Oxford 1996, S. 7–16
10. Emil Bock, *Michaelisches Zeitalter*, Stuttgart 1979
11. Henning Andersen, *Odyssee des Gewissens*, Stuttgart 1992
12. Jakob Streit, *Sonne und Kreuz*, Stuttgart 1977; Ingeborg Meyer-Sickendiek, *Gottes gelehrte Vaganten – Die Iren im frühen Europa*, Düsseldorf 1996
13. Rudolf Meyer, *Zum Raum wird hier die Zeit – Die Gralsgeschichte*, Stuttgart 1980
14. Renate Riemeck, *Glaube, Dogma, Macht – Geschichte der Konzilien*, Stuttgart 1985
15. Markus Osterrieder, *Sonnenkreuz und Lebensbaum – Irland, der Schwarzmeer-Raum und die Christianisierung der europäischen Mitte*, Stuttgart 1995, S. 123–130
16. Jenó Szúcs, *Les trois Europes*, Paris 1985, S. 15
17. Alanus ab Insulis, *Der Anticlaudian*, Stuttgart 1966
18. Karl Heyer, *Das Wunder von Chartres*, Stuttgart 1982
19. Berthold Wulf, *Thomas von Aquin*, Stuttgart 1982

20. Michael Frensch (Hrsg), *Esoterik von der Antike bis zur Gegenwart*, München/Zürich 1991, S. 279–284; Michael Frensch, Europa als Kathedrale und Europa als Prozeß, in: *Novalis* 1995/9
21. Sigrid Hunke, *Allahs Sonne über dem Abendland*, Stuttgart 1975
22. Heinz Herbert Schöffler, *Die Akademie von Gondischapur*, Stuttgart 1980
23. Friedrich Heer, *Mittelalter*, München 1983, S. 395–450; Arthur Schult, *Dantes Divina Commedia als Zeugnis der Tempelritter-Esoterik*, Bietigheim 1979
24. Hugo Reimann, *Manichäismus*, Dornach 1980
25. Katja Papasov, *Christen oder Ketzer – Die Bogomilen*, Stuttgart 1983
26. Deodat Roché, *Die Kathererbewegung*, Stuttgart 1997
27. Willem F. Veltman, *Tempel und Gral*, Frankfurt 1996
28. Emil Bock, *Urgeschichte*, Stuttgart 1978, S. 109
29. Michel Foucault, *Überwachen und Strafen*, München 1975
30. Ernst Lehrs, *Mensch und Materie*, Frankfurt 1966, S. 149–168
31. Gerhard Wehr, *Esoterisches Christentum*, Stuttgart 1975
32. Bernd Lampe, *Gralssuche und Schicksalserkentnis* (in drei Bänden: *Parzival, Gawan, Anfortas*), Dürnau 1987–1990
33. Gerhard Wehr, *Die deutsche Mystik*, München 1991
34. Wilhelm Rath, *Der Gottesfreund vom Oberland*, Stuttgart 1985
35. Viktor Stracke, *Das Geistgebäude der Rosenkreuzer*, Dornach 1992
36. Vilém Lorenc, *Das Prag Karls IV. – Die Prager Neustadt*, Stuttgart 1982, S. 41–57. Zur sakralen Geographie Prags: Milan Spurek, *Praga mysteriosa*, Prag, 1996. Zum Kaiser: Ferdinand Seibt, *Karl IV.*, München 1985
37. Ralph Liedtke, *Die Hermetik*, Paderborn 1996
38. Hermann Beckh, *Alchymie*, Dornach 1987

39. Renate Riemeck, *Jan Hus*, Basel 1982
40. Robert Goebel, *Schelling*, Stuttgart o. J.
41. Emil Bock, *Paulus*, Stuttgart 1981, S. 274–280
42. Johann Valentin Andreae, *Fama Fraternitatis*, *Confessio Fraternitatis* und *Chymische Hochzeit Christiani Rosencreutz*, (Hrsg. Richard van Dülmen), Stuttgart 1973
43. Karl Heyer, *Geschichtsimpulse des Rosenkreuzertums*, Basel 1990
44. Frances Yates, *Aufklärung im Zeichen des Rosenkreuzes*, Stuttgart 1993
45. H. G. Schenk, *The Mind of the European Romantics*, Oxford 1979
46. Friedrich Schiller, *Über die ästhetische Erziehung des Menschen in einer Reihe von Briefen*, in: *Werke in vier Bänden*, Herrsching 1980, Band IV, S. 399
47. Karl Heyer, *Kaspar Hauser* (siehe Anmerkung 6); Hermann Pies, *Kaspar Hauser – Augenzeugenberichte und Selbstzeugnisse*, Stuttgart 1985
48. Karl Heyer, *Sozialimpulse des deutschen Geistes im Goethe-Zeitalter*, Stuttgart 1987
49. J. W. von Goethe, *Naturwissenschaftliche Schriften*, mehrere Ausgaben
50. Michael Eschborn,*Karlstejn,* Stuttgart, 1971
51. Thomas Schipflinger, *Sophia-Maria*, München/Zürich 1988
52. Valerij Sergejew, *Das heilige Handwerk – Leben und Werk des Ikonenmalers Andrej Rubljow*, Freiburg 1991
53. Heinrich Teutschmann, *Schillers verborgene Schöpfung*, Dornach 1977
54. Philip L. Barbour, *Dimitrij*, Dornach 1985; Peter Tradowski, *Demetrius im Entwicklungsgang des Christentums*, Dornach 1989
55. Emil Adler, *Herder und die deutsche Aufklärung*, Wien 1968, S. 330–347
56. August von Cieszkowski, *Vater Unser*, Stuttgart 1996
57. Fjodor Dostojewski, *Tagebuch eines Schriftstellers*, München 1977, S. 484–506

58. Leonid und Tatjana Sytenko, *Wladimir Solowjow in der Kontinuität philosophischen Denkens*, Schaffhausen 1997; Peter Normann Waage, *Der unsichtbare Kontinent – Wladimir Solowjow, der Denker Europas*, Stuttgart 1988;
59. Munin Nederlander, *Kitesh and the Russian Graillegends*, London 1991; Harrie Salman, *Die unsichtbare Stadt – Eine geistige Biographie des russischen Volkes*, Manuskript, 1997
60. Luigi Barzini, *The Europeans*, Harmondsworth 1984; Athys Floride, *Mensch und Volksgeist*, Dornach 1993; Herbert Hahn, *Vom Genius Europas*, Stuttgart 1992; Hans Erhard Lauer, *Die Volksseelen Europas*, Stuttgart 1965; Salvador de Madariaga, *Portrait of Europe*, London 1952; Hans Mändl, *Vom Geist des Nordens*, Stuttgart 1966; Walter Schubart, *Europa und die Seele des Ostens*, Pfullingen 1979
61. Renate Riemeck, *Beispiele goetheanistischen Denkens*, Basel 1974
62. Rudolf Steiner, *Die spirituellen Hintergründe der äußeren Welt*, Dornach 1985 (urspr. 1917)
63. Thomas Kuhn, *The Structure of Scientific Revolutions*, Chicago 1962
64. Albert Schweitzer, *The Mysticism of Paul*, Oxford 1931
65. Rudolf Steiner, *Grundlinien einer Erkenntnistheorie der Goetheschen Weltanschauung*, Dornach 1979 (urspr. 1886)
66. Rudolf Steiner, *Die Philosophie der Freiheit*, Dornach 1995 (urspr. 1894)
67. Johannes Hemleben, *Rudolf Steiner*, Reinbek 1963
68. Rudolf Steiner, *Erfahrungen des Übersinnlichen – Die drei Wege der Seele zu Christus*, Dornach 1994 (urspr. 1912); *Rudolf Steiner über die Wiederkunft Christi*, Hrsg. Harald Giersch, Dornach 1991
69. Zum Beispiel: *Vom Christus-Wirken in der Gegenwart* (Hrsg. Rolf Tschanz), Dornach 1991, S. 241–286
70. Rudolf Steiner, *Apokalypse und Priesterwirken* (Band V der Vorträge und Kurse über christlich-religiöses Wirken),

Dornach 1995, S. 239–240, Peter Tradowsky, *Christ und Antichrist*, Dornach 1997

71. Als Beilage aufgenommen in: Renate Riemeck, *Mitteleuropa*, Frankfurt 1983

72. Rudolf Steiner, *Die Kernpunkte der sozialen Frage*, Dornach 1996 (urspr. 1919)

73. Sigismund von Gleich, *Die Umwandlung des Bösen*, Stuttgart 1983

74. Robert Powell, *Hermetic Astrology*, Teil I, Kinsau 1987, S. 307–328, und Sub-nature and Second Coming, in *Shoreline* Nr. 4 (1991), S. 25–52

75. Rudolf Steiner, *Die Apokalypse des Johannes*, Dornach 1985 (urspr. 1908)

76. Heinz Buddemeier, *Leben in künstlichen Welten – Cyberspace, Videoclips und das tägliche Fernsehen*, Stuttgart 1993; Neil Postman, *Wir amüsieren uns zu Tode*, Frankfurt 1997

77. Ron Dunselman, *An Stelle des Ich*, Stuttgart 1997

78. Michael Kirn, *Der Computer und das Menschenbild der Philosophie*, Stuttgart 1985

79. Daniel Goleman, *Emotionale Intelligenz*, München 1997

80. Victor Farias, *Heidegger und der Nationalsozialismus*, Frankfurt 1989

81. Max Horkheimer und Theodor Adorno, *Dialektik der Auklärung*, Frankfurt 1971

82. François Lyotard, *Das postmoderne Wissen*, Wien 1986

83. Andrej Tarkowskij, *Die versiegelte Zeit*, Berlin 1986

84. Carl Bernstein und Marco Politi, *Seine Heiligkeit Johannes Paulus II. und die Geheimdiplomatie des Vatikans*, München 1996

85. siehe z.B. Ivan Illich, *Entschulung der Gesellschaft*, München 1972 und *Die Nemesis der Medizin*, Reinbek 1977; Jacques Ellul, *La Technique ou l'enjeu du siècle*, Paris 1954

86. *Joseph Beuys im Gespräch mit Knut Fischer und Walter Smerling*, Köln 1989

87. Erich Neumann, *Tiefenpsychologie und neue Ethik*, Frankfurt 1948, Rudolf Steiner, *Die Philosophie der Freiheit*, siehe Anm. 66
88. Gajo Petrovic, *Wider den autoritären Marxismus*, Frankfurt 1969
89. Václav Havel, *Versuch in der Wahrheit zu leben*, Reinbek 1989
90. Herbert Koepf u.a., *Biologisch-dynamische Landwirtschaft*, Stuttgart 1976, Michaela Glöckler u.a., *Anthroposophische Medizin*, Stuttgart 1993
91. Hannah Arendt, *Über die Revolution*, München 1974
92. György Konrád, *Antipolitik – Mitteleuropäische Meditationen*, Frankfurt 1985
93. Ehrhart Neubert, *Geschichte der Opposition in der DDR 1949–1989*, Berlin 1997
94. Rolf Henrich, *Der vormundschaftliche Staat*, Reinbek 1989
95. Hans-Joachim Maaz, *Der Gefühlsstau – Ein Psychogramm der DDR*, Berlin 1990
96. Milan Kundera, Die Tragödie Mitteleuropas, in: *Aufbruch nach Mitteleuropa* (Hrsg. E. Busek und G. Wilflinger), Wien 1986, S. 133 ff.
97. Carlos Castaneda, *Die Lehren des Don Juan*, Frankfurt 1996
98. Fritjof Capra, *Das Tao der Physik*, München 1984
99. Abraham Maslow, *Motivation and Personality*, New York 1954 und *Psychologie des Seins*, München 1973
100. Stanislav Grof, *The Holotropic Mind*, San Francisco 1993; Charles Tart, *Transpersonale Psychologie*, Olten/Freiburg 1978; Robert Ornstein, *Die Psychologie des Bewußtseins*, Köln 1974
101. Fritjof Capra, *Wendezeit*, München 1983
102. James Lovelock, *Gaia – Die Erde ist ein Lebewesen*, München 1996
103. Ilya Prigogine und Isabelle Stengers, *Dialog mit der Natur*, München 1986
104. Rupert Sheldrake, *Das schöpferische Universum*,

München 1980
105. Marilyn Ferguson, *Die sanfte Verschwörung*, München 1984
106. E.F. Schumacher, *Small is Beautiful – Die Rückkehr zum menschlichen Maß*, Holm 1993
107. John D. Adams, *Transforming Work*, 1984
108. Monika Neve, *«New Age» als Ablenkung?*, Raisdorf 1989
109. C.G. Harrison, *Das Transcendentale Weltenall*, Stuttgart 1990 (urspr. 1894), S. 45–46
110. Rudolf Steiner, Vortrag vom 1.12.1918, in: *Die soziale Grundforderung unserer Zeit*, Dornach 1979; Renate Riemeck, *Mitteleuropa* Frankfurt 1983, S. 7–30
111. Thomas Meyer, *Ludwig Polzer-Hoditz – Ein Europäer*, Basel 1994, S. 481–492
112. Rudolf Steiner, Vortrag von 14.12.1919, in: *Die Sendung Michaels*, Dornach 1994
113. Ludwig Polzer-Hoditz, *Das Testament Peters des Großen – Der Kampf gegen den Geist*, Dornach 1989, und *Das Mysterium der europäischen Mitte*, Stuttgart 1928 (Siehe auch Anm. 111)
114. Otto von Habsburg, *Zurück zur Mitte*, Wien/München 1991, S. 238
115. Rudolf Steiner, *Esoterische Unterweisungen*, Dornach 1992, Erster Band, S. 130
116. Rudolf Steiner, Vortrag vom 29.10.1914, in: *Menschenschicksale und Völkerschicksale*, Dornach 1981
117. Charles Powell (Teilnehmer des Gespräches), Being Kind to the Germans, in: *The Independent*, 15.7.1990
118. Friedrich Schiller, *Werke in vier Bänden*, Herrsching 1980, Band 1, S. 10
119. Johann Gottlieb Fichte, *Reden an die deutsche Nation*, Leipzig 1916, S. 121
120. Friedrich Wilhelm Riemer, *Mitteilungen über Goethe* (Hrsg. Arthur Pollmer), Leipzig 1921
121. Carl Gustav Jung, Wotan, in: *Aufsätze zur Zeitgeschichte*, 1946; Tom Raines, Hat Deutschland eine Mission?

– Rudolf Steiner, C.G. Jung und der Schatten Odins, in: *Novalis* 1996/5; Rudolf Steiner, *Die Mission einzelner Volksseelen*, Dornach 1974 (urspr. 1910)
122. Helmuth James von Moltke, *Briefe an Freya*, Zürich 1997
123. Rudolf Steiner, Vortrag vom 22.6.1919, in: *Geisteswissenschaftliche Behandlung sozialer und pädagogischer Fragen*, Dornach 1991
124. Daniel J. Goldhagen, *Hitlers willige Vollstrecker*, Berlin 1996
125. Rudolf Steiner, Vortrag vom 14.1.1915, in: *Aus schiksaltragender Zeit*, Dornach 1959
126. Michael Kirn, *Der deutsche Staat in Europa*, Stuttgart 1991
127. Hans Magnus Enzensberger, *Aussichten auf den Bürgerkrieg*, Frankfurt 1993
128. Karl Heyer, *Wer ist der deutsche Volksgeist?*, Basel 1990; Gerard Klockenbring, *Auf der Suche nach dem deutschen Volksgeist*, Stuttgart 1989
129. Rudolf Steiner, Vortrag vom 12.3.1916, in: *Die geistigen Hintergründe des Ersten Weltkrieges*, Dornach 1974
130. Imanuel Geiss und Gabriele Intemann, *Der Jugoslawienkrieg*, Frankfurt 1995
131. Jürgen Roth, *Die Russen-Mafia*, Hamburg 1996
132. Hans-Werner Schroeder, *Der Mensch und das Böse*, Stuttgart 1984, S. 406f.
133. Ekkehard Meffert, *Nikolaus von Kues*, Stuttgart 1982
134. Bernard Lievegoed, *Mensch an der Schwelle – Biographische Krisen und Entwicklungsmöglichkeiten*, Stuttgart 1986
135. Frans Carlgren und Arne Klingborg, *Erziehung zur Freiheit – Die Pädagogik Rudolf Steiners*, Stuttgart 1990
136. Coenraad van Houten, *Erwachsenenbildung als Willenserweckung*, Stuttgart 1993
137. Peter Petersen, Das dunkle Tier – Destruktivität und Heilkraft in meiner psychotherapeutischen Praxis, in: *Die Drei*, 1997/7, S. 874–884

138. Rudolf Steiner, *Wie erlangt man Erkenntnisse der höheren Welten?*, Dornach 1993 (urspr. 1904/05)
139. Athys Floride, *Lebensalltag als Schulungsweg*, Dornach 1992; Georg Kühlewind, *Vom Normalen zum Gesunden*, Stuttgart 1983, und *Das Leben der Seele zwischen Überbewußtsein und Unterbewußtsein*, Stuttgart 1986
140. James Hillman, *A Blue Fire* (Hrsg. Thomas Moore), New York 1989; Thomas Moore, *Der Seele Flügel geben*, München 1995; Robert Sardello, *Facing the World with Soul*, Hudson 1992 und *Love and the Soul*, New York 1995
141. Jürgen Moltmann, *Gott in der Schöpfung – Ökologische Schöpfungslehre*, München 1985
142. Marko Pogacnik, *Wege der Erdheilung*, München 1997
143. L.F.C. Mees, *Krankheit als Segen – Heilung als Aufgabe*, Stuttgart 1984
144. Harrie Salman, *Die soziale Welt als Mysterienstätte*, Raisdorf 1994
145. Dieter Brüll, *Der anthroposophische Sozialimpuls*, Schaffhausen 1984, S. 13–63
146. Peter Petersen, *Der Therapeut als Künstler*, Paderborn 1987
147. Hans Schauder, Lebensberatung, Dornach 1987
148. Richard Seddon, *Europa – A Spiritual Biography*, London 1995
149. Charles Lawrie, Vom Tierkreis Europas, in: *Novalis* 1995/3, Maria Schindler, *Europa und sein Sternenmythos*, Freiburg 1967
150. Albert Soesman, *Die zwölf Sinne*, Stuttgart 1995